第一部　近世大名家臣団の形成と構造

第二部　知行制の展開

近世大名家臣団と知行制の研究

序章

第一節　家臣団・知行制の研究史

本書は、近世大名家臣団の構造や形成過程、上級家臣団とその陪臣、家臣団の経済基盤となる知行制の究明を通じて、幕藩社会体制の特質を解明することを目的とし、幕藩社会体制史の基礎研究の一端を担うものである。

近世大名家臣団に関する研究は、藩政史研究の一環として、家臣団の形成過程や構造、格式や身分制、職制や軍役、相続制度、知行制、官僚制など部門別にさまざまな観点からのアプローチがあり、研究の蓄積も多い(1)。また、知行制の研究も家臣団の経済基盤を支えるものとして藩政史研究の一部として取り扱われ、研究が積み重ねられている。近年では先行研究を批判・継承し、「藩世界」「藩領社会」「藩地域」など藩・大名を総合化して捉える方向性のもと藩・大名研究(2)が深化している。また、武家文書や藩政史料の分析などアーカイブズ学からのアプローチも見られる(3)。

1　家臣団の形成と構造の研究

藩政史研究の一環としての家臣団編成の研究は、旧族居付大名、織豊取立大名などの外様大名・徳川氏譜代衆から取り立てられた譜代大名・御三家を事例にした総合研究や個別藩研究に見られ、構造、職制、形成過程、知行形態等が解明された。また、近年の藩・大名研究により多くの事例が蓄積されている。ここではそれらを踏まえて各大名家臣団の素描を行いたい。

旧族居付大名の特徴としては、同輩の家臣化が推し進められ、佐賀藩鍋島家の場合、鍋島一門の創出と有力家臣の賜姓により同族的紐帯を強め上級家臣団に編成し、戦国大名竜造寺家臣団の包摂により家臣団が形成された[4]。長州藩毛利氏の家臣団は庶家・譜代・国衆・外様で構成され、元就以前に毛利氏と対等の立場の国衆の取り込みが課題で、族縁的結束の強い毛利氏は元就以来婚姻・擬制的兄弟関係を通じて国衆の懐柔を行い、毛利一門を創出してきた[5]。米沢藩上杉氏の家臣団も一門・国衆・譜代衆での家臣団の形成が行われた[6]。

織豊取立大名などの外様大名は、主家である織田氏や豊臣氏の影響が見られる。織田取立大名である岡山藩池田氏の家臣団は、譜代家臣・織田信長に所望した家臣・信長より付された家臣を中軸として、移封を重ねる中で新規家臣の召抱えをし、岡山入封後召し抱えた家臣は下級家臣となる[7]。また、熊本藩細川氏の場合は、始祖藤孝の山城勝龍寺城時代の室町幕府出身者を組織して原基的な家臣団を形成、丹後・豊前・肥後への「国替」を重ね、家臣団を拡大・増強していった[8]。豊臣取立大名の徳島藩蜂須賀氏の場合は、尾張出身者で織田信長や豊臣秀吉から与力として付属された者や蜂須賀家の親類が家臣団の中核となっている[9]。福岡藩黒田氏の場合は、始祖如水は譜代尊重の家臣団編成を理念とし、播磨（大譜代）豊前（古譜代）時代の家臣を尊重し、二代長政の筑後入国後には軍役を果たすために新参の家臣を取り立てている。[10]

譜代大名・御三家は徳川氏の影響が大きい。彦根藩井伊家の場合、家康直臣同心衆・補佐として家康家臣「御付人」の付属が特徴であり、小身から大名へと取り立てられて成立した「譜代大名」家臣団とは異なり、御三家などの家臣団編成に近い。[11] 高田藩榊原家家臣団も、家康からの「御付人」という家康より付属された家臣が中核となって形成された。[12] 忍藩阿部氏の家臣団は、知行加増にしたがって家臣が増加し、徳川創業時の性格を保持しながらも、次第に各地の牢人を加えて家臣団が形成された。[13] 小浜藩酒井家の場合は、出発点は家康より付与された「公儀与力」、新規召抱の「新参」、取り潰し大名家臣の召抱えなどが特徴である。[14] 御三家・親藩は家康家臣を付家老とし、幕臣を家臣として付属させて家臣団を形成した。[15]

また、近年の藩・大名研究の深化により、その研究手法も多様化している。藩領域を越える社会集団や外部集団との関係、公儀や他藩との関係、文化面からの考察等である。[16] 武家社会研究の進展とともに、軍事的な要素を持ったものから行政官僚的な要素を持った軍団へと変容していったとの研究も見られる[17]一方、本来軍事的な役割を持ったものであるという観点から武家の軍事的な側面の評価を行った研究も見られる。[18] 武家の自立性や従属性という観点からの研究、[19] 従来の研究で手薄であった譜代大名・御三家を事例した研究も盛んとなってきている。[20] 家臣の家格・職制と大きく関わる昇進制度に関する研究は、官僚制や相続制度との関連で取り上げられ、[21] 家臣団の形成、その帰結である家臣団構造を解明する手がかりとなるものであり、藩体制の基礎を構築するものである。

そのような中で、上級家臣についての研究は、藩家老となり藩政運営を行う主体となる事例、[22] 藩家老取り込みの過程での家中騒動の研究[23]がある。これらの階層は、もともと戦国時代には主君の一門親類、譜代家臣、嘗ての同輩として、大名に統合編入されていった経緯を持つ[24]。したがって、統合編入時には、既に家臣団を形成しており、その家臣はいわゆる陪臣団となる。その点に着目してみると、大名家臣団と類似した家臣団構造が見られる。

その家臣団構造に関して、従来の主な研究対象は、武家の棟梁としての将軍、将軍のもとに領地を宛行われた大名、将軍の家臣としての旗本・御家人、各大名の家臣などで、いわゆる知行取で侍層と呼ばれる階層の研究が中心であった[25]。また近年では、身分的周縁研究や都市史研究の深化に伴い、侍層以外の足軽・武家奉公人などの階層に関する研究が注目されるようになってきている[26]。

侍層以外の階層についての研究は従来から存在する。大名家臣団の内、家臣団構造については、大名家中の格を重視して家老・番頭（騎馬隊長）・徒士頭・物頭（足軽層の指揮）・馬廻・徒・足軽・中間小者の八階層に分類した研究[27]、家臣団を侍（上級家臣）・徒士（下級家臣）・足軽（武家奉公人）以下の三階層に分類し、徒士と足軽層との間に大きな区分があることを提唱した研究[28]、また、給人・馬廻り、中小性、徒、足軽の四階層に分類し、上級家臣は知行取で馬に乗れる階層、中級家臣は目見得以上の中小性、下級家臣は徒士・足軽層の三階層の分類とした研究[29]などである。

給人家臣、いわゆる陪臣に関する先行研究は、仙台藩の陪臣団の分析[30]、近世中期以降の佐賀藩神城鍋島氏の日記をもとに陪臣吟味についての分析[31]、福岡藩陪臣三奈木黒田家を事例とした研究[32]、尾張藩横井家の陪臣であった百姓出身の岩田家を事例にした研究などがある[33]。これらの研究からは、知行地村落に陪臣が居住していた事実、陪臣団の役割が軍役を主体としながらも、陪臣団なくして給人知行地支配ができなかった事実を物語っている。

ところで、本書との関係で津藩家臣団研究を見ると、三重大学歴史研究会の先行研究がある[34]。それによれば近世前期には藩財政悪化の状況に対して、藩が家中救済のため役銀制・催合銀制・御用金制・袖判拝借などの経済的な政策を実施したこと、蔵米知行制から地方知行制への復活年を、分一米赦免に関する史料を用いて正徳二年（一七一二）としたことが大きな成果である。しかし、分析が近世前期に偏っていることや、分一米赦免の史料は正徳二年のものではなく延宝三年のものであり、年代比定に問題が残る。特に後者は、自治体史[35]や近年の研究書[36]にも引用され、津藩の地方知行制の復活時期について誤った解釈が一人歩きし、大きな課題となっている。

2　知行制の研究

近世知行制の先行研究としては、藩政史研究の一環で多くの研究がある[37]。その内、本書との関連で津藩藤堂氏と同様、外様大名で豊臣取立大名の知行制研究については、徳島藩[38]、高知藩[39]などの事例がある。結論的には、豊臣取立大名の知行制は地方知行制を取っており、その理由は軍役や格式の問題からであったことや、転封を繰り返す中で給人の権限は、年貢徴収権（決定権・徴収権）のみに限定され、一部の藩を除き行政権・裁判権は大名権限となっていったことなどが明らかにされている。

知行制研究は、幕府家臣・大名家臣など知行制全般を取り上げた研究[40]があり、家臣（藩士）に関わる点から、藩士の知行は地方知行・蔵米知行とも物成渡知行形態であったこと、過不足決済が行われたこと、地方知行制から蔵米知行制への転化は中世的知行制から近世的知行制への転化というより、近世的知行制内部での変化であったことが明らかにされた。そして、大名知行は草高給付、非在地性の藩士知行は物成高が給付基準であることが指摘された。また、平均免に関して、慶長期は平均物成免が上杉氏、秋田藩、佐賀藩、萩藩で実施され、その後、擬制石高である紀州藩の今高、岡山藩の直高、熊本藩の撫高などが採用され、五ツ免前後から四ツ免となっていったことに言及した。さらに、旗本の知行制について精力的な研究も見られる[41]。

中世から近世への移行過程の中での地方知行制から蔵米知行制・俸禄制に移行する藩が多いことなどから生じる「形骸化」の問題に疑問を呈した研究[42]、知行制に関連して、自立性・自律性の問題、「給人」領主制の問題を提起した研究[43]がある。また、地方知行の形骸化、封禄相続、借知制度は、近世の武士の封禄に対する権利の脆弱さを示すものではなく、個々の家臣の自立的な高さの物的な基礎をなすものであり、大名家の政治体制の非専制的性格、身分性的構造の強さの物質的な基礎をなすものであるとした研究もある[44]。

そして、一九九〇年代には、知行制研究会により知行制研究が再提起され、藩政史研究で提起された課題を見据えた展開がなされた[45]。その中で、旗本知行と諸藩知行との間の溝を埋め合わせて「知行制」を近世の社会・権力構造の共通課題とし、「地方知行制形骸化論」の見直し、知行制についての多様な研究視点からのアプローチが試みられた。この時期、本書との関連では、福岡藩を事例にして地方知行制の残存についての意義付けが提起され[46]、近世武士の「自律制」に着目し、国家論的視野から近世知行制について検討するとともに、知行制研究が近世前期に集中している傾向があることを問題提起した[47]。近年では、正保二年（一六四五）に実施された「四つならし」に着目した彦根藩の知行制の研究[48]や、盛岡藩の知行制に関する共同研究も見られる[49]。

ところで、津藩を事例とした知行制に関する研究は、一九六〇年代に近世初期から前期にかけての研究がある。知行制に関連する平高制の研究では、平高が年貢賦課基準高であったことを提起し[50]、平高の設定方法の推測や津藩の平高制と給地制の連関、津藩の伊賀国の給地制は伊賀国無足人制度と相補って、農村間、農民間の連合団結を阻止し、この点で薩摩の外城郷士の給地制と類似していることを指摘した[51]。しかし、近世前期までの知行制の実態が明らかとなった反面、蔵米知行化の展開、地方知行制の継続、その際の給人権限等の根本的な問題が解決されていないし、津藩の知行制は藩士身分の点で、薩摩藩の外城制とは大きく異なる点に問題がある。

近年では、三重大学歴史学研究会の藤堂藩の共同研究成果[52]、津藩の藩世界という最近の研究の潮流を踏まえた成果の発表があるが[53]、本書との関連で、本書の課題等に対する回答は見いだせない。ただ、藤堂高虎や名張藤堂家、郷士に関する精力的な研究[54]、大坂陣における藤堂藩の軍制についての研究が見られる[55]。

第二節　問題の所在と分析の視角

藩制成立期における家臣団の編成過程は、大名類型や家格等により大きく異なり、職制や知行形態についても同様である。それは立藩事情が一様ではなく藩の形成過程が異なるためである。前節で検討したように、家臣団の形成過程では、主家の影響も多大であった。

津藩の場合、豊臣取立大名ということで、豊臣氏の影響が考えられるが、結論的には関ヶ原合戦での西軍の敗将家臣の取立などの事例は見られるが、豊臣家臣団の組み入れや、付属家臣の取立は見られない。藤堂高虎が元々豊臣秀長家臣であったことと、秀長死後秀吉家臣となったが、その期間は短くその点が影響しているかもしれない。

高虎の家臣団の形成は、一族縁者、譜代家臣を中核とし、転封・加増に伴い新参家臣を取り立てていった経緯がある。その点では他藩に類似した家臣団形成過程が見られる。家臣団の身分序列・職制・軍団・官僚制は家臣団形成過程や構造に影響を与える。それを解明する手がかりとして、功臣年表・分限帳や『宗国史』『公室年譜略』『高山公実録』などの編纂物[56]、さらに今回の分析にあたり家臣の由緒書を用いる。由緒書については、その史料の性格から利用にあたり注意を要する点があるが、他史料との照合比較なども含めて史料批判を行うことで、史料としての利用が可能となる。本書はこれらの多様な史料をもとにして、家臣団形成や構造を解明すると同時に、家臣の昇進過程についても検討を行い、津藩家臣団の特性を明らかにしたい。

また、津藩の上級家臣には、他藩同様、直属の家臣（陪臣）がいた。他藩では陪臣は在地に居住し、給人の知行地管理等を行うなどの職務を担っていたとある。しかし、津藩の陪臣は知行地管理等の職務は果たしたが、城下町に居住し、給人同様儀礼を重視する生活をしていた。また、上級家臣の近世大名への従属により、陪臣団が形成され、その構造は近世大名と類似する組織体を形成していた。その中で、陪臣団はどのような性格を有していたのかなどを、職制や行事儀礼を通して分析を行いたい。

陪臣の位置づけの問題は、津藩の郷士である無足人制度との関連があろう。津藩では伊賀・伊勢国入封当初、在地の中小土豪層をどのようにして藩権力へ取り込んでいくのかが課題であった。それを解消するために彼らに苗字帯刀を許可して調練を課し、百姓身分として藩制機構の末端に位置づけ「無足人」として取り立てた。その制度は、徐々に整備され、寛文期には無足人の掌握・管理のための藩側の帳簿を作成した。藩側では、当初、無足人の「侍」という意識を利用して、藩士の欠を補い百姓動向把握・軍事動員の兵卒としての役務を担わせていたが、体制整備とともに、領国の行政的支配の役割を担わせることとした。すなわち、大庄屋や組頭への無足人の登用である。軍事面・行政面の両面から領国支配を補助するこの体制が津藩藤堂氏の特徴であった[57]。このように在地には軍役補助を行う郷士がいたために、他藩では陪臣は在郷が多かったが、津藩では在郷ではなく城下町に居住していたのである。

知行制研究についても豊臣取立大名であった津藩藤堂氏を事例にするが、津藩は一時期を除き、幕末期まで家臣団に知行地を宛行い、一定の知行権を認めた地方知行制を採用していた。地方知行制は家臣の在地性を容認するもので、旧族居付大名や御三家などで採用されていた。前者の場合、戦国期から近世期へと時代が推移する中で、在国では在地給人が存在し、在地給人は旧領を安堵され、給所百姓支配も含めて在地支配権の強い地方知行制を行った。また徳川氏によって取り立てられた譜代大名の場合は、立藩当初から蔵米知行制を取っている藩が多いが、尾張藩・紀州藩・水戸藩の御三家は、在地との関係は希薄であるにもかかわらず地方知行制を実施していた。

地方知行制を採用する藩の中には、近世前期に知行制改革や平免制の導入を実施する。知行制改革は尾張藩の概高制、紀州藩の今高制などの検地高とは異なった擬制石高を採用するものであった。岡山藩・彦根藩のように地方知行制から平免制への移行も見られる。近世前期の藩制機構や農政の整備された段階でのこのような知行制改革は、藩財政悪化への対処、及び家中権限の藩権力への包摂を目指したものとされている。

しかし、本書で事例とする津藩は、慶長十三年（一六〇八）に伊賀・伊勢国へ藩祖藤堂高虎が入封した翌年に地方知行制を採用すると同時に、擬制石高である平高やそれに基づいた平均免を実施した。地方知行制の導入は以前の領国（伊予国）での継続であったが、平均免は入封以後に始まり、この仕法の導入は早い事例である。

二代藩主高次時代以降も地方知行制は継続されたが、他藩同様に財政難に陥り、この状況の解決が緊急の課題となっていた。しかし、津藩では他藩のような擬制石高や平均免が既に実施されていたため、それに代わる別の政策を進める必要があった。その危機的な状況に対し、津藩はどのような政策を展開し、どのようにして乗り切ったのか、そのことによりどのような影響が見られたのかなど、他藩との知行制の差異に焦点を当てて解明を試みたい。

津藩の地方知行制は、幕末期まで継続するが、その中で藩直轄地である蔵入地化が促進される。近世前期以降中期、後期にかけて、それがどのような形で推進され、いかに変容していったのか、家臣の経済基盤への影響はどうだったのかという観点も含みながら検証を進め、地方知行制存続の意味について論究していきたい。

第三節　分析対象

江戸幕府の開府当時、富田氏が津城主であったが、慶長十三年（一六〇八）に藤堂高虎が、伊予国より伊賀・伊勢国へ入封して以降、本格的に藩制整備が始まる。高虎は伊勢国津に居城を置き、伊賀国には伊賀城代を配置し支配を行った。その後、大坂陣などの功績により朱印高が加増され、最終的には三二万石余、藩領域は伊賀一国・伊勢国・大和国・山城国・下総国の一部となった。

津藩藤堂氏は高虎の経歴から外様大名となるが、高虎は城郭普請が巧みで朝廷工作など対外交渉も得意であったため家康の信頼も厚く、譜代大名に準じる大名であった。高虎は伊賀・伊勢国入封後も、継続して地方知行制を採用して家臣に在方支配をさせる一方、擬制石高である平高を設定し、年貢徴収にあたり平均免を採用した。城下町津・伊賀上野の整備を行い、軍事・経済の両面の掌握により藩体制の基礎を築いた。この時期、伊賀国は、豊臣方に備えて大坂を包囲する一翼を担っていたと考えられ、軍役を負担させるための兵站基地としての機能を有していた[58]。同時に、在地の中小土豪層の藩権力への包摂が課題であったが、「無足人」として取立、藩制機構の末端に位置づけた。

また、伊勢国は津藩主の居城や流通の拠点として整備していった。高虎時代には、伊賀国と伊勢国の統治には大きな差異が見られたが、年数を経ていくうちには、それぞれの城下町を中心とした機能分化は残存するものの、伊賀・伊勢国の当初の役割が収斂され、基本的には津藩としての同一法令、支配形態へと落ち着くことになった。このように伊賀・伊勢国の津藩における位置づけは時代とともに変化し、その中では伊賀付、伊勢津付といった家臣の配置替えも行われた。

それを引き継いだ二代高次、三代高久は家臣団の整備を進め、領民支配のため在方・町方への法令を定めた。特に高久時代の天和三年（一六八三）に伊勢国、元禄二年（一六八九）に伊賀国に出した「郷中十七ヶ条」は近世期を通じて在方支配の根本法令となった。高久は貞享三年（一六八六）に「伊賀伊勢諸事一致ニ成候様」との触を出し、歴史的・地域的な背景から差異のある伊賀・伊勢国両国の支配統一を目指した[59]。また、幕府との関係を見ると、大老酒井家から妻を迎えるなど幕閣とのパイプもあった。

寛文九年（一六六九）、五万石が内分され久居藩が成立した。久居藩は津藩の一部としての位置づけであったため、将軍からの朱印状や領知目録は発給されなかった。しかし、久居藩からは六代藩主高治以降、四代の久居藩主が津本家の藩主となるなど本家の跡継ぎを輩出する藩、宗家断絶を防止する藩として位置づけられた[60]。

五代高敏には子がなかったため高虎の直系は途絶えた。六代藩主には四代久居藩主であった高治が迎えられた。高治は高虎異母弟藤堂出雲高清の系譜を引く。高治時代の享保十九年（一七三四）には、いわゆる「名張騒動」と呼ばれる御家騒動が起こった[61]。名張五代当主藤堂長熙が津藩からの独立を企てたものの、幕府への直訴が事前に露見し、翌年当主が隠居、三家老が切腹させられるという事件である。

九代高嶷の時代には、天明飢饉などの影響もあり、農村の立て直しが課題であった。そこで、寛政期には茨木理兵衛などの能吏を取立、改革を実施した。しかし、その仕法が当時の社会状況を無視したものであったことで百姓たちの不満や反感を募らせ、百姓一揆を招く(62)。

一〇代高兌は、文政期に藩校「有造館」を創設(63)し、人材育成を行い、近世後期高猷時代には内憂外患的な課題に悩まされる中、高猷は文久元年(一八六一)に公武合体を献策している。戊辰戦争では津藩は新政府側に味方し、明治維新を迎える。

第四節　本書の構成

第一部では、豊臣取立大名であった津藩藤堂氏の家臣団の形成・構造・昇進過程、及び上級家臣の直属家臣(陪臣)について検討を行う。

第一章では、津藩祖藤堂高虎時代の家臣団がどのようにして形成されていったのか。その構造はどうだったのか、分限帳や由緒書をもとに分析を進める。

第二章では、前期に確立された家臣団が前期から中期にかけてどう変容していったのかを分析し、そして、家臣の職制や昇進制度の検討を行う。

第三章では、戦国から近世期にかけて大名として位置づけられていた大名の家臣団が、一大名権力のもとにいかにして包摂されていくのか、陪臣家臣団の成立経緯や構造、及びその変容過程を、津藩で別格扱いされた名張藤堂家を事例にして検討を進めていく。

第四章では、津藩伊賀城代であった藤堂采女家の家臣団構造、及びその中の一家臣を事例として、陪臣の実態や役割等について、知行・格式などに着目して検討を行う。

第二部では、大名権力や経済の基盤であった知行制に着目して分析を行う。津藩藤堂氏は近世期を通じて地方知行制を存続させたが、その実態や変容の分析を行う。

第一章では、津藩での地方知行制の実態、及び地方知行制の採用理由の解明を行う。その根幹となる石高で給人へ宛行った平高、知行地宛行の基調、給人支配権について、津藩祖高虎時代を分析の対象とする。

補論では、伊賀国の村明細帳や新田名寄帳などの史料をもとに、前期から中期の事例ではあるが、第一章の平高の様相の具体事例を提起し、それを補完する意味合いで検討を行う。

第二章では、近世前期の藩財政悪化の状況に対して、藩は家臣の救済のための経済政策を実施し、一時的ではあるが、地方知行制を中止した。その後地方知行制は復活したが、そのことの意義も含めて、近世前期の津藩の知行制の実態を明らかにする。

第三章では、近世中期の給人の知行形態の把握、伊勢・伊賀国領国における給人知行配置傾向等を分析する中で、近世中期の知行制の基調を捉えたい。

第四章では、近世前期以降、蔵米知行化が進行する中で、中期から後期にかけての知行制の実態をとらえ、その間の知行制の変容や地方知行制存続の意義について論究する。

終章では、家臣団の構造と家臣の昇進、陪臣団、そして、近世期を通じた津藩の知行制との関係についてまとめ、そこから見いだされた展望と課題を提示する。

以上、各章を通じて津藩を事例に近世大名家臣団・知行制の展開を究明し、幕藩社会体制の特質を明らかにする。事例となる津藩は、その来歴から織豊取立大名、徳川取立大名（御三家・親藩・譜代大名）の中から輩出された近世大名と類似する点が多いと考えられ、それらの大名は、主家（織田・豊臣・徳川氏）との関係性が深く、家臣団付属事例などが見られた。しかし、藤堂氏に関しては、豊臣氏の影響が考えられるにもかかわらず、家臣団形成等を見る限り豊臣氏からの家臣団付属は見られず、主家の影響は小さい。一方、知行制の観点から眺めてみると、擬制石高である平高・平均免・地方知行制を採用するなど、御三家や譜代大名の内、国持大名に相当する近世大名との類似点が多々見いだせる。その点からこの研究が大変有効なものであると考える。

また、研究素材である史料についてみると、多くの藩政史研究では、いわゆる大名家に残された藩政史料や大名家史料を中核にして、そこに家中史料や家譜・法令集などの編纂史料（二次史料）を併用して分析検討している。しかし、こと津藩に関しては、藩政史料と呼ばれる大名家史料は残存せず、この研究にあたっては、法令集などの編纂物と家中史料を用いての分析検討が中心となった。その意味でも非常に特異な研究となる。

なお、参考までに本書のもととなっている初出論文を示すと次のとおりである。

序章　新稿、第三節は「津藩―伊勢 譜代に準じる家格を保った外様・藤堂家（特集徳川三〇〇藩藩主系譜全伝　特集ワイド江戸大名家藩史・藩主総覧）」（『歴史読本』五二巻七号（通巻八一五号）、新人物往来社、二〇〇七年）を一部改稿

第一部　近世大名家臣団の形成と構造

第一章　新稿

第二章　新稿

第三章　「藤堂藩陪臣団の構造と変容―名張藤堂家の家臣団を中心に―」（藤田達生監修・三重大学歴史都市研究センター編『地域社会における「藩」の刻印―津・伊賀上野と藤堂藩―』清文堂出版、二〇一四年）

第四章　「藤堂藩の陪臣団について―伊賀城代藤堂采女家を中心に―」（藤田達生監修・三重大学歴史研究会編『藤堂藩の研究―論考編―』清文堂出版、二〇〇九年）

第二部　知行制の展開

第一章　「豊臣取立大名の給知制について」（三重大学人文学部修士論文、二〇〇三年）の一部を改稿

補論　「（伊賀国村明細帳）」の若干の分析―平高と給人知行配置を中心に―」（『三重県史研究』第二一号、三重県、二〇〇六年）に一部加筆

第二章　「近世前期津藩の知行制について―二代高次から三代高久時代を中心に―」（『三重大学歴史都市研究センター　ニューズレター』第三号、三重大学歴史都市研究センター、二〇一三年）の一部を改稿

第三章　「（伊賀国村明細帳）」の若干の分析―平高と給人知行配置を中心に―」（『三重県史研究』第二一号、二〇〇六年）及び「近世中期における津藩の知行制の実態―伊勢国給人知行地の配置を中心に―」（『ふびと』第六八号、三重大学歴史研究会、二〇一七年）の一部を改稿

第四章　「津藩知行制の変容過程―近世中期から後期にかけて―」（『ふびと』第五八号、三重大学歴史研究会、二〇〇六年）の一部を改稿

終章　新稿

本書をまとめるにあたり、用語の統一をはかり、内容の重複を整理した。紙幅の関係で、史料を加除し改編

した部分もあるが、当初の課題設定や論旨は大きくは変更していない。

〔註〕

（1）旧族居付大名・織田豊臣取立大名の事例として、藩政史研究会編『藩制成立史の綜合研究』（吉川弘文館、一九六三年）、谷口澄夫『岡山藩政史の研究』（塙書房、一九六四年）、藤野保編『佐賀藩の総合研究』（吉川弘文館、一九八一年）、原昭午『加賀藩にみる幕藩制国家成立史論』（東京大学出版会、一九八一年）などがある。御三家を含む親藩に関しては、前田弘司「十七世紀における尾張藩家臣団の構造」（林董一編『新編尾張藩家臣団の研究』国書刊行会、一九八九年）、小山譽城「紀州藩家臣団の形成過程」（安藤精一編『和歌山の研究』第二巻、清文堂出版、一九七八年、同『徳川将軍家と紀伊徳川家』清文堂出版、二〇一一年に収録）、三鬼清一郎「水戸藩家臣団の形成過程」（『名古屋大学文学部研究論集』史学第二五号、一九七八年）などで、譜代大名に関しては、金井圓『藩制成立期の研究』（吉川弘文館、一九七五年）、佐々木潤之介『幕藩制国家論』上・下巻（東京大学出版会、一九八四年）、根岸茂夫「忍藩阿部氏家臣団の形成」（『国学史』第一〇一号、一九七七年）、同「佐倉藩堀田氏家臣団の形成と解体」（『成田市史研究』第七号、一九八〇年、同『近世武家社会の形成と構造』吉川弘文館、二〇〇〇年に収録）、拙稿「桑名藩における家臣団構造と形成過程」（『日本歴史』第六四五号、二〇〇二年）などがある。

（2）岡山藩を素材とした総合研究である岡山藩研究会編『藩世界の意識と関係』（岩田書院、二〇〇〇年）、同『藩世界と近世社会』（岩田書院、二〇一〇年）、尾張藩を扱った岸野俊彦編『尾張藩社会の総合研究』（清文堂出版、二〇〇一年〜）など一連の総合研究、松代藩を素材とした渡辺尚志編『藩地域の構造と変容』（岩田書院、二〇〇六年）などの一連の総合研究などがある。そのほか、個人研究として、深谷克己『津藩』（吉川弘文館、二〇〇二年）などがある。

（3）　笠谷和比古『近世武家文書の研究』（法政大学出版会、一九九八年）、国文学研究資料館編『幕藩政アーカイブズの総合的研究』（思文閣出版、二〇一五年）、同『近世大名のアーカイブズ資源研究―松代藩・真田家をめぐって―』（思文閣出版、二〇一六年）などがある。
（4）　註（1）藤野前掲書。
（5）　市村佑一「長州藩における家臣団形成過程」（宝月圭吾先生還暦記念会編『日本社会経済史研究―近世編―』吉川弘文館、一九六七年）。
（6）　註（1）藩政史研究会前掲書。
（7）　註（1）谷口前掲書。
（8）　吉村豊雄「初期大名家の権力編成と地方行政」（『近世大名家の権力と領主経済』清文堂出版、二〇〇一年）。
（9）　三宅正浩「近世蜂須賀家の「家中」形成と証人制―大名家における家老の位置―」（『近世大名家の政治秩序』校倉書房、二〇一四年）。
（10）　福田千鶴「慶長・元和期の秩序転換」（『幕藩制的秩序と御家騒動』校倉書房、一九九九年）。
（11）　小宮山敏和『譜代大名の創出と幕藩体制』（吉川弘文館、二〇一七年）。
（12）　註（11）小宮山前掲書。
（13）　註（1）根岸前掲書。
（14）　藤井讓治「譜代藩政成立の様相―酒井氏小浜藩―」（『幕藩領主の権力構造』岩波書店、二〇〇二年）。
（15）　尾張藩・紀州藩・水戸藩に関しては、註（1）前田・小山・三鬼前掲論文、親藩は福井藩の事例として、金井圓「親藩の成立と構造」（『藩制成立期の研究』吉川弘文館、一九七五年）がある。
（16）　歴史科学協議会編「特集「藩」からみた日本近世」（『歴史評論』№六七六、校倉書房、二〇〇六年）、大石学編『近世藩制・藩校大辞典』（吉川弘文館、二〇〇六年）及び註（2）前掲書。
（17）　笠谷和比古「近世官僚制と政治的意思決定の構造」（『近世武家社会の政治構造』吉川弘文館、一九九三年）、藤井讓治『江戸時代の官僚制』（青木書店、一九九九年）。

(18) 高木昭作『日本近世国家史の研究』（岩波書店、一九九〇年）、根岸茂夫『近世武家社会の形成と構造』（吉川弘文館、二〇〇〇年）。

(19) 高野信治『近世大名家臣団と領主制』（吉川弘文館、一九九七年）、同『藩国と藩輔の構図』（名著出版、二〇〇二年）、同『近世領主支配と地域社会』（校倉書房、二〇〇九年）。

(20) 譜代大名の研究は、下重清『幕閣譜代藩の政治構造―相模小田原藩と老中政治―』（岩田書院、二〇〇六年）、小宮山敏和『譜代大名の創出と幕藩体制』（吉川弘文館、二〇一七年）などの研究があり、御三家の研究は、尾張藩を扱った岸野俊彦編『尾張藩社会の総合研究』（清文堂出版、二〇〇一年～）など一連の総合研究、紀州藩を扱った小山譽城『徳川御三家付家老の研究』（清文堂出版、二〇〇六年）、同『徳川将軍家と紀伊徳川家』（清文堂出版、二〇一一年）の研究がある。

(21) 鎌田浩『幕藩体制における武士家族法』（成文堂、一九七〇年）、服藤弘司『相続法の特質』（創文社、一九八二年）などがあり、近年では藤井讓治『江戸時代の官僚制』（青木書店、一九九九年）がある。

(22) 註(17)笠谷前掲論文、三宅正浩『近世大名家の政治秩序』（校倉書房、二〇一四年）。

(23) 福田千鶴『幕藩制的秩序と御家騒動』（校倉書房、一九九九年）。

(24) 笠谷和比古「近世大名家における主従制と軍制」（『近世武家社会の政治構造』吉川弘文館、一九九三年）。

(25) 一連の藩政史研究における対象は知行取層の分析が多い傾向にある。そのような中、徒士、防主などの切米・扶持米取層である下級家臣団の構造分析を行った研究も見られる（熊谷光子「近世大名下級家臣団の構造的分析―豊後岡藩を素材にして―」〔『畿内・近国の旗本知行と在地代官』清文堂出版、二〇一三年〕）。

(26) 朝尾直弘「十八世紀の社会変動と身分的中間層」（辻達也編『日本の近世10　近代への胎動』中央公論社、一九九三年）、森下徹『日本近世雇用労働史の研究』（東京大学出版会、一九九五年）、吉田伸之『近世都市社会の身分構造』（東京大学出版会、一九九八年）、木越隆三『日本近世の村夫役と領主のつとめ』（校倉書房、二〇〇八年）、松本良太『武家奉公人と都市社会』（校倉書房、二〇一七年）などがある。
(27) 新見吉治『改訂増補　下級士族の研究』（巌南堂書店、一九七九年）。
(28) 磯田道史『近世大名家臣団の社会構造』（東京大学出版会、二〇〇三年）。
(29) 註(1)根岸前掲書、同『大名行列を解剖する』（吉川弘文館、二〇〇九年）。
(30) J・F・モリス『近世日本知行制の研究』（清文堂出版、一九八八年）。
(31) 高野信治「知行地陪臣の『吟味』について」（九州大学国史学研究室編『近世近代史論集』吉川弘文館、一九九〇年、同『近世大名家臣団と領主制』吉川弘文館、一九九七年に収録）。
(32) 柴多一雄「福岡藩の陪臣について―三奈木黒田家の家臣を中心に―」（秀村選三編『西南地域史研究第一一輯』文献出版、一九九六年）。
(33) 伊藤孝幸「尾張藩陪臣への地方知行」（『日本歴史』第七一一号、二〇〇七年）。
(34) 中田四朗「延宝―正徳期における藤堂藩家中対策」（三重史学会編『三重史学』二、一九五九年）、同「享保期―元文期における藤堂藩の家中政策」（三重史学会編『三重史学』四、一九六一年）。
(35) 『三重県史』（一九六四年）。
(36) 註(2)深谷前掲書では、地方知行制の復活時期を正徳二年としている。
(37) 註(1)藩政史研究会・谷口・藤野・林・金井・原前掲書などがある。
(38) 峯岸賢太郎「軍役と地方知行制」（三好昭一郎編『徳島藩の史的構造』名著出版、一九七五年）。
(39) 石躍胤央「土佐藩における近世化政策の展開」（『藩制成立期の研究』石躍胤央先生退官記念事業実行委員会、一九九八年）。
(40) 鈴木壽『近世知行制の研究』（日本学術振興会、一九七一年）。
(41) 川村優『旗本知行所の研究』（思文閣出版、一九八八年）、同『旗本知行所の支配構造―旗本石河氏の知行所支配と家政改革―』（吉川弘文館、一九九一年）。

(42)註(30)J・F・モリス前掲書。
(43)註(19)高野前掲書の一連の研究。
(44)笠谷和比古「知行制と封禄相続制」(『近世武家社会の政治構造』吉川弘文館、一九九三年)。
(45)J・F・モリス・白川部達夫・高野信治共編『近世社会と知行制』(思文閣出版、一九九九年)。
(46)福田千鶴「近世地方知行制の存続意義について―福岡藩を事例に―」(J・F・モリス・白川部達夫・高野信治共編『近世社会と知行制』思文閣出版、一九九九年)。
(47)高野信治『近世大名家臣団と領主制』(吉川弘文館、一九九七年)。
(48)藤井讓治「彦根藩前期の知行制」(藤井讓治編『彦根城博物館叢書4　彦根藩の藩政機構』サンライズ出版、二〇〇三年)。
(49)浪川健治編『近世の空間構造と支配―盛岡藩にみる地方知行制の世界―』(東洋書院、二〇〇九年)。
(50)中田四朗「藤堂藩のおける平高制」(三重郷土会編『三重の文化』三、一九五六年)。
(51)久保文武『伊賀史叢考』(同朋舎、一九八六年)。同『伊賀国無足人の研究』(同朋舎、一九九〇年)。
(52)藤田達生監修・三重大学歴史研究会編『藤堂藩の研究―論考編―』(清文堂出版、二〇〇九年)、藤田達生監修・三重大学歴史都市研究センター編『地域社会における「藩」の刻印―津・伊賀上野と藤堂藩―』(清文堂出版、二〇一四年)。
(53)註(2)深谷前掲書。
(54)藤田達生「藤堂高虎の都市計画(一)―伊賀国上野―」「藤堂高虎の都市計画(二)―伊勢国津―」(『日本中・近世移行期の地域構造』校倉書房、二〇〇〇年)、同『江戸時代の設計者―異能の武将・藤堂高虎―』(講談社現代新書、二〇〇六年)。
(55)長屋隆幸「大坂夏の陣における遭遇戦の実態―八尾・若江の戦いにおける津藩藤堂家を例に―」(『近世の軍事・軍団と郷士たち』清文堂出版、二〇一五年)。

(56) 津藩では、いわゆる藩政史料といわれる藩記録が戦災等で存在しないため、藩の編纂物である『宗国史』『公室年譜略』『高山公実録』などの二次史料や、津藩家臣団の史料をもとに研究を進めることとなる。なお、これらの編纂物の多くは、上野市古文献刊行会（のちの伊賀古文献刊行会）が翻刻している。
(57) 久保文武『伊賀国無足人の研究』（同朋舎、一九九〇年）、吉田ゆり子「『郷士』と帯刀改め―村に住む『武士』―」（『兵農分離と地域社会』校倉書房、二〇〇〇年）、藤田達生「兵農分離と郷士制度―津藩無足人―」（『日本中・近世移行期の地域構造』校倉書房、二〇〇〇年）、同「郷士制度と郷土防衛―藤堂藩伊賀領無足人―」（藤田達生監修・三重大学歴史研究会編『藤堂藩の研究―論考編―』清文堂出版、二〇〇九年）。
(58) 註(54)藤田前掲論文、及び前掲書。
(59) 拙稿「村方支配と年貢・内検」（藤田達生監修・三重大学歴史研究会編『藤堂藩の研究―論考編―』清文堂出版、二〇〇九年）。
(60) 『三重県史』資料編近世2（二〇〇三年）。
(61) 名張騒動については、資料として、『名張市史料集』第二輯（名張古文書研究会、一九八六年）、「名張藤堂家」（『三重県史』資料編近世2、二〇〇三年）があり、論文として、藤田達生「藤堂氏にみる御家騒動―高虎と高吉・高次―」（『日本中・近世移行期の地域構造』校倉書房、二〇〇〇年）がある。
(62) 深谷克己『寛政期の藤堂藩―藩政改革と農民の対応―』（三重県郷土資料刊行会、一九六九年）、のち『藩政改革と百姓一揆―津藩の寛政期―』（比較文化研究所、二〇〇四年）として再刊。
(63) 太田光俊ほか三重大学歴史研究会学生部会「藩校有造館・崇広堂の研究―現状・課題・新展開―」（藤田達生監修・三重大学歴史研究会編『藤堂藩の研究―論考編―』清文堂出版、二〇〇九年）。

第一部　近世大名家臣団の形成と構造

第一章　津藩家臣団の構造と形成過程
―初代藩主高虎時代を中心に―

はじめに

本章の目的は、豊臣取立大名である津藩藤堂氏初代藩主藤堂高虎時代の家臣団の構造、及びその形成過程を解明することにある。

家臣団形成や構造については、藩政史研究の観点から、旧族居付大名・織田豊臣取立大名である外様大名、徳川取立大名である親藩・譜代大名を事例とした多くの研究が蓄積されている(1)。近世大名の家臣団は本来軍事組織としての機能を持ち合わせた軍団として形成され、時代を経る中で領国支配等のために行政的な技能を持った官僚組織としての意味合いも付加され変容を遂げていく(2)。

また、近世大名の家臣団は、さまざまな階層から構成され、武家の棟梁としての将軍、将軍のもとに領地を宛行われた大名、将軍の家臣としての旗本・御家人、各大名の家臣がおり、さらにこれらの階層に仕える武家奉公人などがいた(3)。

これらの研究にあたっては、従来は将軍・大名、将軍家臣、大名家臣など、いわゆる侍層と呼ばれる階層の研究が中心であった。[4] 近年では、侍層以外の足軽・武家奉公人などの階層に関する研究[5]が見られる。

本章では、これらの先学の成果を踏まえつつ、津藩家臣団の構造、及び形成過程についての分析を行い、豊臣取立大名の家臣団構造・形成の基調を提示したい。その方法は、家臣団構造は、功臣年表や分限帳を用いて検討し、家臣団の形成過程は津藩藤堂氏関係資料を網羅した編纂物である『宗国史』[6]、『公室年譜略』[7]を中心に、「家臣団由緒書」[8]等を用いて分析を行う。

第一節　陣立書から見た津藩の軍制

家臣団は戦国期から近世期にかけて、幾多の戦いを乗り越えて形成されてきた。したがって、その機能は戦うための集団としての要素を持ったものであり[9]、最後の実戦機会であった大坂両陣までは大きく機能していたと思われる。今、津藩としての最後の戦いとなった大坂夏陣の陣立てを分析し、軍団としての家臣団の意義付けを確認したい。[10]

大坂夏陣では、左先鋒は侍大将藤堂仁右衛門（五〇〇〇石）に率いられた侍組五〇騎に、相備として二人の侍大将【桑名弥次兵衛（二五〇〇石）・渡辺掃部（二〇〇〇石）】に率いられた侍組、及び先手足軽大将沢田但馬（二〇〇〇石）ら三人に率いられた鉄炮一四〇挺で構成されていた。右先鋒は侍大将藤堂新七郎（五〇〇〇石）に率いられた侍組六二騎に、相備として二人の侍大将【藤堂玄蕃（五〇〇〇石）・矢倉与五郎（一五〇〇石か二〇〇〇石）】に率いられた侍組、及び足軽大将梅原勝右衛門（一五〇〇石）ら三人に率いられた鉄炮一六〇挺で構成されていた。

そして、その後ろに中軍左備として中軍大将藤堂宮内（二万石）に率いられた騎馬三三騎、中軍右備として中軍大将渡辺長兵衛（三〇〇〇石）に率いられた騎馬四三騎、そして、左右中軍足軽大将四人【藤堂式部（三五〇〇石か三〇〇〇石）・藤堂左京（三〇〇〇石）・中村源左衛門（一五〇〇石）・白井九兵衛（一〇〇〇石）】に率いられた鉄炮組一〇〇挺ずつ、計二〇〇挺が配置された。

その後ろが本隊となる旗本備で、前備として藤堂勘解由（二〇〇〇石）・藤堂三郎兵衛（二〇〇〇石）に率いられた馬上弓隊二〇騎、歩行弓足軽三〇人が配された。そして、本隊を取り巻くように前には伝令部隊である知行高三〇〇～一〇〇〇石の黒母衣使番二二騎・赤母衣使番一二騎、旗奉行が左右に二人ずつ配置された。旗本左備には旗本士大将藤堂釆女（三五〇〇石）・福永弥五右衛門（二〇〇〇石）に率いられた五〇騎、旗本右備には

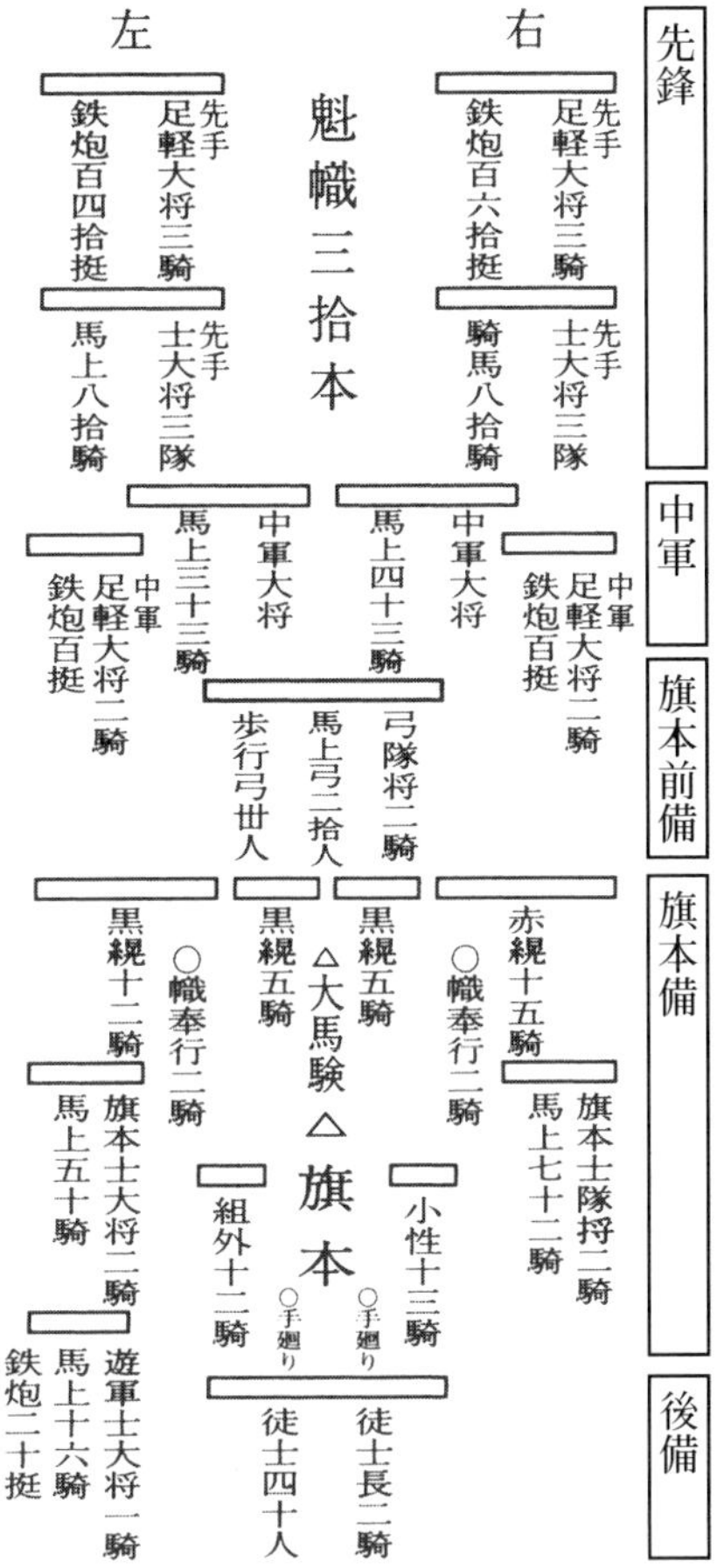

備立之図『公室年譜略』による。

藤堂主膳（三〇〇〇石）・須知出羽（二〇〇〇石）に率いられた七二騎が配置された。旗本本隊の左右両側には小姓一三騎、組外一一騎が控え、さらにその外側左備には佐伯権之介（四〇〇〇石）に率いられた遊軍、騎馬一六騎、鉄炮二〇挺が配置された。後備として伊藤吉左衛門・野間甚右衛門に率いられた徒士四〇人が控えている。

こうして構成された陣立は騎馬四四三騎、弓五〇張、鉄炮五〇〇挺、徒士四〇人となっている。この陣立は幕府軍役人数割と比較すると、元和二年の幕府軍役は一万石では「鉄炮廿挺　弓十張　鑓五十本持鑓共　馬上十四騎」[11]であるので、騎馬は三一・六万石、弓は五万石、鉄炮は二五万石に相当する。当時の津藩の領知高は二二万九五〇石であったので、騎馬は一・四三倍、鉄炮は一・一三倍と幕府軍役を凌駕しており、強大な軍事力を大坂陣に投入したことがわかる。また、ここに見られる侍大将は知行高が一〇〇〇～二万石と高禄な者たちであった。

第二節　分限帳より見た家臣団の構造

ここでは、大坂両陣・越前戒厳などの軍事態勢を経て形成された家臣団の構造を高虎死去後に作成された寛永七年（一六三〇）の分限帳[12]の分析から見てみよう。先行研究[13]の分類に準拠してみた場合、知行取（侍）、切米取・徒士、足軽以下武家奉公人に大まかに分類され、それが家臣団の総体となる。知行取は「知行取騎士」とあるように馬乗りの階層で、上級家臣である。また、切米取・徒士階層のうち、切米取階層は下級家臣と位置づけられ、さまざまな役務についており、徒士層は侍層に預けられた徒士衆である。足軽層以下武家奉公人は、足軽、小人、中間、草履取、馬取、普請小人、大工、下男[14]などである。分限帳からは知行取階層の侍層を除き、

表1　寛永7年分限帳より見た家臣団

	伊賀付（伊賀国・伊予国・京・大坂含む）		伊勢津付（江戸含む）		合計（人）	
階層	人数（人）	割合（％）	人数（人）	割合（％）	人数（人）	割合（％）
侍（知行取）	203	23.4	261	17.3	464	19.6
切米取・徒士	179	20.7	209	13.9	388	16.4
足軽以下武家奉公人	485	55.9	1035	68.8	1520	64.0
合計	867	100.0	1505	100.0	2372	100.0

「寛永7年分限帳」（『公室年譜略』17）による。

厳密に区別ができないものも多いがその概要は把握できる。

そのことを前提にして、各階層を見ると、近世前期から居所により家臣を①伊賀付、②伊勢津付に分け、①伊賀付家臣の中には、伊賀国居住の者のほか、伊予国・京・大坂に居住する階層が見られる。②伊勢津付には伊勢国居住のほかに江戸詰の階層が含まれていた（表1）。総勢二四〇〇人弱にもなる家臣団の約二〇％・四六四人が知行取層であり、切米・徒士層は約一六％・三八八人、それ以外が鉄炮足軽・弓取などの足軽層、そして武家奉公人で、この階層は六四％・一五二〇人と家臣団の三分の二を占める。

また、家臣団のうち、一〇〇石以上の知行取階層を見てみる（表2）と、最上級層は丹羽家から藤堂家に養子に入った藤堂宮内で、知行高二万石と別格扱いとなっている。その下の階層が、一門・親族や家老級の家臣で、藤堂出雲・藤堂式部・藤堂采女・藤堂新七郎・藤堂玄蕃・藤堂仁右衛門で七〇〇〇〜五〇〇〇石である。それに続く階層として組の侍大将である階層で知行高は三〇〇〇石級である。次の階層として伝令役としての母衣衆や鉄炮組を率いる鉄炮頭、供衆・留守居衆が続き、知行高は二五〇〇〜一〇〇〇石で、特に知行高一〇〇〇石の階層は、上級家臣の中で人数も多く、藩主を警護する役目を担った中心階層である。

そして、これらの上級家臣に率いられる組付侍・母衣衆・留守居衆・供衆・騎射衆などの階層があった。知行高七〇〇石未満〜五〇〇石、四〇〇石未満〜三〇〇石、

表2　寛永7年家臣団階層構成

知行高（石）	人　数（人）	割合（%）
20000	1	0.2
7000～5000	6	1.3
4999～3000	7	1.6
2999～2000	11	2.4
1999～1000	51	11.3
999～700	6	1.3
699～500	56	12.4
499～400	16	3.6
399～300	78	17.3
299～200	152	33.7
199～100	67	14.9
計	451	100.0

「寛永7年分限帳」（『公室年譜略』17）による。
※社領等除く。

三〇〇石未満～二〇〇石、二〇〇石未満～一〇〇石層がその中心で、五〇〇・三〇〇・二〇〇・一五〇石層の家臣が多かったことからこのような構成となった。中でも三〇〇・二〇〇石層が特に多く、津藩家臣団の中心階層がこの階層であったことがわかる。

さて、伊賀付の知行取の家臣団のうち侍層に注目してみると、いくつかの組編制がなされている。すなわち、藤堂出雲（七〇〇〇石）組・藤堂式部（七〇〇〇石）組・藤堂小刑部（三〇〇〇石）組・渡部掃部（二〇〇〇石）組の四組で構成され、この四組各組には組侍と鉄炮足軽六〇人ずつが配置された。続いて組外として藤堂宮内（二万石）、藤堂新七郎（五〇〇〇石）、藤堂玄蕃（五〇〇〇石）、新七郎弟の藤堂与吉（三〇〇石）の四人の騎馬侍、次に梅原勝右衛門（二五〇〇石）ら一五人で構成される母衣組が続く。そして石田三郎左衛門（一〇〇〇石）ら一〇人と鉄炮足軽三一〇人で構成される鉄炮頭が見られる。そのほか知行取・切米取・扶持米取階層で構成される大坂留主居、京留主居、江戸番衆・普請横目・忍之衆があり、そのうち忍之衆はすべて切米取で構成されていた。

一方、伊勢津付の知行取家臣団は、まず藤堂仁右衛門（五〇〇〇石）に率いられた四人の後に、藤堂采女（七〇〇〇石）組・藤堂主膳（四〇〇〇石）組・湯浅右近（三〇〇〇石）組・藤堂左京（三〇〇〇石）組・小森彦右衛門（三五〇〇石）組の五組で構成され、続いて藤堂主殿《カ》（二〇〇〇石）に率いられた騎射隊、藤堂勘解由（三〇〇〇石）に率いられた騎射隊の二組が続く。この二組には騎馬侍のほかに弓足軽が三〇人ずつ配置されている。

次に佐伯権之介（四五〇〇石）に率いられた組外、そして新座衆、沢田平太夫（二五〇〇石）ら一三人で構成された母衣組が続き、知行高一〇〇〇〜一五〇〇石の白井九兵衛ら一三人の騎馬侍と鉄炮足軽三四一人で構成される鉄炮頭がいる。そして、供衆として騎馬侍三六人・切米取七人・徒士六〇人が配置された。そのほか知行取・切米取・扶持米取階層で構成されるものとして、江戸常府、上台所・厩方・高重公付・普請奉行・水主・加子・大工がある。さらに、切米取・扶持米取で構成される下台所・供小人・普請小人・扶持方取・坊主があり、この階層は武家奉公人が主体であった。

このように見てくると、伊賀付・伊勢津付の家臣団には、共通する職制も多く存在する。それは上級家臣団で構成される組外や、母衣衆（組）・鉄炮頭・留主居衆・供衆という職制が共通していることであり、これらは主に藩主を警護する隊である。また、寛永七年段階の家臣団構成は、元和元年の大坂夏陣での陣立にある組付侍・騎射隊・母衣組・鉄炮頭など戦う集団としての機能の名残が随所に見られ、そこに江戸・京・大坂在府のために、知行取のほか多くの切米取や武家奉公人が召し抱えられて構成されていた。

第三節　津藩家臣団の形成

ここまで高虎時代の家臣団構造を見てきたが、この節では、それらの家臣団がどのように形成されてきたのかを『宗国史』外編功臣年表[15]等、及び「元禄五年藤堂藩家臣由緒書（以下、「由緒書」という[16]）」から見てみよう。

1　功臣年表等から見た家臣団の取立

まず、高虎の加増や転封に伴って移動した領国別に大きく七つに分類して検討する。基本的には家臣団は取立地により名称・格式が異なっているようである。表3にあるように、本貫地である近江国では四人、天正五（一五七七）～十四年までは、播磨・但馬・大和国での取立で三五人、天正十五（一五八七）～慶長元年（一五九六）の紀伊国粉川では七七人、慶長元～六年の伊予国板嶋では一〇一人（前板嶋衆は関ヶ原以前で六二人、慶長五後半～六年は後板嶋衆で三九人）、慶長六～十二年の伊予国板嶋では久留嶋衆を含め一二五人である。この時期は、伊賀・伊勢国入封以前の領国であった。そして、慶長十三（一六〇八）～寛永七年（一六三〇）の領国伊賀・伊勢国での取立は、五三八人となっている。今、人数比較をすれば、領国支配の期間と概ね対応し、伊賀・伊勢国が多い傾向が見られ、板嶋以後からの取立が特に多くなる。したがって、家臣団は高虎の転封や領有高増加に伴って取立が行われていることがわかる。

また、高虎時代の伊賀・伊勢国入封以前に取り立てられ、藤堂姓を下賜された家臣がいる。(17)高虎時代に限ってみれば、鈴木氏の藤堂仁右衛門、今井氏の藤堂孫八郎、長井氏の藤堂勘解由、箕浦氏の藤堂作兵衛、保田氏の藤堂采女、磯崎氏の藤堂式部、服部氏の藤堂右京、山岡氏の藤堂源助、深井氏の藤堂主膳、伊藤氏の藤堂兵庫、花崎氏の藤堂左京、細井氏の藤堂主殿、玉瀧氏の藤堂三十郎が該当する。これらの家臣は功臣年表にも見られ、藤堂姓を下賜されることで擬制的な関係を結び、後年には知行高も一〇〇〇石を超えるような待遇となることで、藤堂家を支える重臣となった。

この中で初代藤堂仁右衛門高刑は、高虎の甥にあたり、一万石の格式で侍組を預けられ「高」の字を拝領し、

表3　時代別領地別取立表

年　代	領　地	期　間	人　数	1年平均人数
		年	人	人
天正5年以前	本貫(近江)		4	
天正5～天正14年	播磨・但馬・大和	10	35	3.5
天正15～慶長1年	紀伊粉川	10	77	7.7
慶長1～慶長6年	伊予板嶋	6	101	16.8
慶長6～慶長12年	伊予板嶋	7	125	17.9
慶長13～寛永7年	伊賀・伊勢	23	538	23.4
合計			876	

『宗国史上巻』「功臣年表」による。

大坂陣で戦死した。その子高経は五〇〇〇石を賜り、与力を高虎から付けられた。その子孫も津城代となるなど一族縁者として藤堂家に優遇された。[18]また、藤堂釆女は伊賀国予野村の出身で、初代元則は増田長盛の客分となっていたが、増田家の没落後の慶長六年に高虎に仕え一五〇〇石を賜った。その後加増され、元和元年には七〇〇〇石となり、一万三〇〇〇石の格式で侍組・足軽を預けられた。寛永十七年には伊賀上野城代となり、その子孫も一時期を除き伊賀上野城代を務めた。[19]このように、藤堂姓を賜る家臣は高虎の一族縁者、もしくは高虎の初期取立の家臣であった。[20]

一方で、同じ藤堂姓ながらも藤堂宮内は前述した家臣らとは異なった経歴を持つ。すなわち、宮内は天正十六年に高虎の養子となり、伊予国で領地を宛行われたのち、寛永十二年に伊賀国名張へ入封し、名張藤堂家の礎を築いた人物である。養子として将来の藤堂藩主となる可能性のあった人物が、二代藩主となる高次が誕生したことで藤堂家の一家臣となったのである。その点で藤堂家内での位置づけが異なり、後年になっても別格扱いをされている。[21]そのほか一族縁者として、藤堂姓を下賜された藤堂作兵衛、藤堂源助、そして、家臣としてではなく高虎の縁者として藤堂玄蕃、藤堂新七郎、藤堂出雲、藤堂内匠がいるが、後年には家臣として城代や家老職として津藩を支える重臣となっている。[22]

関ヶ原合戦後、西軍の将の家臣であった者たちの取立も見られる。友田左近右衛門・松浦忠兵衛・福永弥五左衛門は宮部善祥坊家臣、内海左門・八十島道除・中小路五郎右衛門は石田三成家臣、入交惣右衛門・桑名弥次兵衛・浅木間斎は長曽我部盛親家臣、小川五郎兵衛は増田長盛家臣であった。そのほか萩山惣兵衛・山下喜三郎ら甘崎城にいた久留島家の牢人たち（久留島衆）も召し抱えた[23]。

さらには、高虎時代に取り立てられた家臣は、その時代に親から子への世代交代が行われる。世代交代は早くは文禄年間から始まっているが、多くは慶長年間に入ってからである。中でも、慶長十九年以降急激に増加する。その理由として、通常の相続（家督・跡目相続）と大坂陣における戦死に伴う相続が考えられる。大坂陣における戦死者については、藤堂仁右衛門ら三一名が記録され、「大坂ニ於テ戦死ノ遺禄ヲ其子弟ニ賜フ[24]」とあって、家禄が子弟に相続されている。その傾向は「功臣年表」からも読み取れる。事実、「大坂役以後衆」と記載された家臣の中には、親の戦死に伴って取り立てられたことが記されている。

2　由緒書から見た家臣取立の様相

次に、元禄五年の「由緒書」から高虎時代を中心とした一部家臣の取立の様相[25]、及び取立の様子が判明する家臣団を中心に、取立の概要を見てみよう。

一、家臣の取立

㈠　藤堂孫八郎

藤堂孫八郎の初代は曽祖父今井次郎右衛門とあり、天正十三年（一五八五）に、召し出されて合力米現米一〇〇石の扶持米を宛行われた。肝煎は不明で、高麗・関ヶ原陣の際には留守を任され、大坂冬陣では伊賀上野城留守居を、夏陣では津城留守居を仰せ付けられた。その後、次郎右衛門は元和九年（一六二三）に七五歳で死去したため、合力米は返還された。

二代目の祖父孫八郎は、天正十七年に召し出され、高麗陣で新知三〇〇石を給され、その陣での活躍を認められ高虎の感状を賜った。関ヶ原陣にも出陣し、その後段々加増され、伊勢国への国替えの際にも五〇〇石を加増され一五〇〇石となり、馬上弓并御歩行弓を預けられた。しかし、慶長十六年に四一歳で病死した。跡目一五〇〇石は二人いる兄の孫八郎へ相続された。孫八郎は大坂冬陣の際には曽祖父次郎右衛門と伊賀城留守居を仰せ付けられ、夏陣でも首を取り上げるなど活躍したが、元和四年に病死した。世倅がいなかったため、三代目孫八郎となる弟に跡目一五〇〇石が相続された。三代目、四代目孫八郎は、二代藩主藤堂高次・三代藩主高久に仕えた。

㈡　藤堂作兵衛

藤堂作兵衛の曽祖父にあたる初代作兵衛は、取次は不明ながら紀伊国粉川にて召し出され、知行二〇〇石を拝領した。慶長二年春には伊予国において、三〇〇石加増され五〇〇石となり、同年の高麗陣での活躍が認められ、感状・藤堂姓を賜り、五〇〇石を加増されて一〇〇〇石となった。関ヶ原陣にも出陣し五〇〇石加増され、一五〇〇石となった。慶長六年には一万石の侍組を仰せ付けられ、鉄炮衆五十人組を預けられた。十年には五〇〇石加増され、都合二〇〇〇石となる。そして、十九年の大坂冬陣に出陣したが病気となり、留守居を仰せ付けられ、同年に病死した。

祖父である二代目与一郎は、伊予国で召し出され、五〇〇石を拝領した。慶長十二年に五〇〇石加増されて一〇〇〇石となった。大坂冬陣では曽祖父の死去に伴い、侍組・鉄炮組を預かったが、病気で奉公できなくなり、父子合わせて三〇〇〇石の知行のうち、二〇〇〇石と組を召し上げられた。その後、再び役儀を務めたが、寛永六年に病死した。

三代目作兵衛は幼少のため、祖父が跡目の半分五〇〇石を相続し、一時藤堂家を退いた時期があったが帰参し、四代目まで藤堂家に仕えている。

㈢　菊川源太郎

当代の祖父にあたる菊川源太郎は慶長八年に保田甚兵衛の肝煎、藤堂采女の取次で伊予国板嶋で召し出され二五〇石を拝領した。十四年には伊勢国で地方知行を仰せ付けられ、藤村・曽根村の内から二五〇石を拝領した。十五年には丹波亀山城普請、十六年には伊賀上野城普請を務め、一五〇石を加増されて、四〇〇石となった。十九年の大坂冬陣の際には鉄炮組を預けられ、夏陣にも出陣した。元和二年には一〇〇石加増され、伊賀国高尾村・勝地村の内で五一四石余を拝領した。元和八年には大坂城普請の石普請役、九年には五〇〇石の加増により、中村・比自岐村を宛行われ、都合一〇一四石余となった。その後、上洛御供・大坂城普請・日光普請・江戸城普請・江戸勤番などを務め、正保四年に病死している。

二代目源太郎は、正保四年に祖父の跡目を相続し、当代源太郎も藤堂家に仕えている。

㈣　須知九右衛門

須知九右衛門の曽祖父で初代須知出羽は、慶長五年森伊勢守の肝煎、藤堂式部の取次にて伏見で召し出された。関ヶ原陣に出陣して、帰陣後五〇〇石を拝領し、鉄炮組を預けられた。大坂両陣に出陣し、帰陣後には二〇〇石を加増され七〇〇石となった。元和九年の越前戒厳に三〇〇石を加増され一〇〇〇石となり、鉄炮組を

表４　取立年代・方法

藩主	期　　間	新規召抱	新規召抱後跡目相続・家督相続	跡目相続	家督相続
		人	人	人	人
高虎	寛永７年以前	38	3	8	2
高次	寛永８～寛文８年	31	16	14	1
高久	寛文９年以降	16	6	16	

「由緒書」による。

預かった。寛永十一年の上洛御供、渡辺数馬・荒木又右衛門の伏見届けなどの役、江戸詰を務め、その間に五〇〇石を加増をされて、都合一五〇〇石となったが、慶安元年に病死した。

二代目祖父出羽は鉄炮組を預けられ、曽祖父出羽の死後には跡目一〇〇〇石を拝領し、母衣組を仰せ付けられた。国付・江戸詰を務め、延宝二年に病死した。三代目、四代目も跡目相続により知行一〇〇〇石を拝領し、藤堂家に仕えている。

二、取立概要

「由緒書」から家臣団の取立概要を把握する。ここでは年代を便宜的に初代藩主高虎時代を寛永七年以前、二代藩主高次時代を寛永八～寛文八年、三代藩主高久時代を寛文九年以降として捉え、論を進める。

㈠　取立年代・取立方法

取立年代は、天正五年（一五七七）から「由緒書」作成前年の元禄四年まで、各年代で取り立てられている。ただ、取立方法として、①新規召抱、②新規召抱後跡目相続・家督相続、③跡目相続、④家督相続による召し抱えがある（表４）。①新規召抱は、高虎三八人、高次三一人、高久一六人で、②新規召抱後跡目相続は高虎三人、高次一六人、高久六人であった。また、③跡目相続は高虎八人、高次一四人、高久一六人、④家督相続は高虎二人、高次一人であった。高虎・高次時代での取立は新

表5　取立場所

藩主	但馬国	粉川	関ヶ原	伊予国・板嶋・今治	伊賀・伊勢国	江戸・大坂・駿府
	人	人	人	人	人	人
高虎	1	7	2	13	4	3
高次					5	7
高久					1	

「由緒書」による。

規召抱が多く、高次時代には召抱後に跡目相続をする者が多く見られる。

㈡　取立場所

この「由緒書」には、取立場所の記載が少なく判明する者は四四人である。少ない事例であるが、判明する者を取り上げてみると、初代藩主高虎の場合は年代順に但馬での取立が一人、粉川で七人、関ヶ原で二人、伊予国や板嶋・今治で一三人であった。伊賀・伊勢国転封後は伊賀・伊勢国で四人、江戸・大坂・駿府で三人見られ、転封地・加増、さらには高虎の居所との関係が大きく影響している（表5）。ちなみに二代藩主高次の場合は、伊賀・伊勢国五人、江戸七人と居城のある国元及び江戸での取立で、江戸での幕府との交渉や参勤交代の影響が見られる。高久の場合は、国元の伊賀国で一人の取立が見られる。

この事例だけで、取立場所傾向を一般化することはできないが、家臣の取立場所は、藩主の転封地等での取立に見られるように藩主の居所との関係性が深いことがわかる。

㈢　肝煎・取次

『公室年譜略』には取立にあたり、他の大名家の家臣による斡旋を「肝煎」（世話）、津藩家臣による取次を「取次」と区別して記載していることから、新規召抱にあたり信用のできる仲介者を介在させていたことがわかる。

肝煎は藩主の他藩とのネットワークが関係し、取次は服部大夫・藤堂采女・藤堂主膳・藤堂玄蕃など後に大身となる家臣の仲介により取り立てられていることがわかる。

㈣　取立知行高

取立知行高は、相対的に高虎時代には一〇〇〇石以上の高禄での取立と五〇〇石台以下の取立の二極分化が特徴である（表6）。高禄の取立の場合、三〇〇〇石台一人、二〇〇〇石台三人、一〇〇〇石台六人と、高禄で新規召抱をし、戦時を想定した取立となっている。一〇〇〇石以上でも高次・高久の場合は親の相続を継承しての取立傾向が見られる。また、五〇〇石以下の取立でも新規召抱・戦時を想定した職務への取立傾向が見られ、取立当初は少禄な者がのちには一〇〇〇石を超えるような場合も見られる。その傾向は高虎の取立家臣に顕著に見られる。なお、高次・高久時代の五〇〇石以下の取立は例外は見られるものの、相続による知行高の継承で、知行高の加増は少ないという傾向が見られる。

表6　取立知行高

知行高	高虎時代	高次時代	高久時代
	人	人	人
3000 石台	1		
2000 石台	3	1	
1000 石台	6	5	10
700 石台		1	
500 石台	6	3	1
300 石台	8	4	1
200 石台	11	5	2
100 石台	8	2	1

「由緒書」による。

㈤　取立職務

家臣取立の職種は、母衣衆、鉄炮組頭・鉄炮役、組付・侍組預・弓組・歩行組・組外等、江戸・大坂・丹波亀山城・日光普請、板嶋奉行・伊勢郡奉行等、江戸詰、大小姓・子小姓などが見られるが、これらは概ね番方・役方・側方の職務に分類される（表7）[26]。

番方の職として、母衣衆、鉄炮組頭・鉄炮役、組付・侍組預・弓組・歩行組・組外等、江戸・大坂・丹波亀山城・日光普請があるが、母衣衆は高虎四人、高次一人、鉄炮組頭は高虎五人、高久一人、鉄炮役は高次・高久

表７　職務内容

分類	役職	高虎時代	高次時代	高久時代
		人	人	人
番方	母衣衆	4	1	
	鉄炮組頭	5		1
	鉄炮役		2	2
	組付・侍組預・弓組・歩行組・組外等	7	2	4
	江戸・大坂・丹波亀山城普請・日光普請	5	2	
役方	板嶋奉行・伊勢郡奉行・免奉行	2		1
側方	江戸詰・江戸奏者役・江戸供	1	11	5
	大小姓・子小姓・小姓・近習	3	10	4

「由緒書」による。

二人ずつ四人で鉄炮に関する役は一〇人であった。組付・侍組預・弓組・歩行組・組外等は鉄炮組関係の職を除くと一三人で七人が高虎時代の取立であった。また、江戸・大坂・丹波亀山城・日光普請などの城普請や作事に関する役は七人で、江戸・大坂・丹波亀山城の公儀普請は高虎時代が五人、日光普請は高次時代で二人である。

役方として板嶋奉行・伊勢郡奉行・免奉行があるが、免奉行を除くといずれも高虎時代の取立である。側方として、江戸詰、大小姓・子小姓・近習などが見られるが、江戸詰・江戸奏者役・江戸供など一七人が取り立てられているが、一人を除き高次・高久時代の取立である。大小姓・子小姓・小姓・近習は一七人で、高虎三人、高次一〇人、高久四人で高次時代の取立が多い。

このように見てくると、高虎時代は番方職としての職務での取立、高次・高久時代は役方・側方としての職務の取立が多い傾向が見られる。時代背景を考えるならば、このような傾向もうなずける。

㈥　相続・世代交代

世代交代は、子孫が新規に召抱られたり、跡目や家督相続により行われる（表８）。津藩の相続について見ると、死後相続である跡目相続が五二人、隠居により家督が相続される家督相続が八人と圧倒的に跡目相続が多い。藩主別に見ると、跡目相続は高虎三六人、高次一六人、家督相続は高虎六人、高次二人となっている。ここからは、高虎時代に既に相続などにより世代交代が行われていることが確認される。なお、高久時代に七人の跡目相続もあった。

表８　相続・世代交代

相続形態	高虎時代	高次時代
	人	人
跡目相続	36	16
家督相続	6	2

「由緒書」による。※高久跡目相続７人。

おわりに

ここまで、陣立書・分限帳・功臣年表・由緒書から津藩初期の家臣団の構造と形成過程を論じてきた。それらをまとめてみよう。

大坂夏陣の陣立書からは、先鋒・中軍、その後ろに本隊となる旗本備、それを取り巻く母衣衆・旗奉行、旗本士大将・騎馬侍・小姓、組外騎馬が配置され、最後に後備が控える構成となっていた。その主力は騎馬・鉄炮であり、侍大将は一〇〇〇石以上の高禄な者たちであった。

寛永七年分限帳からは、総数二四〇〇人弱の三分一が知行取層、切米取・徒士層で、残り三分二が鉄炮足軽・弓取などの足軽層、武家奉公人層であった。この時代は伊賀付・伊勢津付に分けられ、組付侍・騎射隊・母衣組・鉄炮頭など大坂陣での陣立書にも見られる集団があり、その意味ではこの時期の家臣団は軍事組織としての機能を有した集団で、江戸・京・大坂在府のために切米取・武家奉公人層を多く召し抱えていた。また、家臣団の階層は、一〇〇〇石以上の戦時での侍大将で平時での家老となる上級階層、五〇〇～一五〇〇石の戦時での組付侍・母衣衆・鉄炮頭で平時での郡奉行などの町・村支配を担当する中級階層、さらにその下に切米取・扶持米取の足軽・武家奉公人など下級階層の三階層で構成されていた。また、名張藤堂家は二万石で津藩の中では一人高禄で、別格扱いであった。

津藩の家臣団は、高虎の領地転封とともに形成されてきたが、伊賀・伊勢国入封期間との関係で多くの家臣を取り立てた。特に初期に取り立てた家臣は譜代家臣として、後年津藩を支える重臣層となるが、それにあたり藤堂姓を下賜して擬制関係を結び、高虎の兄弟や従兄弟など一族縁者を取り立てて家臣団を形成していたのである。また取立の転機は関ヶ原合戦後の他家家臣の取立、中でも豊臣系大名家臣の取立が見られ、そして大坂両陣の戦死に伴う世代交代による家臣取立がその特徴であった。

この取立方法については、由緒書の分析より新規召抱、新規召抱後相続、跡目・家督相続の三種類があり、高虎時代は新規召抱が多く、二代高次、三代高久時代には相続が増える。取立の職務は高虎時代は軍事職である番方の役職が中心で、時代を下るに従い、役方・側方の役職への取立が見られる。取立にあたっては、他の大名家の斡旋による肝煎、津藩家臣の取次があることで、信頼できる家臣の取立が行われた。

〔註〕

（1）旧族居付大名・織田豊臣取立大名の事例として、藩政史研究会編『藩制成立史の綜合研究』（吉川弘文館、一九六三年）、谷口澄夫『岡山藩政史の研究』（塙書房、一九六四年）、藤野保編『佐賀藩の総合研究』（吉川弘文館、一九八一年）などがある。御三家を含む親藩に関しては、前田弘司「十七世紀における尾張藩家臣団の構造」（林董一編『新編尾張藩家臣団の研究』国書刊行会、一九八九年）、白根孝胤「尾張藩成立期における家臣団編成と構成」（『中央史学』第二〇号、一九九七年）、小山譽城「紀州藩家臣団の形成過程」（安藤精一編『和歌山の研究』第二巻、清文堂出版、一九七八年、同『徳川将軍家と紀伊徳川家』二〇一一年、清文堂出版に収録）、三鬼清一郎「水戸藩家臣団の形成過程」（『名古屋大学文学部研究論集』史学第二五号、一九七八年）などで、譜代大名に関しては、金井圓『藩制成立期の研究』（吉川弘文館、一九七五年）、根岸茂夫「忍藩阿部氏家臣団の形成」（『国学史』第一〇一号、一九七七年）、同「佐倉藩堀田氏家臣団の形成と解体」（『成田市史研究』第七号、一九八〇年）、拙稿「桑名藩における家臣団構造と形成過程」（『日本歴史』第六四五号、二〇〇二年）、小宮山敏和「井伊直政家臣団の形成と徳川家中での位置」（『学習院史学』第四〇号、二〇〇二年）、同「榊原家家臣団の形成過程と幕藩関係―館林・白河時代を中心に―」（『学習院大学人文科学論集』第一五号、二〇〇六年）などがある。

（2）高木昭作『日本近世国家史の研究』（岩波書店、一九九〇年）、笠谷和比古『近世武家社会の政治構造』（吉川弘文館、一九九三年）、根岸茂夫『近世武家社会の形成と構造』（吉川弘文館、二〇〇〇年）、藤井譲治『江戸時代の官僚制』（青木書店、一九九九年）、同『幕藩領主の権力構造』（岩波書店、二〇〇二年）などがある。

（3）高野信治『近世大名家臣団と領主制』（吉川弘文館、一九九七年）、根岸茂夫『近世武家社会の形成と構造』（吉川弘文館、二〇〇〇年）、磯田道史『近世大名家臣団の社会構造』（東京大学出版会、二〇〇七年）など多くの論考がある。

本章との関係で、大名家臣団の内、家臣団構造については、大名家中の格を重視して家老・番頭（騎馬隊長）・徒士頭・物頭（足軽層の指揮）・馬廻・徒・足軽・中間小者の八階層に分類した新見吉治氏の研究（『下級士族の研究』）、家臣団を侍（上級家臣）・徒士（下級家臣）・足軽（武家奉公人）以下の三階層に分類し、徒士と足軽層との間に大きな区分があることを提唱した磯田道史氏の研究（『近世大名家臣団の社会構造』）、また、給人・馬廻り、中小性、徒、足軽の四階層の分類、上級家臣は知行取で馬に乗れる階層、中級家臣は目見得以上の中小性、下級家臣は徒士・足軽層の三階層の分類を掲げた根岸茂夫氏の研究（『大名行列を解剖する』）などがあり、これらを参考にした。

また、家臣俸禄の観点からの家臣団の分類も考えられる。家臣給与は知行、蔵米（切米）、扶持、金銀があり、これに基づいての分類で、知行取の俸禄は、石高で表示され、石高の何割かを手取りとする形態であり、地方知行（直接に村支配）、蔵米知行（藩の蔵から給与）の二種類があり、この階層は主に侍層となる。また、蔵米（切米）取の俸禄は、俵・現石・現米で表示され、支給方法も分割されて支給される形態であり、この階層は、下級侍層、徒士層である。労働の代償として俸禄を給与される扶持取の俸禄は、月毎に扶持米を支給されるもので、徒士・足軽層以下の階層である。この階層には扶持米ではなく金銀で支給される場合もある。

（4）特に藩政史研究での家臣団の研究の中心は、騎馬士など侍層が中心であった。そのような中、切米・扶持米層である下級家臣団の構造分析を行った研究も見られる（熊谷光子「近世大名下級家臣団の構造的分析―豊後岡藩を素材にして―」〔『畿内・近国の旗本知行と在地代官』清文堂出版、二〇一三年〕）。

（5）代表的なものとして、森下徹『日本近世雇用労働史の研究』（東京大学出版会、一九九五年）、磯田道史『近世大名家臣団の社会構造』（東京大学出版会、二〇〇七年）、木越隆三『日本近世の村夫役と領主のつとめ』（校倉書房、二〇〇八年）、松本良太『武家奉公人と都市社会』（校倉書房、二〇一七年）などがある。

（6）上野市古文献刊行会編『宗国史』上巻（同朋舎、一九七九年）、同『宗国史』下巻（同朋舎、一九八一年）。

（7）上野市古文献刊行会編『公室年譜略―藤堂藩初期史料―』（清文堂出版、二〇〇二年）。

（8）三重県総合博物館所蔵馬岡家文書中に「元禄五年藤堂藩家臣由緒書」（以下、「由緒書」とする）があり、それは元禄五年（一部元禄六年）時点の家臣四四家一三四人の由緒を書き記したものである。その伝来は詳細が不明ながら幕末期に知行村落を領知していた渡邉高之助が、明治維新を迎え知行村落に滞在したおりに手放したとの伝承があり、組付侍の中に含まれない組外家臣のものである。この由緒書については、三重県総合博物館編『三重県総合博物館資料叢書』No.3（三重県、二〇一七年）に翻刻掲載されている。

（9）笠谷和比古『近世武家社会の政治構造』（吉川弘文館、一九九三年）。

(10)「備立之図」(『公室年譜略』二七〇〜二七二頁、二七三頁)。また、大坂陣の戦いの様子を分析したものに、長屋隆幸「大坂夏の陣における遭遇戦の実態—八尾・若江の戦いにおける津藩藤堂家を例に—」(『近世の軍事・軍団と郷士たち』清文堂出版、二〇一五年)がある。

(11)「一九七　軍役人数割」(『徳川禁令考』前集第一、創文社、一九五九年)八九頁。

(12)「高次公江譲リ玉フ諸士之分限」(『公室年譜略』)四三四〜四六三頁。以下、「寛永七年分限帳」とする。

(13)註(3)根岸、磯田前掲書。

(14)「職品志」(『宗国史』下巻)、「寛永七年分限帳」(『公室年譜略』)などから抽出した。

(15)「功臣年表」(『宗国史』上巻)二四八〜二七二頁。

(16)「由緒書」(『三重県総合博物館資料叢書』№3)。

(17)「歴世貴臣賜姓者年表并序」(『宗国史』上巻)二八七〜二八八頁。

(18)『三重県史』資料編近世2(二〇〇三年)六〇九〜六一三頁。

(19)同右、六一七頁。

(20)ここでは、藤堂仁右衛門、藤堂采女を取り上げたが、『公室年譜略』には、藤堂姓を下賜された家臣の取立の記事があり、それによると、服部氏の藤堂右京は天正五年取立、細井氏の藤堂主殿は天正七年取立、後述の今井氏の藤堂孫八郎は天正十三年取立、長井氏の藤堂勘解由は天正十八年頃取立、時期は不明ながら磯崎氏の藤堂式部は江州の浪客で高虎の旧友、後述の箕浦氏の藤堂作兵衛は高虎の父白雲の妹婿で一族、山岡氏の藤堂源助は高虎の妹の子で一族縁者であった。なお、藤堂采女家臣団については、本書第一部第四章参照。

(21)『公室年譜略』一〇七頁には、「高吉ハ慶長九年マテハ当家ノ臣ニアラサル処ニ加藤家ト喧嘩ノ事ニ依テ　当家ヲ辞ス同十一年帰参ノ時ヨリハ臣下ト列ヲ同クスト云々」とあるが、この点については検討の余地がある。なお、名張藤堂家家臣団については本書第一部第三章参照。

(22)『宗国史』下巻、『公室年譜略』によれば、藤堂玄蕃は豊臣秀次家臣で、文禄五年召し抱え、高虎妹を嫁にし一族縁者、藤堂新七郎は高虎の従兄弟で一族縁者、藤堂出雲・藤堂内匠は高虎弟と記されており、高虎を支える重臣であった。

(23)『公室年譜略』一六三〜一七二頁。

(24) 同右、三三三〜三三四頁。

(25)「由緒書」(『三重県総合博物館資料叢書』№3)。一〇〇〇石以上の上級家臣を中心に、取立経緯のわかる家臣を抽出した。また、由緒書では元禄五年(一部元禄六年)までの記事が記載されているが、本章の趣旨から主に高虎時代を中心に取り上げることとする。

(26) 役職については、役職の内容の詳細が不明なものや分類し難いものがあり、番方・役方・側方の役職のうちで明確な役職を主に取り上げた。

第二章　津藩家臣団の職制と昇進制度
――近世前期から中期にかけて――

はじめに

大名家臣団に関する研究には、家臣団の形成過程や構造、格式や身分制、職制や軍役、相続制度などさまざまな観点からのアプローチがある(1)。しかし、家臣の家格・職制と大きくかかわる昇進制度に関する研究は、官僚制や相続制度との関連で、幕府家臣団(2)や徳島藩家臣団(3)、仙台藩家臣団(4)、福井藩家臣団(5)、熊本藩家臣団(6)を素材とした研究などがあるものの、非常に限定されている。近年では福岡藩家臣団の昇進を研究した論考(7)、譜代大名榊原家臣を分析した研究(8)がある。そこでは、家臣団の官僚制・相続制度との関連や家格・役職・禄高が関係していることが明らかにされている。

家臣の職制や昇進制度は、官僚制と相続とが大きく関連し、家臣団の形成、その帰結であるその構造を解明する手がかりとなるものであり、藩体制の基礎を把握できるものである。

本章では、伊勢・伊賀国(9)を領有した津藩を事例にして、家臣団の職制、加増、昇進過程、相続状況など昇進制度について、検討を進めたい。

第一節　座席之覚・分限帳から見た家臣団構造と職制

1　職制・座席

『宗国史』の「職品志」中には「宝永中録進将士班籍　家中役人座席之覚（以下「座席之覚」という[10]）」の項目があり、そこから津藩の職制を概観してみたい（表1）。

「座席之覚」から主要な職務、知行高、人数を確認してみよう。城代は伊勢国津・伊賀国上野に一人ずつ配置され、藩主補佐を行い、知行高は七〇〇〇石であった。近世前期以降、津には藤堂仁右衛門、伊賀上野には藤堂采女が配置された。家老も藩主補佐を主な職務として、江戸・国元に四～五人配置された。番頭は騎馬・銃卒を統率する役で、九～一〇人配置され、元々は組頭と総称されていた。弓大将は弓隊の将で、津及び上野に一人ずつ配置された。高知は元々は母衣衆といい、藩主直属の武勇者で一〇〇〇石の知行高（四〇〇〇石もある）を有する。留守居用人は江戸藩邸の統率を行う江戸家老である。

以下、各職と知行高・配置人数は一覧表のとおりであるが、後述するように、津・上野に配置される役職が多いことと、輪番で江戸詰を行う組附侍は、知行高が一〇〇～一〇〇〇石と区々であり、特定の役を担っていなかったことに特徴がある。また、寺社町奉行は、加判奉行のことであり、その職務は、明暦三年（一六五七）二月二十九日の藩主高次から藤堂仁右衛門・藤堂可休・藤堂采女・藤堂監物・藤堂兵左衛門宛の触では、次のようにある。

表１　宝永期の主な職制

職　　名	知行高(石)	配　置(人)	備　　考
藤堂宮内			
城　　代	7000	2	津・上野
家　　老		4～5	
番　　頭		9～10	古称組頭
弓 大 将		2	津・上野
母 衣 隊	400・1000	35	高知
加判用人	1500～2000		
留守居用人			藩邸(江戸家老・大坂役)
旗 奉 行		2	津・上野
鑓 奉 行		2	津・上野
鉄 炮 頭		19	津・上野・江戸
宗旨奉行	1000	2	津・上野
城 番 頭			普請奉行下
寄　　合			物頭
寺社町奉行(加判奉行)		5(古市１含む)	
京都屋敷留守居	500 以上		
普請奉行		4	津・上野
留 守 居			公儀使
徒 士 頭	600 以上		
郡 奉 行		5(城和１含む)	
奏 者 番	500 以上	6	
勘定頭(吟味役)		3	
作事奉行		4	津・上野
武具奉行		4	津・上野
刀　　番		3	
小姓組頭		3	
大 納 戸		2	
小 納 戸		5	
小 姓 組		15～20	
兒(子)小姓		6～7	
鉄 炮 役			上野
馬上弓組	200		津
組 附 侍	1000～100		100 石以上は輪番で江戸詰
国 附 侍	50 以下		
権之助与力		12	
祐　　筆		11	

『宗国史下巻』「職品志」による。知行高・人数がわかる役職を中心に、主要な役職を取り出した。

〔史料一〕[11]

奉行役

一国々仕置家老共に加り今迄のことくに可申付候、寺社町方の仕置金銀米銭の請払其外万事用所今迄のことくにつとめ可申事

一代官所其外物奉行之請払少も私曲無之様にめりかり可仕候事

一在々工事沙汰今迄のことくさばき可申候、其所の代官も加へ可申事

一納所米代官所より請取蔵へつめ申候時、弐人之横目ニ桐ふう付入念可申候

とあり、伊勢・伊賀国の家老に加わり仕置きをすることを申し付けられ、寺社町方の仕置きや金銀銭の受け払いの職務を担うこととなっている。ちなみに、加判奉行は伊勢・伊賀国二人ずつで、鉄炮の者二〇人が預けられ、役料として米三〇〇俵が支給された。また、伊勢国ではこのほかに小判二〇両も支給された。なお、城和奉行は鉄炮の者一〇人が預けられ、米三〇〇俵が役料として支給されている。

以上のように、津藩の職制は職制に見合った知行高や配置人数の基準があったことがわかる。ただ、あくまでも宝永期の基準であり、時代により変化があった。

2　分限帳から見た職制と知行高

一、慶安四年分限帳

まず慶安四年（一六五一）の分限帳[12]から家臣団構造を確認するが、寛永期同様に、知行取（侍）、切米取・徒士、足軽以下武家奉公人に分けて見てみる[13]（表2）。寛永期と慶安期で大きく異なる点は、寛永期には伊勢津付家臣

表2　慶安4年分限帳より見た家臣団

	伊賀付（京・大坂含む）		伊勢津付		江戸方		合計(人)	
階層	人数(人)	割合(%)	人数(人)	割合(%)	人数(人)	割合(%)	人数(人)	割合(%)
侍（知行取）	189	26.4	282	24.3	*106	9.4	577	19.2
切米取・徒士	107	15.0	212	18.2	306	27.0	625	20.8
足軽以下武家奉公人	419	58.6	669	57.5	※719	63.6	1807	60.0
合計	715	100.0	1163	100.0	1131	100.0	3009	100.0

「慶安4年分限帳」（『公室年譜略』23下）による。
※内訳人数総計で積算、＊内3人が合力取。

に江戸方が含まれていたが、慶安四年段階では伊勢津付から江戸方が分離している。江戸での幕府との交渉や参勤交代など江戸方職務の重要性が増したことで、伊勢津付から分離させたのであろう。それらは後述するように人数や俸禄形態から確認される。また、各階層とも伊賀付家臣が寛永七年（一六三〇）と比較すると減少していることも特徴である。

各階層の家臣総数は約三〇〇〇人と寛永期に比べ二六・九％と増加した。知行取層では先述したように伊賀付家臣が減少し、伊勢津付家臣がやや増加している。分離した江戸方知行取は一〇六人である。ちなみに寛永期の江戸方を含む伊勢津付人数と比較すると、慶安四年は三八八人で、寛永七年の二六一人から一二七人も増え、約五割増となった。

切米取・徒士層は伊賀付が減少し、伊勢津付・江戸方で増加している。ちなみに寛永期には伊勢津付は二〇九人であったが、慶安期になると伊勢津付・江戸方の合計が五一八人と二・五倍に増加している。足軽以下武家奉公人層でも伊賀付は減少し、伊勢津付・江戸方が増加している。寛永期との比較では、一〇三五人が慶安期には一三八八人となり、三四％増加した。結局のところ、慶安四年の増加は江戸方が伊勢津付から分離したことで、人数増加につながったのである。当然のことながら、人数増加が俸禄の増加を招く。知行取、切米、扶持米、合力米ともに増加しているが、その割合は知行取層の俸禄が減少し、切米以下の層の俸禄が増加している。慶安期の人数・俸禄形態の増加は、知行取層の増加よりも、切米取・徒士層、足軽以下武家奉公人層などの軽輩な家臣団階層の増加によるものである。

次に、伊賀付の知行取の家臣団のうち侍層に注目してみると、寛永七年（一六三〇）同様いくつかの組編制がなされている。すなわち、藤堂長門（後、釆女）（七〇〇〇石）組・藤堂内匠（三〇〇〇石）組・藤堂式部（五五〇〇石）組・藤堂新七郎（五〇〇〇石）組・藤堂玄蕃（五〇〇〇石）の五組で構成され、この五組のうち長門組には組侍と足軽六〇人が配置された。続いて藤堂宮内（二万石）をはじめ一五人が組外として、堀伊織（一五〇〇石）ら七人が母衣組として配置されている。そして、落合左近（一五〇〇石）ら八人が鉄炮頭として鉄炮足軽三〇人ほど合計二四八人を率いている。そのほか、普請奉行・升奉行・留主居并郷方寺社領国方小役人・伊賀者など知行取・切米取・扶持米取階層で構成される家臣団が配置された。

一方、伊勢津付の知行取家臣団は、侍組が藤堂仁右衛門（七〇〇〇石）組・藤堂監物（七〇〇〇石）組・藤堂出雲（七〇〇〇石）組・藤堂四郎右衛門（四〇〇〇石）組・藤堂兵左衛門（三〇〇〇石）組・藤堂主膳（三五〇〇石）組の六組で構成され、続いて浮組や藤堂太左衛門（二〇〇〇石）・藤堂勘解由（三〇〇〇石）に率いられた騎馬弓組の二組がある。次に母衣・組外・医師・佐伯与力が続き、知行高一〇〇〇〜三〇〇石の和田五左衛門ら九人の鉄炮頭（騎馬侍）に率いられた鉄炮足軽二一七人がいる。そして、普請奉行・升奉行・留主居并郷方寺社領国方小役人など知行取・切米取・扶持米取階層で構成される家臣団が配置された。伊賀付と異なり、伊勢津付の家臣団にはこのほかに船手・普請小人・下台所・鷹匠・女中ら切米取・扶持米取で構成される家臣が見られる。そして、伊勢津付から分かれた江戸方家臣として、藤堂監物（月俸四十口・別に禄七〇〇〇石）に率いられた知行取・切米取・扶持米取家臣が見られ、中でも、武家奉公人である切米取・扶持米取が多い。江戸方家臣には高久のもり役、高通付家臣も見られる。

慶安四年段階では、寛永七年段階の家臣団に見られた侍大将に率いられた組付侍・母衣組・鉄炮頭など軍団としての機能を残しつつ、江戸方を分離するなど幕府との交渉や参勤交代への対応、郷方寺社領国方小役人の配置など地方支配に対応した家臣団へ変容していることがわかる。特に行政的な役務推進にあたり、多くの切米取や武家奉公人を召し抱えていた。

二、宝暦十一年分限帳

(一)　家臣団構造の概要

次に近世中期の分限帳をもとに津藩の家臣団の構造と職制を検討する。その素材として、宝暦十一年（一七六一）分限帳(14)を用いるが、この分限帳は、侍層の分限を中心としたものであることが、先に提示した「座席之覚」と比較することで確認される（表3）。すなわち、上級階層の家臣は名張藤堂宮内家を筆頭にして、城代・（家老）・番頭・弓大将・高知・加判奉行というような順に分限帳・座席之覚では配列されている。また、分限帳の最後に記載される階層では、大小性・祐筆組頭・小性組・鉄炮役・若殿様取次役・組付侍とあり、それらの階層は座席之覚では、大小姓・小姓組・児小姓・鉄炮役・馬上弓組・組附侍・国附侍・右筆と、多少前後があるが記載され、続けて、台所頭・坊主頭・坊主組頭の順で内玄関番までの各種役職が見られる。したがって、ここからは、この分限帳は侍層を中心に記載され、座席之覚に見られるように、さらに下級階層があり、それらは徒士・足軽層であったと思われる。ただ、分限帳には侍層のほかわずかではあるが、下級階層の徒士、足軽以下武家奉公人層に関する記述(15)も見られる。

表3　分限帳と座席覚の比較

階層	宝暦11年(1761)分限帳	宝永6年(1709)家中役人座席覚
侍層(上級・中級家臣)	名張・城代・番頭・弓大将・家老・高知・加判奉行・和州古市・御留守御用人・旗奉行・御用人（大目付・武芸目付・持筒頭）・本御用人・鉄炮頭・鑓奉行・寄合・宗旨奉行・小性頭・舟奉行・京留守居・大坂留守居・普請奉行・城番頭・元〆・御留守居・徒士頭・郡奉行・染井屋敷預・奏者役・大和勘定頭預役・勘定頭・作事奉行・武具奉行・城和郡奉行・伊賀名張郷目附横目役・刀番役・小性組頭・次詰・大納戸・小納戸衣服方・御膳番・儒者・本道・針医・外科医・口中歯医・眼科医・大小性・祐筆組頭・小性組・鉄炮役・若殿様取次役・組付侍	藤堂宮内・城代・家老・番頭・弓大将・佐伯権之助・母衣組・加判用人・留守居用人・旗奉行・鑓奉行・持筒頭・用人・鉄炮頭・側用人・宗旨奉行・城番頭・屋敷預・寄合・寺社町奉行・小姓頭・用番・京都屋敷留守居・大坂屋敷留守居・船奉行・大横目普請奉行・元〆・留守居・徒士頭・郡奉行・駒込屋敷留守居・奏者番・勘定頭・作事奉行・軍師・武具奉行・刀番・仲之間詰・小姓組頭・次詰・大納戸・小納戸・儒者・医師・大小姓・小姓組・児小姓・鉄炮役・馬上弓組・組附侍・国附侍・右筆
徒士・足軽層(下級家臣)		台所頭・坊主頭・坊主組頭・馬別当・馬乗方・馬医方・城和川砂留役并笠置船手配・郡目付・船目付・書替役・歩行目付・作事目付・小払役・道奉行・蔵奉行・勘定組頭・勘定方・郡代官・進物番・書記役・徒士組頭・御朱印蔵上番・武具蔵上番・城番組・時打・船頭・山奉行・次小姓組頭・次小姓・数寄屋方、台所組頭・料理人・下台所頭・道具預・薬蔵上番・舟改役・伊賀者・棟梁・舟大工頭・無足人頭・絵師・細工方・左官棟梁・組外之者・徒士組・蔵番・小人頭・手廻頭・六尺頭・草履取頭・台所下目付・人足頭・小玄関頭・走使役・内玄関番

「宝暦11年分限帳」(『伊賀市史』資料編近世)、『三重県史』資料編近世2による。

さて、分限帳からは侍層四五〇人ほどの家臣が記載され、ここではそれらの職制と知行高との関係を検討する（表4）。知行高は一万五〇〇〇石の名張藤堂家を筆頭にして、三〇〇～一〇〇石層に集中しており、その順は二〇〇石、一五〇石、三〇〇石、一〇〇石、二五〇石となる。

また、一〇〇〇石以上は番頭・城代・高知・鉄炮頭・寄合など四六人で、約一〇％、九〇〇～三五〇石は加判奉行・鉄炮頭・鑓奉行・普請奉行・留守居・勘定頭・組付侍など一〇〇人で、約二二％である。三〇〇石以下は切米取・扶持米取を含め、城番頭・徒士頭・郡奉行・奏者役・小性組頭・小納戸衣服方・御膳番・城和郡奉行・本道・外科医・針医など三〇八人で、約六八％となる。

このように見てくると、知行高上位ほど番方の役職（閑職・名誉職の者もいる）、下位になるほど役方・側方の役職の傾向が見られ、軍団を行政支配に適用していたことが見てとれ、津藩の家臣団は、おおむね①名張藤堂家、②一〇〇〇石以上の陪臣を召抱えている上級家臣、③九〇〇～一〇〇石の中級家臣、④一〇〇石未満の下級家臣（徒士層）、⑤武家奉公人（足軽・小人・中間など）に分類できる。

（二）居住地と職制

次に居住地を検討してみよう。まず、居城のあった伊勢国津には、一二一九人（城代・番頭・高知・弓大将・本御用人・鉄炮頭・寄合・加判奉行・鑓奉行・本道・小性組頭・舟奉行・小納戸・小性組・宗旨奉行・郡奉行・祐筆組頭・仁右衛門組付・出雲組付・隼人組付・数馬組付・監物組付・平大夫組付・伊織組付など）、約五六％が居住していた。伊賀国には上野・名張町を含め、一四二一人（名張藤堂家・城代・番頭・高知・鉄炮頭・寄合・加判奉行・鑓奉行・小性組・宗旨奉行・郡奉行・采女組付・新七郎組付・玄蕃組付・造酒丞組付・金七組付など）、約三五％の家臣がいた。行政の中心地で藩主の居住する津に拠点を置き、伊賀国統治の中心となる上野に家臣を配置していた。また、両

表4　宝暦11年津藩家臣団構造

知行高（石）	人数（人）	人数割合（%）	知行高総計（石）	知行高総計割合（%）	職務
15000	1	0.2	15000	7.2	名張
7000	1	0.2	7000	3.4	番頭
5500	2	0.4	11000	5.3	城代
5000	2	0.4	10000	4.8	番頭
3500	2	0.4	7000	3.4	番頭
3000	5	1.1	15000	7.2	番頭
2100	1	0.2	2100	1.0	番頭
2000	1	0.2	2000	1.0	高知
1500	10	2.2	15000	7.2	番頭/弓大将/高知
1300	2	0.4	2600	1.2	番頭/家老侍組
1000	19	4.2	19000	9.1	高知/旗奉行/本御用人/鉄炮頭
	46	10.1	105700	50.6	
900	1	0.2	900	0.4	加判奉行
800	6	1.3	4800	2.3	加判奉行/留守御用人/鉄炮頭/鑓奉行/**組附仁右衛門組**
750	1	0.2	750	0.4	組附仁右衛門組
700	11	2.4	7700	3.7	加判奉行/御用人（大目付等）/本御用人/鉄炮頭/寄合/**組附釆女組/組附出雲組**
650	4	0.9	2600	1.2	加判奉行/鉄炮頭/組附仁右衛門組/**組附釆女組**
600	11	2.4	6600	3.2	和州古市/古市添奉行/御用人（大目付等）/寄合/**組附仁右衛門組/組附出雲組/組附新七郎組**
500	23	5.1	11500	5.5	鑓奉行/本御用人/鉄炮頭/寄合/小性組/**組附仁右衛門組/組附釆女組/組附出雲組/組附新七郎組**
450	4	0.9	1800	0.9	鉄炮頭/本道/大小性/**組附仁右衛門組**
400	17	3.7	6800	3.3	鉄炮頭/寄合/宗旨奉行/普請奉行/城番頭/*小性組頭*/御膳番/本道/大小性/大小性次之席/小性組/組附仁右衛門組
350	22	4.8	7700	3.7	舟奉行/京留守居/普請奉行/元〆/御留守居/*勘定頭*/*次詰*/小納戸/小納戸衣服方/御膳番/本道/大小性/小性組/**組附仁右衛門組/組附釆女組**
	100	22.0	51150	24.5	
300	43	9.5	12900	6.2	宗旨奉行/小性頭/大坂留守居/城番頭/御留守居/同格勘定頭/*郡奉行*/*染井屋敷預*/*奏者役*/*大和勘定頭御預所役*/*作事奉行*/*同格刀番役*/*次詰*/御膳番/大小性/大小性次之席/小性組/鉄炮役/著光院様附家老/**組附仁右衛門組/組附釆女組/組附出雲組/組附新七郎組**
260	1	0.2	260	0.1	組附新七郎組
250	31	6.8	7750	3.7	小性頭/普請奉行/元〆/徒士頭/*郡奉行*/*城和郡奉行*/*刀番役*/*小性組頭*/口中歯医/大小性/小性組/鉄炮役/信齢院様家老/**組附釆女組/組附出雲組/組附新七郎組**
220	1	0.2	220	0.1	小性組

210	2	0.4	420	0.2	お三保様家老
200	65	14.3	13000	6.2	城番頭/元〆/徒士頭/*郡奉行/勘定頭/作事奉行/武具奉行/城和郡奉行/刀番役/同格刀番役/同格小性組頭*/鎰役/針医/外科医/大小性/祐筆組頭/小性組/鉄炮役/若殿様添附/小寄合/平大夫組/伊織組/**組附仁右衛門組/組附釆女組/組附出雲組/組附新七郎組/組附新七郎組**
180	3	0.7	540	0.3	*城和郡奉行*/祐筆組頭
150	62	13.7	9300	4.5	*郡奉行/作事奉行/武具奉行/城和郡奉行/刀番役/小性組頭*/鎰役/大納戸/小納戸衣服方/御膳番/儒者/本道/針医/外科医/口中歯医/大小性/馬場御屋敷預り/小性組/鉄炮役/嶺松院様附家老/若殿様添附/著光院様添役/若殿様取次役/平大夫組/伊織組/**組附仁右衛門組/組附釆女組/組附出雲組/組附新七郎組**
130	10	2.2	1300	0.6	御膳番/大小性/鉄炮役/組附出雲組
120	5	1.1	600	0.3	鉄炮役/お三保様添役/若殿様取次役/**組附新七郎組**
100	34	7.5	3400	1.6	小納戸衣服方/御膳番/儒者/本道/針医/大小性/大小性次之席/小性組/鉄炮役/国御子様附家老/若殿様取次役/城和出頭吟味役/**組附出雲組**
	257	56.6	49690	23.8	
100石以下、切米、扶持米	51	11.2	2237.8	1.1	寄合/*同格刀番役*/儒者/本道/針医/外科医/口中歯医/眼科医/小性組/鉄炮役/国御子様添役/小寄合/平大夫組/伊織組/**組附釆女組/組附出雲組/組附新七郎組**
合計	454	100.0	208778	100.0	

『伊賀市史』第5巻による。下線は1000石以上組付（常上下）、斜字は600石以上組付（常上下）、太字は組附侍で、組附は仁右衛門組・釆女組・出雲組・新七郎組のみ（玄蕃、監物、造酒丞、金七、数馬、隼人組は省略）。

方に見られる職制として、城代・番頭・高知・加判奉行・籏奉行・鉄炮頭・鑓奉行・寄合・宗旨奉行・普請奉行・城番頭・郡奉行・作事奉行・武具奉行・儒者・本道・針医・外科医・小性（姓）組・鉄炮役があり、職制が類似している。

また、この国元以外の地には、江戸に三〇人（江戸留守御用人・医者・鉄炮頭・大小姓・奏者役・若殿様付添など）、約七％、奈良古市に五人（城和郡奉行）、京二人（京留守居、儒者）、大坂一人（大坂留守居）が配置されていた。

このように、津藩の家臣団配置は、本拠である伊勢国津を中心として、伊賀国にも家臣団を配置していた。職制も伊勢国に類似し、組付家臣を配置した。また、江戸・京・大坂には留守居役、古市に城和郡奉行を置いた。

第二節　職制と格式

この節では、先に検討した職制と格式との相関関係を検討してみたい。

家臣の格式の表す指標となるものに、家臣の年頭拝礼での座席順がある。藤堂藩初期資料『公室年譜略』の承応三年（一六五四）の家臣の年頭拝礼に際しての次第には、

〔史料二〕(16)

一組頭　母衣衆

一鉄炮頭　歩行頭　公儀使

一奏者番　留守居　奥台所　御居間　金奉行

一医師
一大小姓
一子小姓　右筆其外知行取ノ分
一茶道　検校　奥坊主
一御国ヨリ名代ノ使者
一与外　厩方　諸賄方　料理方
一八拾人ノ子共
一役者　大工　鳥飼
一歩行之者

とあり、一二階層に分かれていた。この階層が格式を表すものであるのかは即断できないが、格式に連動している可能性はある。これによると、組頭から金奉行までが家臣の侍層に相当する階層である。次の階層が医師で専門の技能を持った階層及び大小姓・子小姓・茶道・検校・奥坊主までの側方に属する階層である。そして、名代の使者としての階層、与（組）外以下が徒士・足軽以下武家奉公人階層であると思われる。すなわち、ここからは大きく四階層に分けることができる。

この格式は翌明暦元年の年頭拝礼でも「年頭ノ御礼ノ次第凡前年ト同シ」とあって、承応三年の年頭拝礼が端緒となった可能性を推測させる。実はこれ以前の寛永期以降にも家臣の格式を想定させる次のような文言が見られる。例えば、「大名衆・物頭衆・其外五百石より上之衆」（寛永十二年[17]）、「五百石以上ノ家臣」（寛永十三年[18]）、「高知行」（寛永十六年[19]）、「家中勢伊大身ノ者」（慶安四年[20]）などであり、いくつかの階層が想定される。

それらは、のちの年頭拝礼の際の次第でも確認される。宝永期の次第には、

〔史料二〕[21]

年頭諸士御礼申上候次第

一番頭衆御敷居之内ニ而御礼可被申事

一高知寄合之衆一人宛御敷居之外ニ而御礼可被申上事

一常上下之面々并御国付組頭五百石已上両人ツヽ、右之席ニ而御礼可被申上事

一常上下以下之役人組付ゟ末迄差上物持参御礼可被申上事

一番頭衆千石已上之惣領長袴着用御敷居之外ニ而御礼可被申上事

一番頭衆二男三男寄合之跡半上下ニ而御礼可被申上事

一組付組外千石以下之次男三男城番之格ニ候間御流迄ニ而御礼可被申上事

一組付其外千石以下之弟右同格之事

一加判役人高知之上ニ候間高ニよらす番頭之次ニ而可被罷出候事

一寄合常上下之次男弟佐伯与力之次ニ御礼可被申上事

十二月廿九日　右は在宝永元年二年之間

とあるように、番頭・高知・寄合・常上下の面々、国付組頭などの区別があった。高知はもともと母衣衆で一〇〇〇石以上の家臣、組頭は五〇〇石で区別が見られる。また、番頭衆一〇〇〇石以上の惣領と番頭衆の次男・三男との間に大きな差があり、さらに組付組外一〇〇〇石以下の次男・三男は城番格であり、組付そのほか一〇〇〇石以下の弟と同格であったこともわかる。加判役人は一〇〇〇石以上の高知より上の格式であり、知行

高に関係なく番頭の次の格式であった。

このようにみると、津藩の場合、他藩のように明確な形での格式があったかどうかは不詳ながら、侍層に関しては大まかな目安は存在していた。すなわち、禄高を基準に高知などの一〇〇〇石以上の階層、一〇〇〇石未満五〇〇石以上の階層、そして五〇〇石未満の階層である。ただ、加判奉行に見られるように高知よりも上の格式で、禄高に関係なく番頭の次に位置づく格式もあった。そのほか、側方に所属する階層、徒士・足軽層に所属する階層であった。[22]

第三節　由緒書から見た家臣の昇進

1　由緒書と家臣の動向

「元禄五年藤堂藩家臣由緒書、以下「由緒書」とする」[23]は、馬岡家文書中に所収の元禄五年（一六九二）（一部元禄六年）時点の家臣四四家一三五人の由緒を書き記したものである。元禄五年時点でこの由緒書を書き上げた家臣は私と表記され、昇進途中の状況が記載されている。その伝来は不詳ながら幕末期に知行村落を領知していた渡邉高之助が、明治維新を迎え知行村落に滞在したおりに手放したとの伝承があり、組付侍の中に含まれない組外家臣のものである。なお、津藩の由緒書は、このほかに延宝二年（一六七四）、享保十年（一七二五）、安永五年（一七七六）、文化十二年（一八一五）、天保九年（一八三八）にも藩の指示で作成されている。[24]

ここでは、元禄五年の「由緒書」から主だった家臣の加増・昇進の様相を見てみよう。

一、吉武次郎右衛門

初代吉武次郎右衛門は、元和四年（一六一八）に江戸で召し出され、寛永十二年（一六三五）に大小姓として取り立てられて以来、歩行頭・津普請奉行・横目役へと昇進した。その間、知行高は二〇〇石を振りだしに、ほぼ一〇〇石づつ加増され、明暦四年（一六五八）に染井普請を仰せ付けられ、普請後には五〇石加増されて五五〇石となった。元和四年から明暦四年まで五八年間奉公し、延宝三年（一六七五）に死去している。

その子、二代目次郎右衛門は寛文六年津で召し出され、作事御庭普請を仰せ付けられ、褒美をもらっている。延宝三年には親の死去に伴う跡目相続で五五〇石、普請奉行役を仰せ付けられた。その後、横目・津（加判）奉行・伊賀（加判）奉行を務めており、津奉行就任の天和三年（一六八三）には津藩の農政法令である一七か条目を制定し、伊勢国領へ発布し津藩農政の礎を築いた。そして、元禄二年には伊賀奉行となり、伊賀国で一七か条目を発布した。その間の知行高は、跡目相続した五五〇石から随時加増され、元禄五年時点では九〇〇石となっている。

二、渡邉高之助

元々の「由緒書」の所持者と考えられる渡邉高之助は、初代高之助が天正十一年（一五八三）に召し出され、伊予国で二〇〇石の知行を宛行われ、それを二代高之助へ相続した。その際、伊賀御城番頭を務めていた。初代高之助は隠居料として一〇人扶持・合力米三〇石を拝領し、寛永四年（一六二七）に死去した。

二代高之助は、慶長五年に関ヶ原にて藤堂玄蕃の取次により大小姓に召し出され、その後前述したように二〇〇石を家督相続した。高之助は、大小姓から歩行頭・伊賀普請奉行となった。知行高は寛永七年に二〇〇石の加増（歩行頭）、その後一〇〇石加増（伊賀普請奉行）され、さらに一〇〇石を加増されて、合計六〇〇石となった。承応元年に死去している。

三代高之助は、寛永元年（一六二四）に藤堂主膳の取次により馬上御弓組に召し出され、知行二〇〇石を拝領し江戸詰となった。その後二代高之助の死去により、二代目の知行と自分の知行と合わせて四〇〇石を拝領した。承応二年には江戸へ下り殿様付となり、寛文五年（一六六五）には一〇〇石の加増があった。六年には持筒頭となり、同十年には惣並の鉄炮頭となったが、延宝二年（一六七四）には永の知行所引き籠もりとなった。その後上野へ出勤したが、天和三年に隠居し家督を四代目に相続している。

四代高之助は、寛文四年に召し出され大小姓役を務めた。その後、切米二五石を拝領し江戸詰となった。寛文九年の代替わりの際には新知一二〇石を賜っている。翌年には五〇〇石を家督相続した。延宝二年に病気となり国付藤堂式部組へ編入された。貞享三年（一六八六）には江戸詰となり、翌年には取次役、元禄五年には鑓奉行となった。

三、西島八兵衛

初代西島八兵衛は、慶長十七年（一六一二）に藤堂采女の肝煎で召し出され、一五〇石の知行を拝領した。その後大坂陣の働きにより一五〇石加増された。元和七年（一六二一）には、讃岐の生駒氏へ遣わされ、仕置きに当たった。讃岐でも生駒氏から度々加増され、寛永六年の江戸への呼び返しの際には一〇〇〇石となった。そして、また讃岐へ遣わされ加増されて、最終的に二〇〇〇石を拝領することとなる。しかし、生駒氏の御家取り潰しの寛永十六年には津へ戻され三〇人扶持となった。その後、一〇〇〇石を拝領する。正保三年（一六四六）には領国の惣免合吟味を行い、慶安元年（一六四八）には城和奉行となった。万治元年（一六五八）伊賀奉行、再び城和奉行を務め、延宝八年に八五歳で死去した。二代八兵衛は延宝八年に一〇〇〇石を跡目相続した。

四、梅原勝右衛門

初代梅原勝右衛門は高虎の父白雲以来の旧知であったため、藤堂新七郎の使いにより慶長五年（一六〇〇）の関ヶ原合戦の際に召し出され、伊予国へ帰陣後知行一〇〇〇石を宛行われ、鉄炮頭を仰せ付けられた。慶長十三年には名張城の城代となる。大坂陣での戦功もあって冬陣で五〇〇石、夏陣で一〇〇〇石の一五〇〇石を加増され、都合二五〇〇石となる。その後、江戸詰、江戸本丸普請などを経て、寛永十六年（一六三九）に病死した。跡目は一五〇〇石を二代目勝右衛門に相続させ、勝右衛門は同十七年津付、寛文三年（一六六三）には伊賀付となった。延宝三年（一六七五）禁裏遷幸使となったが、天和元年（一六八一）に病死した。三代目は貞右衛門といい、一〇〇〇石を天和元年に跡目相続し、翌年には勝右衛門と改名した。貞享二年（一六八五）江戸詰、同四年に病死した。四代目は延宝四年に子小姓に召し出され、五人扶持を賜った。さらに同年合力米として六〇俵を拝領し、天和二年に元服したことで近習となった。その後、御膳番、貞享三年には大小姓、同四年には親の跡目一〇〇〇石を相続している。

2　加増・赦免

家臣の加増・昇進の傾向を見てみよう（表5）。加増年代がわかる家臣は七三人で、不詳の者を合わせると九三人となる。加増の転機となる年は、慶長二年の高麗陣、同五年の関ヶ原合戦、元和元年の大坂陣、同九年の越前戒厳、寛永七年の高虎から高次への藩主交代、明暦四年（一六五八）頃の農政改革、寛文九年の高次から高久への藩主交代、貞享から元禄期にかけての経済隆盛期であった。

加増石高に目を向けてみると、一人扶持、一〇人扶持、一〇俵、一一俵、五〇俵、五石、七石、二〇石、三〇石、五〇石、一〇〇石、一五〇石、二〇〇石、三〇〇石、五〇〇石、一〇〇〇石、一四〇〇石など扶持米、

表5　加増年・加増石高一覧

年　　代	西　　暦	事　　件	人数(人)	石　　高(石)
慶長2年	1597	高麗陣	2	300/500
慶長5年	1600	関ヶ原合戦	2	50/500
慶長10年	1605		1	500
慶長12年	1607		2	500
慶長14年	1609	知行目録発給	1	200
慶長16年	1611		1	150
慶長17年	1612		1	200
元和1年	1615	大坂陣	3	200/300/1000
元和2年	1616		1	114
元和7年	1621		1	100
元和9年	1623	越前戒厳	4	100/100/300/500
寛永7年	1630	藩主代替わり	2	200/500
寛永13年	1636		1	100
寛永15年	1638		1	100
寛永17年	1640		1	100
正保4年	1647		1	50
慶安2年	1649		1	50
承応1年	1652		1	150
承応2年	1653		1	500
承応3年	1654		1	1400
明暦2年	1656		1	50
明暦4年	1658		3	5/6/50
万治2年	1659		1	1人
万治3年	1660		1	10石1人
寛文2年	1662		2	5/50
寛文3年	1663		1	5
寛文4年	1664		1	50俵
寛文5年	1665		1	100
寛文7年	1667		2	20/30
寛文8年	1668		2	50/50
寛文9年	1669	藩主代替わり	4	50/100/130/500
延宝5年	1677		1	50俵10人
延宝6年	1678		1	5
延宝8年	1680		1	7
天和1年	1681		1	50
天和2年	1682		2	1人/50
貞享1年	1684		4	1人/11俵/50俵/150
元禄1年	1688		2	10俵/50
元禄3年	1690		6	50/50/50/50/50/50
元禄5年	1692		5	50/50/50/50/50
元禄6年	1693		2	100/100
不　　詳			20	10人～1000
合計			93	

「由緒書」による。

切米、知行にての加増が見られ、切米五〇石が多いが、かなりばらつきが見られる。また、承応三年（一六五四）までは知行による宛行が中心であったが、時代を下るにしたがい、扶持米、切米、知行での宛行が見られ、家禄宛行が細分化していく傾向が看取される。

一方で、加増ばかりでなく赦免となっている者も数人みられ、加増とは裏腹に藤堂家を去る者もいたのである。

3　役職・家禄の関連

家臣の新規召抱の職務は、子小姓、大小姓、江戸詰、鉄炮頭が多く、子小姓は扶持米、大小姓は二〇〇〜三〇〇石、江戸詰は一五〇〜二〇〇石・合力米一〇〇俵、鉄炮頭は二五〇石で取立てられた。家臣のほとんどが加増・昇進過程で江戸詰を経験している。江戸詰は家臣の交代勤務となっていたのである。その間に病気となった者は国付となり、伊賀国へ帰国させられ、いずれかの組士となった。

また、家臣役職と家禄の連動が「座席之覚」で確認したように、由緒書からも看取できる。すなわち、江戸留守居は七〇〇石（藤堂卜全）、京都留守居は五〇〇石（安波忠兵衛）、大坂屋敷留守居は一五〇〜二〇〇石（七里勘十郎・岸作左衛門）、伊賀奉行は九〇〇〜一〇〇〇石（吉武次郎右衛門・石田清兵衛）、津奉行は五五〇〜七〇〇石（吉武次郎右衛門）、城和奉行は五〇〇石（水上権太夫）、侍組頭は二五〇〇石（藤堂孫八郎・桑名弥次兵衛）などである。

この時期は加増・昇進過程で番方の職を務める家臣が多く見られる。藤堂作兵衛・須知・米村・村瀬・岸・平松・浅木家が番方の職務に就き昇進している。役方の職務には杉井孫右衛門、側方には森嶋玄長が医師という家の技能を継続する形で務めている。由緒書の作成時期が元禄五年と古く、戦功によって取り立てられた先祖が多く散見されることも特徴である。

「由緒書」からは、城・神社・屋敷普請にかかわる役職も見られる。城普請は天下普請である江戸・大坂・丹波亀山城普請、居城である津城・伊賀国支配の拠点である上野城普請、神社普請は日光普請、屋敷普請は江戸屋敷であった染井屋敷の普請である。

4　親の昇進と子の昇進

親子関係で加増・昇進状況を確認してみると、親と同等、もしくは親より昇進した役職へ就任するケースが見られる。親と同等の昇進は初代須知出羽が鉄炮組頭から江戸詰へ昇進し、二代須知出羽は江戸勤番・母衣組を経て江戸詰となり、三代須知出羽は江戸詰、四代目須知九右衛門は昇進途中ながら江戸詰となっており、家禄も一〇〇〇石を跡目相続で維持している。

初代村瀬市兵衛は、新規召抱から立ち退き、鉄炮預りを経て津武具蔵金蔵支配となり、新知二〇〇石を拝領している。二代目村瀬弥右衛門は家督相続により二〇〇石を相続し、親の津武具蔵金蔵支配となった。三代目村瀬彦左衛門は、昇進途中ながら津武具蔵金蔵支配を経て津作事奉行、京都屋敷留守居となり、親の役職を凌駕している。このように親よりも昇進する家臣はほかにも多く見られるが、それは跡目相続・家督相続を昇進の起点としていることと関係があり、家禄・役職ともに親から子へ継承しているためである。

5　勤務年数

「由緒書」に掲載されている家臣の勤務年数は、最短が二年、最長が六〇年で、表6に見られるように一〇年未満二〇人、一〇～二〇年未満一二人、二〇～三〇年未満一四人、三〇～四〇年未満九人、四〇～五〇年未満八人、五〇～六〇年未満八人である。一〇年未満が多いが、それを過ぎると長く務める傾向が見られ、いくつかの役職を務めながら加増・昇進を繰り返して長く務めているのである。ただ、元禄五年時点で継続勤務となっている者もあり、完全なものとは言えない部分もある。元禄五年時点で城和奉行を務めている水上権太夫は、万治元年の子小姓への新規召抱を振り出しに、江戸詰、大小姓、刀番、奏者、伊賀詰奉行横目を務め、城和奉行となっている事例などである。

表6　職務勤務年数

年　数	人数(人)
10年未満	20
10～20年未満	12
20～30年未満	14
30～40年未満	9
40～50年未満	8
50～60年未満	8
60年以上	1

「由緒書」による。

6　一職務年数

「由緒書」にある一三五人のうち、二〇・七％にあたる二八人については、一職務の勤務年数が判明する。その様相について検討を行う。結論を先取りすれば、職務の年数は一様ではない。前述したように、初代吉武次郎右衛門は、元和四年（一六一八）に江戸で新規に召し抱えられ、寛永十二年（一六三五）に大小姓として取り立てられて以来、数々の役職につき、明暦四年まで五八年間奉公しているが、一つの職務の年数は一～二年毎であり、津普請奉行は一一年、日光普請は六年務めた。一方、二代次郎右衛門の場合は、新規召抱後、九年後に跡目相続し、横目・津奉行・伊賀奉行を務めているが、横目を六年、津奉行を五年務めている。

表7　一職務勤務年数

年　数	人数(人)
1年	45
2年	21
3年	15
4年	20
5年	11
6年	9
7年	6
8年	3
9年	1
10年	3
11年	2
12年	2
14年	1
17年	1
22年	1

「由緒書」による。
加増・赦免・新知・家督相続・跡目相続除く。

また、二八人の加増・赦免・新知・家督相続・跡目相続を除いた一職務の勤務年数は表7のとおりである。それによると、一年四五人、二年二一人、三年一五人、四年二〇人、五年一一人、六年九人、七年六人、八年三人、九年一人、一〇年三人、一一年二人、一二年二人、一四年一人、一七年一人、二二年一人である。一年務めが最も多く、概ね一~四年で一つの職務を交代していることがわかる。そのあとは漸減し、最長は二二年である。人数が極端に減少する八年以上の職務は大納戸・江戸二之丸普請・大小姓・武具蔵奉行・日光普請・江戸加番・江戸屋敷番・江戸詰・御城使役などであり、大納戸・大小姓など藩主との関係が強い職務、江戸詰勤務、普請に関連する職務が多く見られる。

おわりに

分限帳などから津藩家臣の構造や職制、由緒書から家臣の加増・昇進状況を確認してきた。ここでは、それらをまとめて終わりとしたい。

まず、家臣は、本拠である伊勢国津に多くの家臣を配置し、伊賀国にも津と類似する職務の家臣を配置した。また、これらの国元以外にも幕府との交渉や参勤交代での関連で江戸へ、朝廷や城和領との関連で京・奈良へ、大坂城代・大坂町奉行や蔵米販売との関連で大坂へも家臣を配置した(25)。

格式については、年頭拝礼による席順が参考になるが、他藩のような明確な格式による階層は不詳である。しかし、職務就任については、知行高との関係が基準となっていた。すなわち、一〇〇〇石以上、一〇〇〇石未満～五〇〇石、五〇〇石未満の階層に分類される。

家臣の昇進のうち、加増の転機は高麗陣、関ヶ原合戦、大坂陣、越前戒厳などの戦功に関する加増、農政転換、元禄期の経済成長などの藩財政・経済状況等行政変革に伴う加増、藩主交代などある意味で恩恵的な加増があった。

また、新規召抱は、子小姓、大小姓、江戸詰、鉄炮頭から始まる家臣が多く、家格による差異も見られた。昇進は番方の職務での昇進が顕著であり、江戸詰は家臣に課せられた義務で交代勤務であった。その昇進も親と同等、親以上の昇進が見られるが、それは確実に家産を相続させる仕組みがあったことも大きな要因である。

勤務年数は、一〇年未満の勤務が多く、それを超えると死亡するまで勤務するような長期の勤務も見られる。ただ、一つの職務での勤務年数は区々であるが、概ね一～四年間で交代しており、統一した基準は見いだせない。

〔註〕

（1）高野信治『近世大名家臣団と領主制』（吉川弘文館、一九九七年）、根岸茂夫『近世武家社会の形成と構造』（吉川弘文館、二〇〇〇年）、磯田道史『近世大名家臣団の社会構造』（東京大学出版会、二〇〇七年）など多くの論考がある。

（2）小川恭一『徳川幕府の昇進制度―寛政十年末旗本昇進表―』（岩田書院、二〇〇六年）、藤井譲治『江戸時代の官僚制』（青木書店、一九九九年）。
（3）笠谷和比古「近世大名家における主従制と軍制」（『近世武家社会の政治構造』吉川弘文館、一九九三年）。
（4）J・F・モリス「一八世紀末仙台藩士の役職と藩政改革―玉蟲十蔵尚茂の場合―」（『近世武士の「公」と「私」』清文堂出版、二〇〇九年）。
（5）舟沢茂樹「福井藩家臣団と藩士の昇進」（『福井県地域史研究』創刊号、福井県地域史研究会、一九七〇年）。
（6）鎌田浩「熊本藩における相続制度」（『幕藩体制における武士家族法』成文堂、一九七〇年）。
（7）高野信治「武士の昇進」（堀新・深谷克己編『〈江戸〉の人と身分3　権威と上昇』吉川弘文館、二〇一〇年）。
（8）小宮山敏和「近世大名家における昇進過程と家中の構造」（『譜代大名の創出と幕藩体制』吉川弘文館、二〇一五年）。
（9）初代藩主高虎が、伊賀国を経て、伊勢国へ入封したために「伊賀・伊勢国入封」と、伊賀国を先にした表現を用いるが、近年では藩主の居城があり政治の中心地となる地域を優先する場合もあることから、その場合の表現は「伊勢・伊賀国」と居城のあった伊勢国を先に表現し、両方を適宜使い分けする。
（10）「職品志」（上野市古文献刊行会編『宗国史』下巻、同朋舎、一九八一年）三七五～三九七頁。
（11）伊山文庫「（明暦三年・延宝五年津藩法令集）」。
（12）「慶安四年分限帳」（上野市古文献刊行会編『公室年譜略』清文堂出版、二〇〇二年）六四二～六八二頁。
（13）「寛永七年分限帳」（『公室年譜略』）四三四～四六三頁。
（14）「宝暦十一年藤堂藩の家中分限帳」（『伊賀市史』第五巻資料編近世、二〇一二年）。
（15）分限帳には、一〇〇石以下の切米・扶持米取が記載され、この階層が徒士・足軽・武家奉公人階層と想定される。
（16）『公室年譜略』七一六頁、承応三年正月朔日条。
（17）同右、五三三頁、寛永十二年正月元日条。

(18) 同右、五四七頁、寛永十三年正月二日条。
(19) 「覚」(『公室年譜略』) 五七三頁、寛永十六年閏十一月条。
(20) 『公室年譜略』六三八〜六四一頁、慶安四年条。
(21) 「『国約史』年頭諸士御礼申上候次第」(『宗国史』下巻) 一三〜一四頁。
(22) 『宗国史』下巻には「格式条」という項目が設定され、そこには「乗輿」「衣服」「座席」「出仕」「従者」「往来」「子供勤仕」「養子縁組」「祀典」に関する条目が記載されており、本章では座席の一部を分析したが、それ以外の項目の分析により家臣格式の様相が深まると思われる。また、家臣の格式の指標として、職制・座席・年頭拝礼のほかにも、道中供行列・服装・礼法などもその手がかりとなると考えられるが、それらについては他日に期したい。
(23) 「馬岡家文書　元禄五年藤堂藩家中由緒書」(三重県総合博物館編『三重県総合博物館資料叢書』No.3、二〇一七年)。
(24) 「第二節　家臣団と統治機構」(『伊賀市史』第二巻通史編近世、二〇一六年)。
(25) 東谷智「藤堂藩伊賀国の役割と藩政機構—城和領と広域行政をめぐって—」(藤田達生監修・三重大学歴史研究会編『藤堂藩の研究—論考編—』清文堂出版、二〇〇九年)、「第三節　城和領支配」(『伊賀市史』第二巻通史編近世、二〇一六年)。

第三章　上級家臣の家臣団構造と変容
――名張藤堂家の家臣団を中心に――

はじめに

本章は、近世期を通じて津藩の家臣であった名張藤堂家の家臣団形成・構造及びその変容過程を分析することを目的としている。

名張藤堂家は、初代藤堂宮内少輔高吉が、寛永十二年（一六三五）に名張周辺及び伊勢国に領地を宛行われたことから始まる。高吉は、天正七年（一五七九）に丹羽長秀の三男として生まれ、豊臣秀長の養子を経て、天正十六年に藤堂高虎の養子となり、高虎が伊賀・伊勢国移封後も伊予国今治へとどまった。寛永十二年に伊賀国名張の地に転封となり、寛文十年（一六七〇）に死去するまで名張の地にとどまり、名張藤堂家の礎を築いた。その後、名張藤堂家は二代長正～一一代高節まで一〇代を輩出した。また、その来歴から名張入封前から家臣団を形成し、藤堂家家臣のうちで特別な格式を有した。前述したように、高吉は、もともと近世大名で伊予国で領地を宛行われていたが、高虎の死後は、藤堂家の一家臣となった。しかし、そのことが原因で、藤堂本家との間で軋轢を生じさせる。そして、享保期に、いわゆる「享保騒動」となって表面化する。

そのような経緯を持つ名張藤堂家の家臣団の形成過程や構造、また、享保騒動以降の家臣団の変容を解明することは、大名家臣団を一大名権力のもとにいかにして収斂させていくのかという問題とも関連し、非常に有意義なことである。

ところで、名張藤堂家に関する研究については、数々の成果が積み重ねられている[1]。その特徴は、対象時期を近世初期から中期とし、特に名張藤堂家の初代藤堂高吉に焦点を当てたものが多い。そんな中、藤田達生氏は、高吉に関する分析から名張藤堂家を「藤堂藩のなかの藩」と位置づけている。また、初期の家臣団についても検討し、騎馬衆四四、五人、鉄炮衆約一〇〇人であったこと、享保騒動が勃発する要因についても分析をしている[2]。しかし、家臣団研究が初期に偏っていることやそれ以降の家臣団変容、中期以降の家臣団との差異がとらえきれていない点で課題が残る。それを解消していくためには、家臣団を含めた名張藤堂家の総合的な分析が必要である。

本章では、先行研究に依拠しながら、近世期の藤堂家における最大の家臣である名張藤堂家を素材に、その家臣団の成立経緯や構造、さらにはその変容の分析を通して津藩の家臣の特徴について検討を行いたい。

第一節　名張藤堂家の概況

1　知行地と財政

高吉は、伊予国今治にて二万石を幕府から拝領し、寛永十二年に藤堂本家から二万石を宛行われた。その後、

表1　名張藤堂家年貢高推移

年	知行地	高(石)	物成(石)	物成率(%)	資料番号
宝永4	伊勢国	10,000	4,914.1700	49.1	※
宝永7	伊勢国	10,000	5,051.8596	50.5	※
正徳1	伊勢国	10,000	4,904.6646	49.0	※
正徳2	伊勢国	10,000	4,841.7718	48.4	※
正徳5	伊勢国	10,000	4,499.7701	45.0	※
天保13	伊勢国	10,000	3,996.7011	40.0	※
弘化1	伊勢国	10,000	4,060.9689	40.6	※
弘化3	伊勢国	10,000	4,169.2188	41.7	※
嘉永2	伊勢国	10,000	4,155.3120	41.6	※
嘉永4	伊勢国	10,000	4,155.3120	41.6	※
嘉永6	伊賀国	5,000	1,704.7408	34.1	名 A1-3-016
安政4	伊勢国	10,000	2,036.5033	20.4	名 A1-3-018
安政6	伊勢国	10,000	1,945.4175	19.5	名 A1-3-019
万延1	伊勢国	10,000	1,192.0318	11.9	名 A1-3-020
万延1	伊賀国	5,000	1,242.4168	24.9	名 A1-3-021
文久2	伊賀国	5,000	1,636.4216	32.7	名 A1-3-023
文久3	伊勢国	10,000	2,022.2349	20.2	名 A1-3-024

※は岡家文書、「名」以下は名張藤堂家文書の資料番号を表す。

弟に五〇〇〇石を分知し、宮内家は幕末期まで一万五〇〇〇石を領有することとなった。その支配領域は、簗瀬村など名張周辺農村八か村及び松名瀬村など南伊勢地域二二か村であった[3]。

また、財政との関連で、伊勢国の知行地から徴収される年貢高（表1[4]）は、宝永四年（一七〇七）から正徳五年（一七一五）までは、四五〇〇〜五〇〇〇石の間で推移している。しかし、時代が下るにつれ減少し、天保・弘化期には四〇〇〇石余と五〇〇〜一〇〇〇石余も減った。さらに、幕末期の文久三年（一八六三）には二〇〇〇石余まで減少している。

一方、嘉永六年（一八五三）の伊賀国名張周辺知行地五〇〇〇石の年貢高は一七〇四石七斗四升八勺で、その割合は三四・一%であった。

結局、伊賀国での年貢高は増減を繰り返しているが、伊勢国での近世中期からの幕末期にかけての大幅な年貢の減少により、総計が減少している。万延元年（一八六〇）の事例では伊勢・伊賀両国の知行地一万五〇〇〇石のうち、年貢高は二四三四石四斗四升八合六勺と一六・二%まで落ち込んでいる。財政基盤の本質が年貢高であったことを考えると、中期から後期、さらに幕末期にはその財政は悪化の状況を呈していたといえよう。

2　家臣の知行形態

高吉時代には家臣に対して知行地を宛行う地方知行制が行われていた。そのことを知行目録で検討してみよう。岡勘平宛に発給された万治二年（一六五九）の知行目録は、

〔史料一〕(5)

知行方

一高百石　　伊勢国飯野郡之内新屋敷村

右領知令扶助畢、全可収納、猶連々可申付者也

万治二年亥八月五日

藤堂宮内少輔
高吉（花押）

岡勘平殿

と、高吉より発給されたもので、勘平は伊勢国飯野郡新屋敷村のうちから一〇〇石を宛行われている。また、田中文兵衛宛知行目録(6)からは、寛永十四年（一六三七）三月には、田中文兵衛が、伊勢国飯野郡上七見村で七〇石、多気郡大垣内村で五〇石、合計一二〇石を高吉より宛行われ、続いて、同年十月に伊賀国名張郡瀬古口村で三〇石を加増され、合計一五〇石となったことがわかる。さらに、承応二年（一六五三）七月には、伊勢国多

気郡川尻村で三〇石を加増され、この時点で二〇〇石となった（寛永十四年十月～承応二年七月までに二〇石加増があった）。

このように、名張藤堂家の高吉時代には、地方知行制が実施されていた。藤堂本家でも、高虎時代には、地方知行制を実施するために知行目録が給人に対して発給されていた[7]。しかし、二代高次時代になると、家老連署発給の知行目録へと変更される[8]。名張藤堂家家臣が本家家臣とは立場は異なるが（本家から見れば陪臣となる）、高吉が知行目録を発給し地方知行制を実施していたことは、高吉時代には一大名としての側面を多分に残していたことの証左となる。

3　格式と座席順

ここでは格式と座席順について、名張藤堂家当主が、藩主の伊賀越国に合わせて上野城へ参向した時の記録である「寛延四年上野御越諸事覚[9]」から、津藩士の敬称を分析してみよう。例えば、そこには、（山中）兵助殿・安波忠兵衛殿・米村藤左衛門殿・（藤堂）新七郎殿・（藤堂）采女殿、（藤堂）玄蕃様・（藤堂）修理様・殿様、御隠居様の記述がみられる。殿様、御隠居様は、藩主と隠居を指すと思われるが、その他のものについては、「殿」「様」の敬称がみられる。江戸時代は「殿」よりも「様」が格上であることから[10]、おのずと、宮内が自身と藤堂家家臣とをどのように位置づけていたのかをうかがうことができる。すなわち、山中から米村までの加判奉行クラス、及び藤堂家一門である新七郎や伊賀城代である采女を「殿付」としており、ここから格下扱いであったことがわかる。一門の中でも玄蕃や修理は新七郎や采女に比較して格上扱いであったことも確認される。また、文政十三年（一八三〇）の「御家督御参津諸事覚帳[11]」では、宮内のことを宮内家臣が「御前」と称していたこともわかる。

これらのこととの関連で、津藩での座席順を見ると、宝永六年（一七〇九）「座席之覚[12]」では、宮内は城代より上位で筆頭となっている。また寛永十四年（一六三七）の津藩の軍役規定[13]では、一万石は、馬上一〇騎・鉄炮二〇挺・弓一〇張・鑓二〇本・持鑓三本、五〇〇〇石は馬上五騎・鉄炮一〇挺・弓二張・鑓一〇本・持鑓三本であった。そうすると、一万五〇〇〇石の場合は、馬上一五騎・鉄炮三〇挺・弓一二張・鑓三〇本・持鑓六本となる。名張藤堂家の家臣団の様相は、この軍役規定をはるかに上回っていることも確認できる。

また、文政五年（一八二二）の「先規諸事取扱覚[14]」から名張藤堂家の津藩における位置を確認してみよう。

〔史料二〕

上野ニ而御家中之御衆中江宮内行違之節御会釈心得之事

一大身之御衆中乗輿乗馬ニ而行違之節、先方ゟ下乗下馬有之候ハヽ、早速供頭共参、宮内此儘罷通候間、御勝手ニ御通可被下旨及御挨拶候先形ニ御座候（下略）

と、上野城下での大身の衆とのすれ違いについての取り決めがなされ、大身の衆の対応によってその所作は異なるが、おおむね宮内側のほうが格上の印象が見られる。

4　名張城下町

名張藤堂家文書の中には、文化三年（一八〇六）の城下町絵図[15]が含まれており、名張陣屋を中心とした城下町が形成されている。御殿周辺の東から南東方向に鎌田・小沢・中村・小野など番頭・用人・給人等の屋敷を配置している。御殿やこれら家臣の屋敷は高台にある。また、大手門等外側（御殿より南・南東方向）の名張川との間に切米取・扶持米取などの下級家臣を住まわせている。

以上のように、名張藤堂家は、近世大名から一大名家臣へ転身した来歴があり、近世初期から前期にかけては、知行目録の発給、知行地の年貢皆済状発給など大名の遺風を残していた。そして、時代の推移とともに大名の家臣という側面が大きくなるが、幕末期まで藤堂家内での格式や城下町での家臣団居住など、ほかの家臣とは明らかに異なる特徴を有していた。

第二節　家臣団の成立と構造

ここでは、由緒書・分限帳・知行目録などから名張藤堂家の家臣団の形成過程と近世中期の家臣団構造を検討してみよう。

1　家臣団の形成過程（表2）

「御家中由緒書（写）」[16]によると、高吉が高虎養子となった時（天正十六年〈一五八八〉）前後の家臣は、後に家老・番頭となるもので、伊予国で高吉が取立てた家臣は給人となっている。すなわち、高吉取立ての家臣は、給人以上の知行取の格式の家臣で家臣団の中核を形成している。名張藤堂家の二～五代当主が取立てた者の中で医者、家老親族などは給人となり、そのほかは切米・扶持米取となっている。

また、家臣の出身母体は、①朝倉家・浅井家・丹羽家家臣、②高虎から付けられた家臣、③藤堂出雲・藤堂石見家家臣、④鷹匠・本道からの取立て家臣、⑤家老・番頭親族出身の家臣、⑥番頭家来であったものに分類

表２　名張藤堂家家臣由緒と取立

	家　格	家　臣	取立時期	取立状況
1	（家老）/番頭	3人	1583	高虎付/浅井家臣・秀長養子郡山/朝倉家臣・秀長養子郡山
2	番頭	1人	1587	高虎付
3	用人/給人	8人	1601	小沢甥/茶道/与州より/田中家分かれ/本道
4	給人	1人	1614	大坂陣供
5	番頭	1人	1615	朝倉家臣・高吉母姉婿・大坂陣後
6	給人/切符	3人	1635	小姓/藤堂岩見家臣/藤堂出雲家臣
7	番頭/用人/給人/切符	4人	1671	2代長正、鎌田弟
8	（家老）/用人/切符	6人	1682	3代長守、4代長源、左近右衛門弟
9	給人/切符	5人	1703	4代長源
10	給人/給人格/切符	7人	1716	5代長熙、元祖丹羽長秀家臣、元祖関ヶ原合戦参戦、堀江平兵衛家来
11	番頭	1人		鎌田弟
12	給人	1人		高虎付
13	給人	1人		針医
14	給人格/切符	4人		鷹匠
15	切符	1人		中村新右衛門家来
16	給人	1人		中村弟分知
17	切符	1人		堀江平兵衛家来
18	給人	1人		本道

名張藤堂家文書 A1-2-002「御家中分限役付帳」（享保19年）、A1-2-014「御家中由緒書写」による。

される。

このようにして形成された家臣団を寛永十四年以降当時の状況を記した「古代分限帳」[17]から見ると、給人は七〇〇石を筆頭に、六〇〇～一〇〇石までの階層が見られる。その中心階層は二〇〇石で一六人いた。その特徴は全体的に知行高が近世中・後期に比べると多いことである。また、軍団としての要素があることから鑓・鉄炮・弓隊などを常備していたことがわかる。

2　享保期の家臣団構造

次に享保十九年（一七三四）の「御家中分限役付帳」（表3）[18]から家臣団構造を検討してみよう。

まず家格は、Ⅰ後の家老となる者や番頭、Ⅱ用人、Ⅲ給人、Ⅳ給人格、Ⅴ切符（切米・扶持米取）、Ⅵ扶持米取、Ⅶ武家奉公人（足軽・小人・道具持・挟箱持・門番等）の七階層に分類できる。さらに、これを知行形態を中心として分類してみると、①知行取（Ⅰ〜Ⅳ）・②切符（Ⅴ）・③扶持米取（Ⅵ）・④武家奉公人（Ⅶ）の四階層に分けられる。その人数や割合は、①知行取（三九人、一七・七％）・②切符（五七人、二五・九％）・③扶持米取（一五人、六・八％）・④武家奉公人（一〇九人、四九・五％）の合計二二〇人となる。知行取は一九〇〜一〇〇石取の階層、切符取は一六〜一〇俵取の階層が中心である。

次に、家臣団の役職との関係を見てみよう。給人層と切符層で番方（火消役・武具役・武具役番帳など）・側方（書役・御勝手方・小納戸・御料理方など）・役方（宗旨改御蔵横目取次役・勢州代官役・名張代官など）の役職を手分けしているが、その傾向として火消役等の番方の役職には番頭を付けるなど、成立期の残存が見られる。しかし、その傾向も、側方役人の拡充及び村方支配に伴い行政官僚的な役人が必要となったため、近世中期には成立期の傾向が解消される傾向にあり、切符層が多数側方役人に就いている。

3　武家奉公人

享保期の「御家中分限役付帳」により見た武家奉公人と思われる役職は表4のとおりである。足軽・道具持・掃除者・馬屋小頭・口取・飼焼・草履取・小人・挟箱持・駕籠者・奥男・新小人・山廻り・茶薗場・台所方・舟番・下屋鋪番・門番・夜番・小人部屋食焼・作事屋番である。人数も前述したように一〇九人と家臣の約半数を占める。足軽一八人・小人一六人・門番一一人・新小人一〇人と武家奉公人の中心となっている。その中で足軽だけは苗字が許可され、ほかの武家奉公人とは格式が異なっていた。禄高は二〜一人半扶持の扶持米を中心に、九〜三俵の切米が加米されている。このような武家奉公人は、ほかの家臣の事例(19)などから知行地や名

表3　享保19年の家臣団構造表

知行形態	禄　　高	家　　格	人数（人）	侍層割合（%）	全割合（%）	役　　職
知行取（石）	600	家老	1	0.9	0.5	家老
	550～400	家老／番頭	2	1.8	0.9	家老／番頭
	350～200	家老／番頭／用人／給人	8	7.2	3.6	家老／番頭／用人／火消役／書役
	190～100	用人／給人	13	11.7	5.9	横目勘定役／書役／取次水手書役／取次厩横目役／水手役／武具役／宗旨改御蔵横目取次役／横目勘定役
	90～50	給人	7	6.3	3.2	勢州代官役／御勝手役／武具役番帳改役／作事方／番帳改役
切米取（俵）	100～50（扶持米加禄あり）	給人	4	3.6	1.8	番帳改役
	40	給人格	1	0.9	0.5	
	20	給人格	1	0.9	0.5	
	16～10（扶持米加禄あり）	切符	34	30.7	15.4	名張代官／勢州代官／作事方／錠前番／駈合横目小道具預り／駈合横目小道具預り／紙納戸／御料理方／猟鉄砲預り／小道具預り／御勝手方／納戸方／南伊勢手代／御能衣装下々借着預り／書役
	9～8（扶持米加禄あり）	切符	19	17.1	8.6	小人頭／足軽小頭／錠前番／御料理方／役所物書下々借借預り／藪懸り御能衣装預り／藪懸り駈合帳付／役所物書／駈合帳付役所物書
	7（扶持米加禄あり）	扶持方	1	0.9	0.5	
扶持米取（人扶持）	20～5	給人格／切符／扶持方	5	4.5	2.3	馬役／在江戸／番帳改取次役

扶持米取（人扶持）	4～3	扶持方	5	4.5	2.3	乳母/（医師）
	2～1	切符/扶持方	10	9.0	4.5	乳母/寺/（医師）
扶持米取（人扶持）		武家奉公人	109		49.5	足軽/道具持/掃除者/馬屋小頭/口取/飼焼/草履取/小人/挟箱持/駕籠者/奥男/新小人/山廻り/茶園場/台所方/舟番/下屋鋪番/門番/夜番/小人部屋食焼/作事屋番
合計			220	100.0	100.0	

名張藤堂家文書 A1-2-002「御家中分限役付帳」（享保19年）による。

表4　武家奉公人一覧

	職種	俵	扶持	人数
1	足軽	9	2	18
2	道具持	7	1.5	3
3	掃除者	6	1.5	8
4	馬屋小頭	6	1.5	1
5	口取	6	1.5	7
6	飼焼	6	1.5	1
7	草履取	6	1.5	4
8	小人	6	1.5	16
9	挟箱持	6	1.5	3
10	駕籠者	6	1.5	8
11	奥男	6	1.5	4
12	新小人	5	1.5	10
13	山廻り	5	1.5	1
14	茶薗場	5	1.5	1
15	台所方	5	1.5	6
16	舟番	5	1.5	1
17	下屋鋪番	5	1.5	1
18	門番	4	1.5	11
19	夜番	3	1.5	2
20	小人部屋食焼	3	1.5	1
21	作事屋番	3	1.5	2

名張藤堂家文書 A1-2-002「御家中分限役付帳」（享保19年）による。

張町からの取立が行われたと推測されるが、不詳である。

第三節　家臣団の変容

1　家臣の財政と風紀の乱れ

享保期以降の家臣の財政について触れてみたい。享保十一年（一七二六）に堀江宇右衛門、小澤彦左衛門が南伊勢の大庄屋間宮善左衛門から一六〇両もの金子を借り入れていることを示す史料[20]が残されている。その証文には「要用之儀有之」とのことで、一六〇両を借り入れ、返済には一割二分の利息を加え、五年間で返済する旨を記している。返済は「勢州ニ而我々物成米売払十一月廿日限代官所ゟ無滞相済可申候」と、南伊勢知行地からの年貢米を売り払った金を代官所を通じて返済するとしている。翌年にも両人に丹羽外記が加わり、「不勝手ニ付京金之内此度拝借」と、三五〇両を借用している。

また、宝暦七年（一七五七）に、吹田伝之丞は「近年不勝手御座候付段々倹約仕候得共、前々ゟ之大借利分次第相重り取続茂難仕難儀仕候」と、金額は不明ながら家老宛に拝借金の願書を差し出している[21]。その子、吹田但見も、明和五年（一七六八）には、さらなる拝借金を受け取ったようである[22]。

このように、享保期以降には、金子借り入れ等家臣の財政の逼迫傾向が見られる。併せて元禄～享保期頃に作成されたと思われる史料[23]には、「御先代ゟ御家風次第ニ薄罷成、御家中侍共嗜懈御困筋ニ付志不厚自分之利害ニ心入思々之様ニ相見」と家臣の風紀の乱れの様子が記され、当時の家臣の状況をつかみ取れる。

2　天保・文久期の家臣団構造

天保期、及び文久期の分限帳(24)をもとに、名張藤堂家の家臣団構造を一覧としたものが表5である。これによると、天保十五年（一八四四）の武家奉公人を除く家臣数は七二人、その家格の内訳は家老・番頭・給人・給人格・嫡子・嫡子格・中小姓・徒士に分けられ、概ね給人以上が知行取、給人格以下が切米取・扶持米取であった。

知行取は、家老・番頭に続いて、一九〇～五〇石の給人が中心となっている。その給人の役職を見ると、儒者・用人・奥用人・大横目・側役・側用人・取次・奥用人・勢州郷役・文武横目組頭・取次組頭・宗旨役武具改など番方・役方・側方の役職が見られ、家臣統制や知行地の統治を意図した構造となっている。また、切米取以下は、二人扶持取が多く、その役職は、勢州郷役・勘定頭役・物書・代官・側小納戸・膳番・徒士目附・台所賄方・句読師・書役など知行取の下役的な役割や側方の役務が多く見られる。

文久二年（一八六二）の武家奉公人を除いた家臣数は一〇九人と、天保期よりも約五割増えている。知行取の三五〇～二〇〇石取層、切米取の九～二俵取層の増加が最も大きな要因である。文久期の家格は家老・番頭・給人・給人格・給人嫡子・嫡子格・中小姓・中小姓格・徒士・徒士格に分けられ、中小姓格と徒士格が新たに創設されている。天保期同様、概ね給人以上が知行取、給人格以下が切米取・扶持米取で、切米取には加扶持されるケースが多い。基本的には、天保期とは異なる役職で構成され、さらに役職が細分化されており、「大砲令士」「小隊令士」「士銃隊令士」など幕末期という社会情勢を反映した役職が見られることも特徴である。

以上、天保、文久期の家臣団構造を見てきたが、名張藤堂家の場合、藤堂家の一家臣ながら幕末期まで大名

表5　天保15年・文久2年の家臣団構造表

知行形態と禄高		天保15年				文久2年			
知行形態	禄高	家格	人数（人）	割合（%）	役職	家格	人数（人）	割合（%）	役職
知行取（石）	600	家老	1	1.4	家老	家老	1	0.9	家老
	350～200	家老/番頭/給人	4	5.5	家老/番頭	家老/番頭	9	8.3	家老/番頭/大砲令士/小隊令士/儒職兼/儒者
	190～100	番頭/給人	10	13.9	番頭/儒者/用人/奥用人格/大横目/側役/側用人/取次/奥用人	給人	12	11.0	用人格/近習小納戸/用人大横目勘定元〆士銃隊令士/用達/宗旨役見習祐筆役/大横目兼用人並元〆
	90～50	給人	13	18.0	勢州郷役/文武横目組頭/取次組頭宗旨役武具改/本道/側役/刀番	給人	12	11.0	本道御匙役常介/文武目付組頭役御弁当掛り役中大横目格御使番/取次兼帯/奥御用達定助/勘定頭役代官役加り/御馬役御厩賄加り/組頭役文武目付/大砲各門長訓蒙寮世話役/用人格/文学会頭
	40～30	給人				給人	5	4.6	御供頭御刀番兼/御祐筆頭算術方/代官役梁山様御附
切米取（俵）	40	給人	3	4.2	勢州郷役/勘定頭役/作子役				

	39～10（扶持米加禄あり）	給人格/中小姓	11	15.3	当所代官組合頭/勘定/物書/当所代官/側小納戸/山目附/徒士目附	給人嫡子/給人格/中小姓/徒士	13	11.9	直心願流師役/勘定頭常介作事役兼帯/勘定頭常介作事役兼帯/山目付役/近習/次小姓
切米取（俵）	9～2（扶持米加禄あり）	中小姓/徒士	8	11.1	膳番/徒士目附/台所賄方/勘定/書役新宅賄方/山目附台所賄方介/本道外科兼帯	給人/給人嫡子/給人格/中小姓/中小姓格/徒士/徒士格	33	30.3	徳蓮院取締方/御刀番役武具役御供頭兼帯奥御賄役定介/近習/□海流世話役/火元見/武具方下役/南勢手附役/剣術世話役/書記役/句読師/郷役手代/相図方/本道
	1					徒士格	7	6.4	一代限火元見
	15～5.5	給人格/中小姓/嫡子格	3	4.2	勘定頭馬役/書役/本道	給人/給人嫡子/中小姓/徒士	5	4.6	御匙役本道/奥御賄役/外療□
扶持米取（人扶持）	3					中小姓格	1	0.9	□流世話役
	2	嫡子/中小姓/徒士	17	23.6	側小納戸/側役/句読師組合頭/本道/書役/茶道/膳番加り/料理方見習/火元見	徒士格	2	1.8	
不明		番頭	2	2.8		給人/給人嫡子/中小姓/中小姓格/徒士/徒士格	9	8.3	剣術世話役/句読師貴直流助教/台所役勘定役
合計			72	100.0			109	100.0	

名張藤堂家文書 A1-2-7「天保 15 年分限役附帳(控)」、同左 A1-2-8「文久 2 年御家中分限帳」による。

家臣団に見られるような家格や役職を維持していたことがわかる。この点が「藤堂藩のなかの藩[25]」といわれる所以でもある。

3　家臣団道中行列

家臣団の特徴を鮮明にするために、近世後期の道中行列図（「文政十三年御家督御参津諸事覚書[26]」）を検討してみよう。

それによると、この時期に家老もしくは番頭であったと思われる中村新右衛門の場合は、刀指二人・道具一人・片箱一人・草履取一人・具足一荷・駕籠四人・両掛挟箱一荷・合羽籠一荷・竹馬一荷の態勢であった。番頭小野三左衛門の場合は、刀指二人・道具一人・片箱一人・草履取一人・具足一荷・駕籠四人・両掛挟箱一荷・合羽籠一荷・竹馬一荷であった。

また、給人（用人）であった岡田権左衛門の場合は、刀指一人・道具一人《カ》・草履取一人・駕籠三人・両掛挟箱一荷・合羽籠一荷で、御先行御用人であった武田伝左衛門の場合は、刀指一人・掃除一人・道具一人・草履取一人・駕籠一人・用挟箱一荷・合羽籠一荷の態勢であった。

さらに、給人（もしくは給人格）以外の家格の場合を見てみよう。中小姓であった瀧野応助の場合、両掛挟箱一荷だけで、崎山恒左衛門の場合も用挟箱一荷だけであった。

ここからは、この時期、軍団としての態勢は形骸化していると思われるが、給人の場合、刀指である家来と具足・道具持ち・草履取などの武家奉公人を召し抱え、軍隊（軍団）としての様式を残している。また、武士としての身分を表象する場であった道中行列で、給人とそれ以外の者との間で、家格による格差も確認される。

おわりに

今まで述べてきたこと、及び若干の課題を提示してまとめとしたい。

名張藤堂家は、津藩の一家臣ながら初代高吉時代には、高吉が家臣に対して知行目録を発給し、知行地を家臣に宛行う地方知行が行われていた。また、城下町を形成し家臣団を居住させるなど、まさに大名としての側面が見られ、藤堂家臣とはいえほかの家臣には見られない独自性が見られた。いわゆる、津藩の中で別格・最大の家臣で、「藤堂藩のなかの藩」ともいえる存在であった。

由緒書・分限帳を用いた分析から見た家臣の階層構造からは大名家臣としての側面を有し、初期は戦闘を想定した軍団としての性格が読み取れた。しかし、近世中期以降は、側方役人の拡充と南伊勢地域統治のための役方役人を配置するなど、軍団を行政官僚的な家臣団へと適用させていたことがわかる。また、家臣団構造や家臣にとっての主君の立場などは、津藩の上級家臣との類似点も見られた[27]。名張藤堂家の場合、享保騒動による藤堂家の監視体制の強化など、藤堂家の家臣としての立場が変容し、そのことは家臣団態勢にも影響を与えたと推測される。しかし、結果的には、幕末期まで家老・番頭・給人・中小姓格などの格式を有する家臣がおり、大名家臣団に類似した構造を維持していたことが大きな特徴であろう。

なお、課題として、享保騒動が名張藤堂家の立場や家臣団構造の転換点の一つになった[28]と推測されるが、その点については検討できなかった。また、領民統治との関係で、長熙の不快見舞い、葬儀（安永五年〔一七七六〕）には名張藤堂家支配領民に対しての香奠の強要[29]や、名張藤堂家独自での新田検地の実施[30]、宗門改役人及び家数指出し帳の作成[31]などの事実が見られる。これらの領民統治から見た名張藤堂家の様相も検討する必要があるが、分析できなかった。今後は、享保騒動や領民統治の観点もふまえ分析を行っていきたい。

〔註〕

（1）名張藤堂家に関する研究については、多くの成果が蓄積されている。主なものを列記すると、藤田達生「藤堂氏にみる御家騒動―高虎と高吉・高次―」（『日本中・近世移行期の地域構造』校倉書房、二〇〇〇年）、同「伊予今治藩主藤堂高吉の処遇―史料紹介を中心に―」（藤田達生監修・三重大学歴史研究会編『藤堂藩の研究―論考編―』清文堂出版、二〇〇九年）であり、そのほか、『名張市史』『名張資料叢書』『三重県史』資料編・通史編などに名張藤堂家に関する史料が掲載されている。その特徴は、対象時期を近世初期から中期とし、特に名張藤堂家の初代藤堂高吉に焦点を当てたものが多い。

（2）註（1）藤田前掲書「伊予今治藩主藤堂高吉の処遇―史料紹介を中心に―」（藤田達生監修・三重大学歴史研究会編『藤堂藩の研究―論考編―』清文堂出版、二〇〇九年）。

（3）名張市教育委員会所蔵、名張藤堂家文書Ａ１―３―４「（五千石高附村々明細帳）」（宝暦二年）、三重県環境生活部所蔵「（伊賀国村明細帳）」。なお、名張藤堂家文書については、『名張藤堂家歴史資料目録』（名張市教育委員会、一九九二年）が刊行されており、資料番号はそれに従っている。

（4）名張市史編さん室保管「岡家文書」知行方目録、名張藤堂家文書「知行方目録写」。

（5）名張市史編さん室保管「岡家文書」知行方目録。

（6）名張市所蔵「村部家旧蔵田中文兵衛知行文書」。この文書群は、二〇一〇年に名張市の有形指定文化財として登録された。

（7）藤堂高虎発給の「知行目録」は、『三重県史』資料編近世１（一九九三年）に多く掲載されている。

（8）「慶安二年御知行方所付之目録」（上野市古文献刊行会編『公室年譜略』清文堂出版、二〇〇二年）。
（9）名張藤堂家文書A1―5「寛延四年上野御越諸事覚」。
（10）藤田覚「『殿』か『様』か」（『近世史料論の世界』校倉書房、二〇一二年）。
（11）「藤堂長徳家督相続御礼参津時の覚書」（『三重県史』資料編近世2、二〇〇三年）。
（12）「家中役人座席覚」（『三重県史』資料編近世2）。
（13）「家中軍役覚」（『三重県史』資料編近世2）。年代は表記されていないが、他の史料との比較から、この規定の内容は寛永十四年時のものと同様である。
（14）「上野にての家中心得等領内規定覚書」（『三重県史』資料編近世2）。
（15）名張藤堂家文書A1―6―23「伊州名張図」。
（16）名張藤堂家文書A1―2―14「御家中由緒書（写）」。この史料は、鎌田将監子孫の家にあった享保十四年（一七二九）の「御家中分限役付帳」を、明治三十五年（一九〇二）に謄写した由緒書であり、そこには家臣の取立経緯が記されており、家臣団の成立状況を確認することができる。
（17）名張藤堂家文書A1―2―5「古代分限帳（写）」（明和八年）。
（18）名張藤堂家文書A1―2―2「御家中分限役付帳」（享保十九年）。
（19）拙稿「藤堂藩の陪臣について―伊賀城代藤堂釆女家を中心に―」（藤田達生監修・三重大学歴史研究会編『藤堂藩の研究―論考編―』清文堂出版、二〇〇九年）。本書第一部第四章。
（20）名張藤堂家文書A1―3―2「〔南勢大庄屋間宮善左衛門口入金借用覚〕」（享保十一～十二年）。
（21）名張藤堂家文書A1―2―3「乍恐奉願口上覚」（拝借金につき願控）。
（22）名張藤堂家文書A1―2―4「口上書」（不如意屋敷拝領願写）。
（23）名張藤堂家文書A1―2―21①「謹而奉言上候」（藩家風ゆるみ書付写）。
（24）名張藤堂家文書A1―2―7「分限役附帳（控）」（天保十五年）、同上A1―2―8「御家中分限帳」（文久二年）。

(25)　註（1）藤田前掲書「伊予今治藩主藤堂高吉の処遇—史料紹介を中心に—」（藤田達生監修・三重大学歴史研究会編『藤堂藩の研究—論考編—』清文堂出版、二〇〇九年）。

(26)　「藤堂長徳家督相続御礼参津時の覚書」（『三重県史』資料編近世2）。

(27)　藤堂家上級家臣の藤堂釆女家の家臣団構造について分析を行ったが、構造など類似する点が多い。拙稿「藤堂藩の陪臣について—伊賀城代藤堂釆女家を中心に—」（藤田達生監修・三重大学歴史研究会編『藤堂藩の研究—論考編—』清文堂出版、二〇〇九年）。本書第一部第四章。

(28)　「名張藤堂家解説」（『三重県史』資料編近世2）。

(29)　名張藤堂家文書A1—3—7「勢南役用録」。

(30)　名張藤堂家文書A1—3—9「諸新田田畑検地帳写」。

(31)　名張藤堂家文書A1—3—45「〔宗門改帳〕（断簡）」。

第四章　上級家臣の陪臣団について
——伊賀城代藤堂采女家を中心に——

はじめに

藩政を支える家臣団の中心は、分限帳[1]などで確認する限り、知行取（一部切米取・扶持米取）層、いわゆる給人といわれる侍層である。しかし、そのほかにも徒士層、足軽等武家奉公人層などの家臣もおり、多様な身分や階層から家臣団が構成されていた[2]。また、津藩の場合、藤堂仁右衛門家をはじめとする上級家臣には、家臣の家来である、いわゆる陪臣団を召し抱えている者もいた。

本章では、津藩の陪臣団のうち、寛永十七年（一六四〇）より一時期を除き伊賀城代であった藤堂采女家[3]の家臣沢家[4]を中心にして、津藩の陪臣団の特性を明らかにしたい。

ところで、給人家臣についての先行研究は、津藩に関しては見られない。ただ、他藩ではいくつかの先行研究があり、それを検討していく中で参考にしていきたい。J・F・モリス氏[5]は仙台藩の陪臣団の分析を行ったが、そこでは、陪臣団が軍役奉仕を支える役割を担っていたこと、上級家臣の場合、陪臣は知行地に多く居住していたが、あくまで百姓身分と区別されていたこと、陪臣が知行地支配の人的基盤であったことなどを明らかにした。また、高野信治氏(6)は、近世中期以降の佐賀藩神城鍋島氏の日記をもとに陪臣吟味についての分析を行っている。その中で、知行地運営は、知行地「役所」詰の陪臣役人層の「吟味」により行政的意志決定がなされ、給人領主の動向は陪臣層に規制されていたとしている。さらに、伊藤孝幸氏(7)は尾張藩横井家の陪臣であった百姓出身の岩田家を事例にして、経済的給付に関する視角からの分析を行っている。

これらの研究からは、知行地村落に陪臣が居住していた事実、陪臣団の役割が軍役を主体としながらも、陪臣団なくして給人知行地支配ができなかった事実を物語っている。しかし、ここでの事例は、旧属居付大名や徳川取立大名の中でも藩付属以前から在地性をもっていた家臣グループの分析であり、在地との結びつきの点でいえば、事例とする津藩藤堂氏とは異なる。したがって、おのずと陪臣団の構造や性格等についても異なるものと考える。また、これらの分析は「地方知行」との関連で検討され、その視点からだけになっている感もあり、その点での課題も残る。

このような点を踏まえ、本章では、津藩給人藤堂采女家の家臣団構造を分析し、その中の侍層の沢家を事例にして、陪臣の実態や役割等について、知行・格式など儀礼面の視角も見据えながら津藩陪臣の特質を明らかにしたい。なお、本章では陪臣に関して、繁雑さを避けるため「給人家臣」「藩陪臣」という表現を用いる。

第一節　侍組と陪臣の格式

1　侍組と陪臣

初期の津藩家臣団は、いくつかの侍組に編制されていた。藤堂采女の侍組については、元和元年（一六一五）大坂夏陣では玉置角之介を含む組侍として二八人が記録されている。[8] ただ、服部長左衛門・長田理介・入江六郎右衛門ら「自分家来」（采女家臣）が、馬上の士として直臣とともに大坂陣に参加した事実も見られる。[9] 同九年の越前戒厳にあたっての「軍法之定」[10] では、藤堂采女は先手侍大将として、「騎馬五〇騎、組下ノ侍并自分家来トモ二万石」を率いることとなっている。この時点で大坂陣の時よりも人数や知行高は増加しているが、その編成は擬制的な家臣である「組下ノ侍」と「自分家来」で構成されていたのである。

寛永七年の分限帳[11] では、津付の家臣としての采女は、自身七〇〇〇石で一組を率い、その組は二〇〇〇石の藤堂市正、一〇〇〇石の玉置角之介、五〇〇石の磯野半平父子と一五〇〜三〇〇石台の騎馬家臣四五人で構成されている。その他鉄炮足軽として六〇人、切米として四八四石、一八八人扶持が付され、自身の知行高・騎馬家臣知行高の合計は二万石である。侍組は、元和期の組士に新たな直臣を組み合わせたものであった。すなわち、侍組とは采女らの侍大将と組士が擬制的な関係で結ばれており、そのため編成替えが容易であり、侍大将・組士の役職替えや国付等の変更により組士が交代できたと思われる。それは、寛永十七年（一六四〇）に采女が伊賀城代となり伊賀付となったことで、侍組家臣が変更されたことからもわかる。それを慶安四年（一六五一）の分限帳[12]で確認すると、自身の知行高七〇〇〇石や切米・足軽人数・知行高合計はほぼ二万石で変わらないが、伊賀城代となったことで、伊賀付の筆頭に位置づけられているし、侍組に属している家臣が異なる。さらに、前年に采女元則が隠居したことで長門が侍組を率いている。また、格式等については、既に元和期段階で直臣と陪臣との間での差異が見られる。

次に陪臣であるが、「自分家来」として陪臣を抱えていたと推測される給人を、前述した越前戒厳にあたって編成された「軍法之定」から掲げてみると、藤堂采女・藤堂宮内・藤堂与右衛門・藤堂式部・蒲生源三郎・小森伊豆・湯浅右近・藤堂仁右衛門・藤堂主膳・藤堂内匠・須知主水らとなっている。これらの給人家臣は、大坂陣では戦いに参加し、何人かが戦死している。また、越前戒厳でも軍団の一員に組み込まれていた。この時点では、給人家臣として直臣とともに戦いに参加する家臣であった。

ただ、給人家臣である陪臣も、例外的ではあるが、直臣として取り立られる道が開かれていた。元和元年の大坂陣で一組の軍団の侍大将であった佐伯権之助家は、正保元年（一六四四）に二代目佐伯権之助惟正が死去したため、跡目相続を翌二年行った。しかし、嗣子は幼少で遺領一〇〇〇石を相続しただけで、陪臣団はこの時にそのままの知行高で直臣となり、しばらくは与力として佐伯家に附属させられた。それが次の史料である。

〔史料二[13]〕

二代目佐伯権之助惟正旧年病死ス、嗣子大三郎時ニ七歳ナリ、至テ幼稚タリトイヘトモ家柄筋目ノ者タルニ依テ遺領四千五百石ノ内千石ノ食禄ヲ賜ヒ、是マテ権之助召仕シ家臣拾余人是マテ佐伯家ニテ食シタル本知ニテ直臣ニ召出サル、是高麗陣以来ノ武功元和両役ノ戦功顕然タルニ依テナリ、尚此拾余人ヲ幼稚大三郎ヲ保護ノ為与力ニ附属セラルこのあとに、二五〇石取の高畑理兵衛ほか一五〇石二人・一三〇石一人・一〇〇石七人、計一一人の名が記されている。この例は、非常に特殊な事例であるが、由緒を持つ上級家臣の場合、このような優遇がなされたのである。なお、慶安期の分限帳では佐伯家の家臣は「佐伯与力」として書き記されており、直臣となるための道筋であったと思われる。

2　藩における陪臣の格式

次に藩が給人家臣をどのように捉えていたのかを法令等の検討からうかがってみよう。

元禄十二年（一六九九）九月の「公儀ゟ供連御書付出候ニ付被　仰達」[14]では陪臣の輩の供廻人数削減を掲げ、家臣の供連人数を少なくするようにとの申付がなされている。享保十六年六月の申達[15]では、「自今町方年寄大庄屋ゟ仁右衛門采女年寄共家来江縁組養子無用ニ仕候様ニ　御意に候」と、町方年寄・村方大庄屋からの仁右衛門・采女の年寄階層の家来への養子縁組をしないようにとの御意を申し達している。また、同年七月の倹約に関する触[16]の中では、「年寄共初家中面々大身小身末々ニ至迄御倹約中綿布可為着用事」と、倹約に際して家臣の綿布着用の触が出たことと連動して、「陪臣主人ゟ貰候絹紬之類衣服着用無用之事」と、絹紬着用禁止が家臣に準じる形で触れ出されている。一方で、宝暦十二年（一七六二）八月の分米御免の触[17]にある家臣の衣服を木綿に限るという定では、家臣の妻子とは別に「陪臣下女右に準し候」と、陪臣は家臣の妻子より格下の扱いがなされている。

さらに、元文元年（一七三六）十二月には、陪臣の分米や御目見についての記述が次のようにある。

〔史料二[18]〕

一十二月十七日ニ御家来共、久々分米指上迷惑可致与御下行米被　仰付候、御給人中へ米五俵宛、中小姓中江米三俵宛・御歩行格之者へ当暮指上候分米拾分一之内半分宛、右之通被下候事

一殿様高豊《トヨ》様御越国御初入之砌、八月廿六日陪臣之給人御目見へ有之、於御書院御目見弐人宛罷出ル、野崎新平様御披露也、但御目見致候者共御城番衆之詰所へ相揃居候事

△旦那様御知行高ニ而御給人之内六人宛御目見ニ罷出候先格也

△右御目見ニ罷出候節ハ、知行之高下ニ不寄年寄役之者上野ニ罷出候御格也

△殿様御初入之節、御給人共不残如目録弐百疋宛被下候事、尤御先格也

△大輪院様・長空院様御初入之砌、御目見之節ハ、御老中様御披露也、当年ハ右之通新平様御披露也

これによれば、陪臣には家中給人同様「分米」が課せられていたが、迷惑であるということで下行米を仰せ付けられた。ここからは、陪臣も家中給人同様の側面があったことがわかる。また、藩主の上野への越国の際には、陪臣のうち給人階層の御目見ができたが、年寄役は上野へ罷り出すことや金子を下されることが先例となっていた。このように陪臣のうち給人階層については、分米掛かりや藩主への御目見が許されるなど藩士に準じる格式も与えられていたことがうかがえる。

以上、藩は基本的には陪臣を直臣に準じる格式、格下の扱いで対応をしていたが、倹約や分米賦課等財政に関する事項では直臣同様の扱いをしていたことがわかる。それゆえに藩陪臣は家中層に属するが、町方年寄や大庄屋層との養子縁組等、身分を超えた結び付きもあった。

第二節　藤堂采女家と家臣団構造

1　采女家の来歴

藤堂采女由緒書[19]によると、藤堂采女元則は、はじめ増田長盛に仕え、慶長六年（一六〇一）、藤堂高虎に伊予国板嶋城において知行一五〇〇石で召し出され、翌年十月二十四日に知行目録を給されている。同十年には二五〇石加増され、歩行二〇人を預けられた。同十一年にも二五〇石を加増され、のちに一五〇〇石を拝領し、都合三五〇〇石となって侍組を預けられた。同十四年には丹波篠山城縄張普請、翌十五年には丹波亀山城普請に勤役した。大坂陣に出陣し、帰陣後にはその褒美として元和元年（一六一五）に蔵米一五〇〇石を拝領し、翌年には地方知行を仰せ付けられた。同六年の大坂城の縄張普請などを務めた褒美として、二〇〇〇石を加増の上、侍組として一万三〇〇〇石を付けられ、二万石の番頭を仰せ付けられた。さらに鉄炮六〇組も預けられた。同九年には七〇〇〇石の知行目録を給され、寛永十二年（一六三五）、同十六年には江戸城普請も務めた。同十七年十月には藤堂出雲が死去したため伊賀城代となった。その際には酒井讃岐守より懇書及び時服を賜っている。その後、慶安三年（一六五〇）には隠居を申し出、許可されたが、同時に悴長門の後見も行うよう仰せ付けられた。翌四年には家督・職を長門に譲り、元則は隠居料として米一〇〇〇俵を拝領し、万治三年（一六六〇）五月に七九歳で死去している。

この由緒書にある知行目録[20]は、藤堂采女文書中に残されているが、その中から元和九年分を掲げてみると表

表1　藤堂采女知行地(元和9年)

項目／知行地村名	知行高(石)	知行形態
勢州安濃郡阿濃村	1735.097	一村
勢州安濃郡荒倉村内	900	相給
勢州安濃郡草生村内	600	相給
勢州安濃郡長谷村内	14.903	相給
勢州鈴鹿郡大田村	855.565	一村
伊州名張郡上ひなち村	681.8	一村
伊州阿我郡比土村内	243.3	相給
伊州綾之郡羽根村内	200	相給
伊州綾之郡野間村越米	13.335	相給
伊州阿我郡与野村	1250	一村
伊州古山之内南村	500	相給
合計	7000	

久保文武『藤堂高虎文書の研究』による。知行高計は実際には6994石。

1のようになる。采女の知行地は四一〇〇石余が伊勢国、その残り二九〇〇石弱が伊賀国で宛行われている。そのうち、一村丸ごと宛行われている村は伊勢国では阿濃村、大田村の二か村、伊賀国では上ひなち村、与野村の二か村で、その他の村は他の給人と相給となっていた。このうち、与野村は、元則の先祖の出身地であり、高虎の伊賀・伊勢国入封翌年慶長十四年の知行割当により拝領したものであろう。これらの村々は次節で検討する足軽等武家奉公人の供給村落となっており、知行地との関係が深い。また、采女家は寛永十七年に伊賀城代となるが、それ以前は津付家臣であり、伊賀城代となって以降伊賀付となる。

また、藤堂采女家は慶長十四年から寛文五年(一六六五)まで仁右衛門家・出雲家・式部家・主膳家とともに交代で幕府へ証人を差し出していたし、天皇の即位にあたっての京都への祝儀の使者を務める家でもあり(21)、津藩家臣の中では仁右衛門家とともに優遇されていた。

2　采女家の家臣団構造

大名家臣団は、侍(知行取)・徒士・足軽等武家奉公人などの階層に分類される。その中で、徒士層以上と足軽層と間に大きな格差があり、さらに足軽層と武家奉公人との間でも大きな差があると言われている(22)。武家には知行を与えられる代わりに軍役が課せられたが、采女家の場合、七〇〇〇石（貞享四年に分知）であったので、二代藩主高次時代の寛永十四年（一六三七）に制定された津藩軍役規定[23]に基づけば、騎上七騎・鉄炮一五挺・弓二張・鎗一五本（ほか持鎗三本）、そのほか、一〇〇〇石取以上には若党五人・馬取五人・鉄炮者二人・薬持一人・弓者一人・甲立一人・具足持二人・指物一人・挟箱二人・弁当二人・草履取二人・人足二人・道具持四人の都合三一人の供廻りが課せられることとなっていた。それらを藤堂采女家文書中の明暦三年（一六五七）「切米帳[24]」から見てみよう（表2）。

侍層として佐脇小左衛門の二〇〇石を筆頭にして、五〇石の渡部与左衛門までの家来一九人が記されている。例えば、佐脇小左衛門の場合、二〇〇石取であったが、その内訳は一〇〇石が所知行、残り一〇〇石のうち三五石が蔵米として伊賀で渡された。所知行分の年貢は、おそらくは采女家が知行していた伊賀・伊勢国の村落の一部から宛行われたのであろう。当時、所知行からの年貢は津藩の方針で「四つ物成[25]」となっていたから四〇石を得ていたのであろう。佐脇の場合は、蔵米との合計では七五石となる。ただ、蔵米として渡される分は人によって異なり、五〇石取の渡部与左衛門の場合、一五石の給米であったが、その内訳は、利足・前貸し・銀・伊賀米にての支給となっている。結局のところ、采女家の侍層の俸禄の合計は一八五〇石で、当時の采女家の知行高は七〇〇〇石であるので、約四分の一が侍層の俸禄として宛行われていたことになる。

ところで、この侍層の由緒については、藤堂采女元則の隠居前年の慶安三年（一六五〇）八月と思われる藤堂監物・四郎右衛門宛の書状の中で

〔史料三[26]〕

知行取十九人も御座候、此内四人ハ大坂ニ而手をもふさぎ申ものニ而御座候、其段いつれも御家中衆存の

表２　明暦３年藤堂釆女家家臣団構造

階層	人名	知行高(石)	知行形態(石)		蔵米支給形態（米換算）							備考
			所知行	蔵米	伊賀渡	伊勢渡	利足	役米	前かし	銀	扶持(人)	
侍	佐脇小左衛門	200	100	100	35							
	入江六郎右衛門	150	100	50	17.5							
	近藤安右衛門	120	100	20	7							
	長田理介	100	100									
	服部長左衛門	100	50	50	17.5							
	三上七兵衛	100	50	50	17.5							
	馬場次左衛門	100	50	50	17.5							
	井原八郎兵衛	100	50	50	17.5							
	奥山権太夫	100		100	24.1	10	0.9					
	上部少右衛門	100		100	22.1		0.9	7				
	保田善兵衛	100		100	20.1	9	0.9				2	
	佐脇才兵衛	100		100	24.1	5	0.9					
	神野孫介	100		100	23.1	6	0.9				2	
	古市平兵衛	70		70	14.5	9.4	0.6				2	
	飯田久作	70		70	15.1	5	0.9					
	中村孫兵衛	70		70	15.1	5	0.9				2	
	浅井平左衛門	70		70	20.4		0.6					
	長崎孫七	50		50	14.1		0.9				2	
	渡部与左衛門	50		50	9.05		0.6		0.65	4.7	2	
	侍層合計19人	1850	600	1250	331.25	49.4	9	7	0.65	4.7	12	
侍子・徒士	合計37人	306.45		306.45	142.43	5			118.8	40.22	29	
奥方・女中	合計9人	67		67	6.58	1			1.47	57.95	6	
合力米	慶正院・馬医・外科・隠居など											米305石余、小判3両、銀1貫余
武家奉公人	伊勢国分	110.8		110.8								人数25人
	伊賀国分	108.46		108.46								人数26人
その他	合計9人	57.9		57.9	38				19.9			

伊賀市上野図書館所蔵「明暦三年切米帳」による。その他の階層は苗字がない階層で詳細は不明。

よし、残ルものハ私取たてのもの共ニ而御座候と、知行取は一九人、そのうち四人は「大坂にて手をもふさぎ申もの」、残りのものは「私取たてのもの」であった。前者は大坂陣まで敵方であった者が後に家来となったものと推測されるが詳細はわからない。また、「私取たてのもの」もいつどのような形で取り立てられたのかは不詳である。そして、この書状には長門（元則息子）に「右之もの共長門一人もちらし不申候様ニかたく申聞度候」とあり、代替わりに際して、家来を分散させるのではなく、継続して取り立てられるよう申し聞かせたい旨が述べられており、譜代家臣構築を意図していたようである。

また、釆女家の家臣団の侍層の格式は次のようになっていた（表3）。すなわち、元文元年（一七三六）時点では給人・中小姓・歩行格の三つの格式があり、その他、給人と中小姓の間に給人格があった。給人の最上位には年寄・老衆がいた(27)。例えば、天明期の年寄衆には、馬場次左衛門・高田条右衛門・衛藤善右衛門・平岡忠右衛門がいた(28)。また、知行形態から分類すると、元文元年段階で、知行取・切米取・扶持米取があり、その他、銀給取があった。

次に陪臣の子・徒士層と考えられる階層(29)について見ると、禄高は一部を除き一〇石前後で、それに二人扶持など扶持米を給されている者もいる。給付方法は銀・前貸し・米などで、その人数は三七人である。これらの階層のうち徒士層は、鉄炮・鎗・弓を持って釆女や侍層に供奉するのである。その他、合力米を給された馬医・外科医・坊主などが十数人見られる。

最後に足軽等を含む武家奉公人であるが、この階層は一年切の採用が多く、しかも

表3　釆女家臣侍層格式（元文元年）

格　式	給米形態（　）内は天明元年
給　人	知行取（200石～40石取）
給人格	切米取（10石以下8俵取）
中小姓	銀給取
歩行格	扶持米取

伊山文庫「諸事覚書一」による。特に給人格以下は給米形態は様々であった。

知行地支配村落から雇用されていた[30]。禄高は二〜六石で、道具持・馬の世話・小人・挟箱持・草履取・大工・門番・人足などで軍事・日常に関する職務を担っていた。伊勢国で二五人、伊賀国で二六人を雇い入れている。

このように、采女家家臣団は、大名家臣団と同様、本来軍事組織に組み込まれているため、軍団としての機能を兼ね備えた構造となっていた。そのため、多くの供廻りを引き連れ、さらに武家奉公人も多数召し抱えていたのである。采女家の場合、采女一人に仕える家臣は優に一〇〇人を超えていたことになる。

第三節　藩陪臣沢家について

この節では、采女家の家臣であった沢家を事例にして、采女家家臣としての立場から格式・知行・職務・屋敷について、私の立場から改名・相続・儀礼等について分析を行いたい[31]。分析対象は沢家の初代茂平次・二代茂左衛門を中心に、史料として沢家の動向を書き記した「諸事覚書[32]」を用いる。なお、沢家は初代茂平次が、元禄十五年（一七〇二）に誕生してから始まり、二代茂左衛門、その後は勘太夫、周平、円次郎へと家督が相続され、明治維新を迎える。沢家は、陪臣団の中でも中級層の家であった。

1　采女家臣としての沢家

一、格式・知行・処罰について

知行・格式・職務・屋敷はそれぞれが大きく関連するもので、陪臣団構造を解明する手がかりとなる。それぞれの項目にしたがって見ていきたい。

知行と格式については、初代沢茂平次は宝永七年（一七一〇）、九歳の時に召し出され二人扶持を賜ったところから始まっている。元服後には切米に直され六石五斗を給された。一時、伊賀上野を離れたが、享保十九年（一七三四）に再勤して、元文元年十一月に六石五斗二人扶持を賜っている。延享二年（一七四五）十月に一石を加増され、席も中小姓上座となった。宝暦七年（一七五七）十月には一人扶持が加増され、給人格を申し付けられた。同十二年三月にも一石を、さらに明和四年（一七六七）四月にも一石を加増された。安永七年（一七七八）二月晦日には、居間に召し出され次のように命じられた。

〔史料四〕(33)

茂平次義

年来実体ニ相勤候ニ付、新知四拾石遣し、給人ニ申付候、席中村又左衛門次ニ申付候、弥入念可相勤候、且又近年申付置候小頭加役差免候、右之通被　仰付候事

△於勘定所月番老中口達之趣

此度新知被　仰付候ニ付、具足料金三両被下候旨被申候事

と新知として四〇石を給され、給人となり、席順は中村又左衛門の次で、具足料として三両を下された。

続いて、二代目茂左衛門の場合は、延享五年六月に召し出され二人扶持を賜っている。宝暦十二年（一七六二）には銀一枚を加増され銀五枚となった。明和六年には藩主高悠の家督相続御礼に付き従った采女元福のお供をしているが、この時点での格式は中小姓であった。安永四年正月には銀給を切米に直され六石五斗を仰せ付けられた。同九年十二月には父茂平次の家督を相続し、四〇石二人扶持となった。寛政十一年（一七九九）六月には町野家に養子に遣わした忰操蔵（宇右衛門と改名）が不埒であるとして知行・長屋・町野家離縁等の処罰

を受け、それに連座する形で茂左衛門も差扣を命じられた。さらに同年七月には、

〔史料五〕(34)

△同七月晦日

沢茂左衛門義

御用之儀在之被為　召候ニ付、差扣　御免被成候間、罷出ヶ様即日老衆ゟ申来候ニ付、罷出候所、左之通被　仰付候

町野宇右衛門不埒之儀心附不申役中□□(虫損)不行届儀多、沙汰之限ニ　思召候、依之知行被　召上大横目役御免、御切米廿三俵三人扶持被下、給人格ニ被　仰付、御玄関取次役被　仰付候事

と、差扣は免じられたものの知行は召し上げられ、その代わりに切米二三俵三人扶持を給され、給人格、玄関取次役を仰せ付けられた。文化九年（一八一二）の悴右源次（後勘大夫）への家督相続も切米二三俵三人扶持であった。勘大夫が文政十一年（一八二八）に直命として、新知四〇石三人扶持を給され、給人を申し付けられたことにより、茂平次の代の知行・格式に復したことになる。

以上、沢家二代にわたる知行及び格式を見てきたが、沢家の場合、采女家へ召し出された時に二人扶持を給され、その後加増され、そして、新知或いは家督相続により四〇石三人扶持の知行を給された。特に加増に関して、延享二年、宝暦七年は主家である采女家の代替わりに際して加増されたもので、祝儀的な意味合いがあった。格式は、扶持米取・銀給取・切米取のうちは、中小姓・給人格であったが、新知・家督相続により知行取となったことで給人となった。これらは、采女家の知行・格式に関する規定と連動するものであった。

表４　沢家の主な役職

項目／人名	年　代	役　職	加増等
沢茂平次	享保 19,8/19	采女側役	合力米 10 俵
	延享 2,10/26	御側目付役并小納戸御歩行頭役	1 石
	延享 5,6/8	賄役	200 疋
	宝暦 7,10/3	大横目役并金払大納戸兼役、新田方支配	1 人扶持、馬支配免除
	安永 5,7/9	小頭役加役	
	安永 7,2/晦日	赤坂御下屋敷支配	新知 40 石
沢茂左衛門	宝暦 7,10/3	隠居元甫御付	
	宝暦 11,6/15	隠居元甫小納戸	
	宝暦 12,10/26	表側役、小納戸兼務	銀 1 枚
	明和 4,7/下旬	若旦那元長御付	
	明和 9,10/26	若旦那元長御次目付	
	安永 9,12/23	志摩側役	小納戸免除
	天明 1,12/19	玄関当番	200 疋
	天明 4,2/19	徒士頭	
	天明 7,12/16	大横目役金払大納戸兼帯、新田支配	100 疋
	寛政 11,7/晦日	玄関取次	

伊山文庫「諸事覚書一、二」による。

二、職　務（表４）

初代沢茂平次の職務に関しては、享保十九年の再勤の際、采女の側役となったところから始まる。その際には合力米として一〇俵を下され、子小姓並びに小坊主を務めていた。元文五年には右筆方に加えられ、寛保二年には采女のお供で江戸へ下っている。延享二年八月には采女の病気に際して医師を迎えに上京している。しかし、采女高稠が死去したため、跡を継いだ采女元甫の側目付役並びに小納戸歩行頭を命じられた。さらに、延享五年には賄方を仰せ付けられている。その際に、玄関当番差し支えの場合の加番、小納戸役免除も仰せ付けられている。

そして、宝暦七年（一七五七）十月には、

〔史料六〕[35]

茂平次義

常々能相勤候ニ付、壱人扶持加増遣し給人格ニ申付、大横目役并金払大納戸兼帯ニ申付候、随分為ニ成候様ニ嘉平次申談、老共差図を請情ニ

入可相務候、新田方支配茂申付候、是又入念可相勤候、役多ニ申付候ニ付、馬支配之儀者指免候

と一人扶持の加増、大横目役并金払大納戸兼帯となり、新田方支配も仰せ付けられた。また、役が多いということで馬支配を免除された。この役職への就任は、前述したように釆女家の代替わりと関係している。

宝暦九年には、釆女元福奥方清柳院の湯治治療のため有馬へのお供を命じられ、安永五年（一七七六）七月には乙竹五右衛門死去のために小頭役加役を命じられた。同七年二月には、小頭役加役を免じられ、赤坂下屋敷支配を仰せ付けられた。

二代目茂左衛門の場合は、宝暦七年に釆女元甫の隠居に際して元甫付を命じられている。同十一年には小納戸役、同十二年には小納戸役のままで表側役を仰せ付けられている。明和四年には若旦那元長付を命じられ、同六・七年には釆女元福のお供で江戸へ下向している。同九年には元長の次頭目付役となっている。その際には小納戸役多数ということで上田収蔵と相談の上で、番違い勤番をするように命じられた。安永九年には志摩の側役となり、小納戸役を免じられた。しかし、元長の御出の節の勤仕、玄関当番差し支えの場合の指図役を仰せ付けられた。天明元年には玄関当番役を命じられ、同四年には徒士頭を仰せ付けられた。同七年には徒士支配を免じられた上で、大横目役并金払大納戸兼帯・新田方支配を申し付けられている。そして、前述したように寛政十一年には大横目役を免じられ、玄関取次役を仰せ付けられた。

以上、沢家二代の職務に関する記述を見てきたが、沢家に関しては釆女の側役から始まり、どちらかといえば、奥向きの職務を多く務めていた。ただ、二代目茂左衛門に見られるように徒士頭のような軍事に関する職務、茂平次の賄方、両者に見られる大横目役并金払大納戸兼帯役など勘定方に関する職務も命じられている。これは、知行・格式とも関連していると考えられ、知行・格式上位になるに伴って、釆女家の中枢となる職務

表5　沢家の屋敷拝領

項目 / 年代	場　　所	備　　考
元禄 15，3	南下屋東側北より三軒目屋敷	
享保 18，2	赤坂御下屋敷之御長屋	
元文 4，4	西赤坂町貸家裏屋敷	
寛保 2，8	南御下屋敷久保平左衛門跡屋敷	南下屋敷東側北より三軒目屋敷
延享 5，6	野口曽右衛門長屋	
宝暦 7，10	井沢甚右衛門長屋	南下屋敷東側北より五軒目之屋敷
宝暦 13，5	御城内御長屋井沢甚右衛門跡長屋	
明和 4，4	南御下屋敷増地嘉兵衛跡屋敷	南下屋敷東側北より三軒目屋敷

伊山文庫「諸事覚書一」による。

を命じられたのである。また、番方役として、藩主の江戸下向の際の主人への供奉も重要な職務であった。

このほか「諸事覚書」には、横目役見習・書役方・代官役なども見られ、釆女家家臣団の職制が藩主家臣団の職制に準じたものであることがわかる。

三、屋敷替え（表5）

ここでは、加増や昇進に伴って行われる屋敷替えについて見てみたい。

茂平次は元禄十五年三月に「南下屋東側北ゟ三軒目屋敷」で出生した。享保十八年二月には父町野宇右衛門永昌と「赤坂御下屋敷之御長屋」で暫く同居した。元文四年四月には「西赤坂町貸家裏屋敷」へ引越をした。寛保二年八月には「南御下屋敷久保平左衛門跡屋敷」を拝領したい旨を願い出て、願いのとおり仰せ付けられた。そこは「南御下屋敷東側北ゟ三軒目之御長屋」で、茂平次の出生した長屋であったと推測される。延享五年六月には賄方役を仰せ付けられるに従い、野口曽右衛門長屋と入れ替わるよう命じられた。宝暦七年十月には、大横目役并金払大納戸兼帯となったことで、井沢甚右衛門長屋と入れ替わることとなった。その場所は「南御下屋敷東側北ゟ五軒目之屋敷」で出生地の近所であると思われる。同十三年五月には「御城内御長屋井沢甚右衛門跡長屋被下」ということで六月下旬には引越をしている。ところが、明和四年四月には、その長屋が入用となり、「南御下屋敷増地嘉兵衛跡屋敷」と入れ替えとなった。その場所は「御下屋敷東側北ゟ三軒目」と、またもや出生の長屋であった可能性が高い。しかし、その長屋は余程破損がひどく、修繕をしてから入ることとなったので、引越は八月上旬となった。

このように加増・昇進や都合によって屋敷替えが行われたが、茂平次の場合、最終的には自分の出生場所である「南御下屋敷東側北ゟ三軒目之御長屋」が居住屋敷となったようである。その子、茂左衛門の記事には屋敷替えの記述が見られず、おそらく同居をしていた可能性がある。

2　私家としての沢家の儀礼

一、改　名

初代茂平次は幼名を寫之介と祖母が名付けた。享保二年の元服にあたり弥惣次永興となる。その後、利兵衛・甚兵衛と改名し、享保十九年実家沢家相続にあたり宇八と改名する。延享二年二月に茂平次と改名して以後は、家督相続まで茂平次を名乗る。家督相続し剃髪後は道樹と改名している。

二代目茂左衛門は、幼名を辰之介と言ったが、それは祖父町野宇右衛門永昌が名付けたものであった。延享五年には竜舎と改名し、元服後右源次永類と改名した。安永五年には茂左衛門永類と改名し、天明五年には実名を永清とした。隠居後は道喜と名乗った。なお、茂左衛門悴で三代目は、茂平次を長く名乗ったが、文政三年に「茂丸様御名之文字ニ茂之字差支候ニ付、可致遠慮御触在之候ニ付」と、「茂」の字を遠慮して勘大夫と改名した。それ以後、勘大夫を名乗ることとなった。

ここからは、沢家の場合、幼名は祖父母が名付けるもので、元服や加増等に際して改名すること、隠居剃髪後にも名を替えることがわかる。時には実名も改名することもあった。

二、相　続

初代茂平次は、安永八年十二月には七八歳となり、老衰もあるということで、次のような退役願を差し上げている。

〔史料七〕(36)

口上之覚

一　　　　　　　　　　　　　　　　私儀

御代々様　御懇意ニ被為　召仕被下重キ御役儀等茂被　仰付、別而近年結構ニ被仰付取立被成下冥加至極難有奉存候、然ル処次第ニ老衰仕、耳遠ク物覚等薄ク相成、其上足痛有之、歩行不自由ニ相成難義仕候、依之乍恐御憐愍を以御役　御赦免被成下候様ニ奉願上度奉存候、不苦思召被下候者可然様ニ御取成奉頼上候事

亥ノ十二月朔日　　　　　　　　　沢茂平次

しかし、実際に隠居が認められたのは、安永九年十二月二十三日であり、その時に悴茂左衛門へ家督四〇石三人扶持が相続された。茂平次は隠居したことで剃髪し、道樹と改名した。その後、茂平次に関する記述は出てこない。それは悴茂左衛門へ代替わりをしたことと関係があり、天明四年十二月二十九日、老衰により八四歳で死去した(37)。

二代目茂左衛門は、文化二年（一八〇五）に七〇歳となり内祝を行った。その後、同九年五月から七月にかけて老衰のため勤めができないとして勤筋御免願を差し出している。ようやくにして、八月になり隠居が認められ、家督二三俵三人扶持を悴右源次に譲っている。そして、同月八日には道喜と改名し剃髪している。文化十二年五月十八日、老衰のため八〇歳にて死去している[38]。

その他、家督相続の事例として、初代茂平次の父である町野宇右衛門永昌は、元文四年十一月に隠居を命じられ、その時三郎右衛門永辰は家督九〇石三人扶持、老役を仰せ付けられた。同時に三郎右衛門永辰は宇右衛門を襲名し、隠居した永昌は入慶を名乗ることになった。

ここでは、三例を紹介したが、いずれも家督相続を願い出て、それに基づいて相続を認める形を取っている。そして、知行・格式・職務等はいずれの場合も、そのまま親から子へと引き継がれており、特に知行・格式が家産となっていたことがわかる。

三、儀礼と仲間

「諸事覚書」には、出生・半元服・元服・改名・婚礼・出産・引越・加増・昇進・家督相続・隠居・七〇歳・病気快気等の人生の節目にあたって祝い儀礼に関する多くの記述が見られる。ここからは沢家が人生儀式等を重んじていた様子をつかみとることができる。これらの中から安永七年（一七七八）の茂平次新知拝領時、及び同九年の茂平次隠居・茂左衛門家督相続時の御礼・内祝等の儀式の事例を紹介する。それによれば、主家（旦那様・若旦那様）に対する御礼とともに金子・扇子・肴を送り、さらに釆女家の御袋・奥様・奥両御次衆、格式上位の老中（年寄）、親戚筋の町野宇右衛門・おくらや彦右衛門らへの内祝品として赤飯や肴等を送っている。それに対し、老中、親族らからの到来品として肴・海老・酒・扇子・青前・木綿・金子などを受け取っている。これらを貰った家には一部を除き赤飯を送っている。

沢家の私事に関しては、釆女家の家臣としての側面と沢家の私事としての側面の両用があり、丹念に分析をする項目でもあるが、これらについては他日に期したい。

おわりに

以上のように津藩の陪臣について藤堂釆女家の家臣団を中心に論述してきたが、それらをまとめて終わりにしたい。

津藩の陪臣の多くは、藤堂釆女などの上級家臣に召し抱えられていた。上級家臣の多くは、元々土豪・小領主として君臨し、そのもとに譜代の家来を召し抱えていた。そして、自身が大名家の家臣に組み込まれることで、譜代の家来がそのまま陪臣として大名に召し抱えられることとなったのであろう。それは陪臣を持つ上級家臣の由緒や元和期の大坂陣での陪臣の存在から看取される。

さて、戦乱の風が色濃く残された近世初期には、大名は軍団としての機能を持ったいくつかの侍組を編成した。それはあくまで、藩の都合により編成された擬制的な関係で結ばれた軍団であった。したがって、その中には陪臣は属していない。しかし、大坂陣に見るように、給人家臣として参戦している者も見られる。初期の藩陪臣はあくまで、主家の一家来としての参戦で、その軍役がこの時期の役務であったと考えられる。

その給人家臣団は、大名家臣に準拠して、侍層・徒士層・武家奉公人層などの身分階層からなり、その点からも軍団としての性格を看取できる。特に侍層の格式や構造は、給人・中小姓・歩行格の三つの格式を有し、給人格の最上位に年寄・老衆がいた。知行形態も知行取・切米取・扶持米取・銀給取に分類でき、大名家臣に準ずる形態を取っていた。また、給人は、自身の相続に際して譜代家臣の構築を願い、そして藩陪臣は家督相続により、その格式や知行等の家産を子孫に相伝している。そのため、陪臣のうち侍層の者は、藩士に準じる形でさまざまな儀礼・儀式を執り行った。それは人生儀礼はもちろん、職務に関わる知行加増・昇進の場面で執り行われ、藩陪臣の世界が、藩給人同様、儀式・格式を重んじる世界であったことがわかる。

次に職務という観点から見ると、側役など奥向・徒士頭のような番方・金払大納戸など勘定に関する役方と大名に準拠した職制が整えられていた。しかし、その主体は采女家家臣としての職務であった。また、「勢州代官」などの職制や武家奉公人の知行地村落からの取立は、采女家の知行地支配との関連を想起させ、幕末期まで存続した地方知行制を後押ししていたと考えられる。

陪臣団の存在は、従来からいわれている軍役や知行地支配行政を果たすための機能だけでは捉えきれない。主家を「旦那様」「若旦那様」と仰いでいることから陪臣の主人は藩主ではなく給人であることがわかる。陪臣団が給人家政を執り仕切る機能を有した家臣団であるということであり、その中での軍役や知行地支配等の行政政策と考えるべきであろう。また、津藩陪臣団は伊賀上野に居住するなど他藩とは異なり、在地との繋がりという点では希薄であり、かなり官僚制的な側面を持ち合わせていたように思われる。

ただ、藩陪臣の取立経緯や藩給人との差異の点で判然としない部分もあり、今後の課題としたい。

〔註〕

（1）各藩で分限帳は多く作成されているが、津藩に関しては藩政資料がないために、家臣の資料等それ以外のところから分限帳を収集する必要がある。その中で、寛永七年、慶安四年については、上野市古文献刊行会編『公室年譜略』（清文堂出版、二〇〇二年）に分限帳が掲載されている。

（2）磯田道史『近世大名家臣団の社会構造』（東京大学出版会、二〇〇三年）。

（3）藤堂采女家についての先行研究として、久保文武「伊賀上野城代職・藤堂采女家について」（『伊賀史叢考』同朋舎、一九八六年）があり、それらの資料群は名張市教育委員会により整理され、『名張藤堂家歴史資料目録』（一九九二年）が作成されている。

（4）今回の沢家に関する文書群は、伊山文庫所蔵「諸事覚書」等を中心とした史料である。伊山文庫所蔵の「諸事覚書」は、元禄十五年～明治十六年まで四分冊になった史料で、采女家家臣沢家の動向を書き記したものである。その冊子のうち「諸事覚書一」「諸事覚書二」「諸事覚書三」を用いるが、以下「覚書一」「覚書二」「覚書三」のように表記し、本文の記述は、元禄十五年～天明七年五月の期間は「覚書一」、天明七年六月～享和三年五月の期間は「覚書二」、文化二年以降は「覚書三」をもとに書き記すが、史料等を除き特に注記しない。

（5）J・F・モリス『近世日本知行制の研究』（清文堂出版、一九八八年）。

（6）高野信治「知行地陪臣の『吟味』について」（九州大学国史学研究室編『近世近代史論集』吉川弘文館、一九九〇年）、同『近世大名家臣団と領主制』（吉川弘文館、一九九七年）に収録。なお、幕末維新期の徳島藩陪臣団を扱った三好昭一郎「徳島藩における稲田家陪臣団の存在形態」（三好昭一郎編『徳島藩の史的構造』名著出版、一九七五年）もある。

（7）伊藤孝幸「尾張藩陪臣への地方知行」（『日本歴史』第七一一号、二〇〇七年）。

（8）伊賀市上野図書館所蔵藤堂采女家文書元和元年九月「くミノ衆大坂事のかき物」。

（9）註（1）『公室年譜略』二七七頁。ただ、同史料には「騎馬ノ名ハ古書ニアラス予旧譜ヲ考ヘ記スモノナリ、依テ相違ノ事多カルベシ、後見ニ改ムベシ」ともあり、今後、別の史料での確認も必要である。
（10）上野市古文献刊行会編『公室年譜略』（清文堂出版、二〇〇二年）三八五頁。
（11）同右、四四五～四四六頁。
（12）同右、六四二～六四三頁。
（13）同右、五九六～五九七頁。
（14）上野市古文献刊行会編『宗国史』下巻（同朋舎、一九八一年）一七頁。
（15）同右、二六頁。
（16）（17）同右、一一頁。
（18）「覚書一」。
（19）上野市古文献刊行会編『永保記事略』（同朋舎、一九七四年）所収「由緒書」五五四頁。
（20）名張市教育委員会『名張藤堂家歴史資料目録』B1―1―001⑧「知行方目録」。その他、釆女家文書中には慶長七年、同十年、元和二年、同六年分がある。この資料は『三重県史』資料編近世1（一九九三年）九七一～九七二頁に掲載されている。
（21）上野市古文献刊行会編『宗国史』下巻解説。
（22）註（2）磯田前掲書。
（23）『公室年譜略』五五三頁。
（24）伊賀市上野図書館所蔵藤堂釆女家文書明暦三年「切米帳」。
（25）藤堂高虎は伊賀・伊勢国入封翌年に家臣知行目録と同時に「定条々」を発給した。その中で「知行所物成相定渡上者四ツ成ニ納可申候」と四ツ物成とした。
（26）名張市教育委員会『名張藤堂家歴史資料目録』B1―1―003①「隠居後長門へ知行渡し起請につき書状」。

なお、この一九人の名前については、B1―1―003③「采女知行取人数書起請につき書状」にある。
(27)「覚書一」。
(28)「覚書二」。
(29)この階層には、「入江」「上嶋」「中村」「佐脇」など侍層と同姓の者が数人見られる。断定はできないものの、沢家の子息などの事例のように、当初は小禄であった者が侍層となることで禄高が加増される場合も見られるので、この階層の中にも侍層の子息が含まれている可能性はある。
(30)森下徹『武家奉公人と労働社会』(山川出版社、二〇〇七年)などが参考になる。
(31)この分類は「公」「私」を分類することを前提とした便宜上の分け方であり、それぞれの項目は相互に関連する。
(32)註(4)伊山文庫所蔵「諸事覚書」。
(33)「覚書一」。
(34)「覚書二」。
(35)「覚書三」。
(36)「覚書一」。
(37)伊山文庫所蔵「道統銘誌一」。
(38)同右、「諸吊事覚書二」。

第二部　知行制の展開

第一章　津藩成立期の知行制
――藤堂高虎時代を中心に――

はじめに

太閤検地により中世の知行制は近世的な知行制へと転換を遂げ、大名家臣たちの独自の在地支配権は大きく限定されていった。

諸藩は成立事情により、家臣団形成過程や知行形態など、独自のものを構築したと考えられる。本章では豊臣取立大名[1]であった津藩藤堂氏[2]を事例に、大名が家臣団に知行地を宛行い、一定の知行権を認めた地方知行制に着目し、近世の知行制[3]について考察することを課題とする。

地方知行制には年貢徴収権や行政権などをどのように分掌するかで段階があり、また蔵米知行制への移行を基本に、時期的な変化も認められ、さらに地域的な差異も見られる。この制度は家臣の在地性を容認するもので、旧族居付大名の場合、戦国大名から近世大名へと変貌していく中で在地給人が存在し、在地給人は旧領を安堵され給所百姓支配も含めて在地支配権の強い地方知行制を行っていた[4]。また徳川氏によって取り立てられた譜代大名の場合は、立藩当初から蔵米知行制を取っている藩が多い[5]。しかし、津藩のように転封により在地との関係が払拭されたにもかかわらず、知行割替など繁雑な手続きが必要である地方知行制を取っている事例も見られる。このような点については、家臣の在地支配権の強さという理由だけでは説明できないものと考える。

ところで、近世の知行制の先行研究として、藩政史研究の一環で多くの研究[6]がある。その内、本章との関連で外様大名で津藩藤堂氏と同様な経緯で豊臣取立大名の知行制の研究をした峯岸賢太郎氏の徳島藩[7]、福田千鶴氏の福岡藩[8]の論考がある。結論的には、豊臣取立大名の知行制は地方知行制を取っており、その理由は軍役や格式の問題からであったことや転封を繰り返す中で給人の権限は、年貢徴収権（決定権・徴収権）のみに限定され、一部の藩を除き行政権・裁判権は大名権限となっていったことなどが明らかにされた。しかし、格式の問題については、近世中期の史料に基づいて結論づけをされている点に問題が残る[9]。

また、津藩藤堂氏の知行制に関しては、中田四朗氏[10]、久保文武氏[11]らの研究があるが、知行制に関連する中田氏の平高制に関する研究では、平高が年貢賦課基準高であったことを指摘した。さらに久保氏は平高の設定方法の推測や津藩の平高制と給地制の連関、津藩の伊賀国の給地制は伊賀国無足人制度と相補って、農村間、農民間の連合団結を阻止し、この点で薩摩の外城郷士の給地制と類似しているとした。しかし、津・薩摩両藩の郷士の位置づけが異なる点から問題点も残る。

本章では、上述したような先行研究や問題をふまえて、津藩藤堂氏を事例に豊臣氏によって取り立てられた大名の地方知行制の実態の解明[12]、及び地方知行制の採用理由の解明をする。具体的には津藩は近世初頭から幕末期まで給人に知行地を宛行うという地方知行制を存続させたが、津藩地方知行制の根幹となる石高で給人へ宛行った平高について、また、給人への知行地宛行の基調、給人支配権について論究したい。時期的には伊予国時代から津藩成立期の近世初期高虎時代を対象にしたい。

第一節　津藩の成立と領国経営

1　津藩の成立と藤堂高虎

津藩は慶長十三年（一六〇八）八月の藩祖藤堂高虎の伊賀・伊勢国入封により成立した。高虎は近江国出身で最初は浅井氏に仕えていたが、のち豊臣秀長に仕える中で天正十三年（一五八五）に一万石、同十五年には二万石で紀伊国粉川城主となった。秀長の没後は子の秀俊に仕えたが、その秀俊も没したので一時高野山に入った。しかし、文禄四年（一五九五）に秀吉の家臣となり伊予国板嶋で七万石を与えられることとなる。慶長三年（一五九八）に一万石の加増、同五年の関ヶ原の戦いでは家康方に属し、戦功により伊予半国二〇万石及び二万石を賜り、慶長十三年には居城を今治城へと移した。この間、膳所城・伏見城・江戸城などの城郭普請に携わり、その功績が認められ伊賀・伊勢国への入封となったのである。ただこの時点での領知高は二二万九五〇石余で加増はなされていない。さらに大坂陣や日光廟の普請などに携わりその功もあって元和元年（一六一五）には五万石の加増、同三年にも五万石を加増された。同五年には田丸五万石と城和五万石との替地が行われ、同九年には越前戒厳があり、高虎は寛永七年（一六三〇）に死去する。(13)

津藩は二代藩主高次に引き継がれ、寛永十一年の領知目録では三二万三九五〇石余の領知支配となっている。同十二年には伊予国越智郡の地と伊勢国飯野郡二万石の替地を行っている。寛文九年（一六六九）には久居藩五万石の分知を行ったが、それは藩内での分知であったため、幕府から認められた領知高は変わらず、そのまま幕末維新期を迎える。

2　伊賀・伊勢国入封と領国経営

高虎は慶長十三年（一六〇八）八月の伊賀・伊勢国入封に際し、伊賀国へ菊川源太郎、伊勢国へ小野半右衛門を派遣し、伊賀国名張一万石の支配には梅原勝右衛門を城代として配置し、和田貞斎、乙女五郎助、壬生太郎作を郡奉行とした。そして、伊賀国への入国の惣奉行として矢倉大右衛門に仕置きを命じ、奉行として田中林斎・岸田覚兵衛・石田清兵衛、監察として大嶋右衛門作を配置した(14)。

九月下旬には高虎が伊賀国へ到着した。その時期の様子は、藤堂新七郎ほか宛十月朔日書状には、「此方之儀伊賀一国并勢州内拾万石余請取指出等申付百姓前糺明半ニ候城国所柄知行等別而能候間下々迄大慶可存候事(15)」とあり、指出等を申し付け調査中ながら、伊賀・伊勢国ともよい土地柄であるとしている。翌二日には、伊賀国の家臣を対象に二一か条の法度を発布し、八日にも伊勢国家臣宛に同様の内容の法度を出して領国支配の方針を示した(16)。同日には伊勢国津町中に対して、商業流通の発展を意図した「御免許之条々」五か条(17)を発布した。この法令は、前領主富田氏時代に行われていた諸役免許を継承したものである。

そして、十月下旬には富田氏が伊予国板嶋へ移ったため高虎は伊勢国津城へ入った。惣奉行には山岡長門、奉行には周参見主馬・赤尾加兵衛、監察には梅原竹雲をあて仕置きをさせた。翌十一月五日には、伊賀国上野町中宛に商売に関する判物を発布し、上野・名張・阿保への商売拠点の集中を命じている(18)。また同日には、梅原勝右衛門ほか宛の書状で名張郡支配の遅れに対応するための指示を行っている(19)。その後、高虎は翌年三月に駿府へ登城するまで領国にとどまり、自ら領国経営の指示を行ったと思われるが、その間の様子は不詳である。八月には伊賀国給人へ、九月には伊勢国給人への知行地宛行と置目条目の発布を行った。

このように、高虎は伊賀・伊勢国入封にあたり、家臣団への領国経営方針の提示、知行地の宛行、上野・津の城下町の整備等を行ったのである。

次いで元和元年（一六一五）十一月には「公伊州の国務を式部家信・梅原武政に預け給ふ事を諸士へ触さとし給ふ[20]」と、藤堂式部・梅原勝右衛門の両人に伊賀国の政務を任せた。元和五年には、元和元年より蟄居していた藤堂出雲に「上野城を預け伊賀一国の仕置取捌可申旨申付候[21]」と伊賀一国の仕置を任せ、その時に高名な家来の加納六兵衛・玉置平左衛門・遠藤勘右衛門等を直参に取り立てている。また、元和五年の紀州藩との田丸交換では同三年に田丸仕置を司った藤堂主殿・加納藤左衛門の両人に引き渡しの仕置をさせている[22]。

この領国支配にあたり、在地の中小土豪層をいかに慰撫懐柔していくのかが課題であった。それを解消するために彼らに苗字帯刀を許可し、百姓身分として藩制機構の末端に位置づけ「無足人」として取り立てた。無足人の「侍」という意識を利用して、百姓動向把握・軍事動員の兵卒として無足人体制を確立、整備していったのである[23]。

第二節　高虎の伊賀・伊勢国入封以前の様相

1　高虎入封以前の伊賀・伊勢国

津藩の知行制を見るにあたり、藤堂氏が伊賀・伊勢国へ入封する以前の各大名の知行形態、及び藤堂氏の知行形態を確認する。それはこれらのことが、津藩の初期の知行制への影響の有無の確認につながると考えるからである。

伊勢国津へ藤堂氏が入封する以前の富田知信時代の知行宛行状[24]から、富田氏は給所村を給人に宛行うなど地方知行制を採用していたことが推測される。

伊賀国における筒井氏の知行制や年貢政策等について検討する。[25]筒井氏の知行制も知行宛行状[26]の所付や「全可領知候」という文言から地方知行制であったと推測される。また慶長六年（一六〇一）の代官所在々法度を取り上げると、

〔史料一[27]〕

代官所在々法度之事

一、御夫上意之外、為私人足不可遣事、付り竹木切取事

一、百性ニ組頭を相付、百性一人も不散様候事

一、杣無足人余之百性なみニ役儀可申付候、若利屈申候者、其名を書付、可上置、其をも令無沙汰、恣成事

申させ候ハヽ、其代官可為越度間、可取上事
一、井手堤樋、何も無油断申付、田畠不荒様候事
一、土免之究、請取候て、在郷へ申付、可相定事
以上
慶長六年
二月十四日

とあり、恣意による百姓の使役不可、走り百姓の禁止、杣無足人の役儀、田畑不毛化禁止、土免之究の事が記されている。ここで注目すべきは最終条目の「土免之究」、及び発給年月日である。「土免」とはいわゆる春定法のことであり、収穫以前に年貢率を定率化させる方法である。[28]この法度の発給が二月であること、この時期に発給された年貢割付状が毎年正月であること、その表題が「春定之事」とあること、春に定物成を決定していることから筒井氏のこの時期の年貢徴収法が「土免」であったことを物語る。この点が高虎入封以降実施される「四つ物成」に引き継がれるのであるが、その点については後述する。

2　伊予国の様相

次に藤堂高虎の前領国であった伊予国における知行制について見よう。白井家の場合は次のようであった。白井家の由緒書[29]には「天正十九卯年新知弐百石拝領仕候」とあり、白井九兵衛は、天正十九年（一五九一）に新知として蔵米二〇〇石で召し抱えられた。高虎の板嶋入封後の文禄五年には「所知行ニ御直シ弐百石拝領仕候」と二〇〇石分の村落を宛行われ地方知行となった。

その後伊予国にて加増され五〇〇石となったが、その時点で発給された知行目録は、

〔史料二〕[30]

知行方目録

一、五百五拾五石六斗八升四合　喜多郡　古田村
一、七百八拾六石三斗五升九合　同　天神・柳原村
一、三拾四石五斗　宇和郡　惣川村内
一、百五拾弐石七升七合　同　三崎内但物成ニて可渡申
高合千五百廿八石六斗弐升者
右給人
高五百石之内
百拾五石六斗弐升　須知九右衛門尉
高五百石之内
百四拾石五斗　力石覚右衛門
（中略）
高五百石之内
弐百石　白井九兵衛
右知行高不足分之内ニ令扶助訖、割符念を入候而可領知、相残所者蔵米を以可計渡候、山林竹木浦方加子小物成等者従此方奉行申付者也

慶長拾弐年
正月十二日　　　　　　　　　　　　　　　　佐渡守
（花押）

とあり、知行高不足の給人に対して喜多郡古田村ほか三か村、村高合計高一五二八石六斗二升の内から不足分の知行高を須知九右衛門尉ほか八名に宛行った。白井九兵衛は五〇〇石の内、二〇〇石分を四か村の内のいずれかの村落から宛行われたのである。その割符方法はここでは不詳であるが、給人同士で相談して決定した可能性がある(31)。また不足分で残るところは蔵米で渡すとあり、この段階で給人への知行地の宛行と蔵米の宛行の二種併用による知行形態があったことがわかる(32)。山林等の小物成については、奉行が申し付けるとあり、給人と奉行の二系統による徴収が行われていたのである。そして、伊勢国への転封後に「五百石所知行ニ而被為下(33)」と村落を宛行われた。

また時代が前後するが、関ヶ原合戦後の内海左門への知行目録は、

〔史料三(34)〕

知行方之目録

一、百四拾壱石壱斗四合　　喜多郡橘之内川　崎　村
一、百九拾石弐升五合　　宇和郡　清深村之内
一、百六拾石壱斗二升　　風早郡　柳　谷　村
合五百石
右為新恩令扶助訖、全可領知者也
置目之条々

一、当免之儀検見之奉行として相定候通代官前より書付を取納所可有之候、自然其内に不成所ハ用捨候共
　重而申懸候族不可有之候事
一、納升之儀ハ今迄納来蔵納なみの升之事
一、口米石別三升宛たるへく候、其外役米一切無之事
一、升取其所之庄屋か長百性ニ申付升之うゑろく〳〵とかきをあてさせ可有納所候事
一、米・大豆津出し之儀其所より五里宛ハ百性出し可申候、其外ハ給人自分ニ取可申候
一、百性家付之帳此方ニ有之事候間其帳面より出来候ハ可為手柄候、若又已来一人もうせ申やうに有之者
　可為越度候事
一、役儀之百性家一間ニ付而年中ニ入木拾荷宛申付候、其外ハ一切百性つかひ申間敷事
一、高百石にぬか五石わら拾束宛給人取可申事
一、山林竹木小物成浦役之儀ハ此方より奉行申付候、但竹木其給人分際ニ入儀有之者奉行に相理此方ゟ切
　手可遣候事
　　　以上
　　慶長六年
　　　十一月廿一日　　　　　　　　　　　　　　　　　（花押）
　　　　　　　　　　　内海左門殿

とあり、これについても給所村があることや「当免之儀検見之奉行として相定候通代官前より書付を取納所可有之候」と免相（年貢）は検見奉行が定め、給人は代官より書付を取り納所するようにとある。給人の権限は年

貢直納・糠・藁の徴収権限だけであった。また最後の条目から小物成等の権限は伊予国入封当初から藩権力に包摂されていたことがわかる。また給所百姓の役儀についての制限も記されている。

慶長六年に一〇〇〇石で高虎に召し抱えられた沢左平次に下賜された伊予国時代の知行目録は、

〔史料四〕(35)

知行方目録

一、九拾壱石五斗　越智郡大野村
一、拾八石五斗三升三合　周布郡千原村
一、百拾九石　同　なめ川村
一、弐拾石九斗六升七合　新居郡西田村内
高合弐百五拾石者

右令扶助訖、但其方知行高為千石之内所宛行全可領知、山林竹木小物成等者従此方奉行申付者也

慶長拾弐年
正月十六日　佐渡守（花押）
沢左平次とのへ

とあり、知行高一〇〇〇石の内、二五〇石分を「所宛行」をするので知行し、山林竹木小物成等は奉行より申し付けるとある。その後、沢氏は伊賀・伊勢国への入封後の慶長十四年九月に一〇〇〇石すべてが所知行となった。(36)

以上、富田時代の伊勢国、筒井時代の伊賀国、高虎の伊予国時代の様相を見てきた。高虎入封以前の伊賀・

伊勢国の知行形態は、いずれも地方知行制が採用されていた。また伊賀国では土免法という一種の定免制が実施されていた。さらに伊予国時代の知行宛行（新知や加増）に関しては、内海氏のように召し抱え当初から地方知行を取っている者と白井氏や沢氏などのように最初は蔵米知行の形態を取り、その後「所宛行」をされ、地方知行となる者がいたことがわかる。ただし、いずれの形態でも小物成等は奉行など藩権力からの申付となっており、年貢直納・糠・藁の徴収権は給人の権限、小物成等は藩権限と一種の棲み分けがなされていたのである(37)。

第三節　平高制の様相

1　平高制の成立

慶長十三年八月に藤堂高虎が伊賀・伊勢国へ入封した時の領知高は二二万九五〇石余であった。その後加増を重ね、最終的には三二万三九五〇石余となった。寛文四年（一六六四）の時点での表高は三二万三九五〇石余であったが(38)、それはあくまで幕府朱印高であり、給人への知行割当や年貢徴収に際しては、平高という津藩独自の擬制石高を採用していた。

その仕組みは本高（元高）よりの取米（物成米）を平高の四つ物成と考え、逆算してそこから平高を設定するというものである。例えば、本高一〇〇石のうち取米が五〇石の場合、その五〇石を平高の四つ物成（四〇％）と考え平高を算出するのである。この場合、五〇石を〇・四で除すれば平高一二五石が算出され、一二五石の四つ物成は五〇石となり、結果的には物成高を減少させずに、その基準となる石高を増加させることができるのである。この平高を給人に割り当てることになれば、仮に本高一〇〇石の知行地を宛行われていた給人は平高と本高の差である平高二五石は藩に吸収される。そして給人の実質の物成は、平高が一〇〇石となったために四〇石となり、知行高は同じでも物成高が一〇石減少することになる。このような石高が平高であるが[39]、この平高は給人の知行高のほかに年貢賦課基準高となったのである。

先行研究では平高などのような石高は、新領主の入封に当たって実施される検地により決定されるケースが多い[40]。しかし、津藩に関しては、高虎の伊賀・伊勢国入封に当たって検地はなされていない。伊賀国については前領主筒井氏時代の慶長六年（一六〇一）に検地がなされ、伊勢国については文禄三年の太閤検地がなされただけである。したがって、平高の設定に当たってはこの二つの検地の結果が利用されたと考えられる。また過去の検地結果の利用とともに「指出」の結果が利用されたと推測される。前述したように、伊賀・伊勢国入封にあたって指出を実施し[41]、村の年貢高など今後の藩政運営に必要な情報を把握したと同時にその情報を平高確定に生かしたのである。

しかし、前述したように平高確定には検地高よりも物成高が重要であり[42]、今断片的ではあるが、高虎入封以前の筒井氏時代の物成高を示してみよう[43]。これによれば、津藩平高から算出した四つ物成の筒井氏時代の物成に対する割合は平均で一一六％前後である（表1）。ここから推測されることは、筒井氏時代の物成におよそ一六％前後の物成を上乗せすることで津藩の四つ物成になるということである。「土免法」の場合、過去の物成の平均に若干の物成を上乗せする形で物成高を算定し年貢率を固定するケースがあり[44]、津藩の場合もこのケースが考えられるのである。したがって、津藩の平高の確定は筒井氏時代の数か年[45]ほどの物成の平均値に、各村落

表1　筒井氏時代の物成高と平高

年代／名	慶長6年2月年貢定	慶長7年1月割付状	慶長8年1月割付状	慶長9年9月割付状	慶長10年2月割付状	慶長11年1月割付状	筒井物成平均	津藩本高	津藩平高	四つ物成	四つ物成/津藩本高割合	四つ物成/筒井物成割合
	石	石	石	石	石	石	石	石	石	石	%	%
明寺	357.000	387.000	387.000	402.000	404.000	404.000	390.167	420.000	1170.400	468.160	111.47	119.99
服部	662.050	652.046		602.364	662.000	662.000	648.092	801.000	1832.880	733.152	91.53	113.12
根	276.000	276.000	216.000	301.000	303.000	303.000	279.167	360.000	830.956	332.382	92.33	119.06
畠	258.000	258.000	258.000	260.000	260.000	260.000	259.000	318.150	769.551	307.820	96.75	118.85
木	430.000						430.000	490.000	1254.220	501.688	102.39	116.67
合	343.000	343.000	343.000	343.000	343.000	343.000	343.000	394.110	1003.220	401.288	101.82	116.99
中	245.000	245.000	245.000	245.000	245.000	245.000	245.000	293.110	690.725	276.290	94.26	112.77
田	296.000	296.000	296.000	296.000	296.000		296.000	412.827	869.170	347.668	84.22	117.46
合計/平均	2867.050	2457.046	1745.000	2449.364	2513.000	2217.000	2890.426	3489.197	8421.122	3368.449	96.54	116.54

三重県史』資料編近世1による。

の特質に応じて若干の物成を加算し、その分が平高の四〇％に相当するようにしたのであろう。

2　平高制の実施時期と目的

ところで、平高制の実施時期については、藤堂高虎の伊賀・伊勢国入封当初から行われていたことが家臣団へ発給した知行目録からわかる。

まず伊賀国については、入封当初に発給された次のような知行目録がある。

〔史料五〕[46]

知行方目録

一、百九拾七石四斗七升　伊州綾郡内奥鹿野村

一、弐石五斗三升　同　御代村ノ内

高合二百石

右令扶助畢、全可領知者也

慶長十四年
八月廿八日　和泉守（花押）

石田才介とのへ

この目録の内、奥鹿野村の石高一九七石四斗七升は、実は平高一九七石四斗七升と合致(47)し、高虎入封当初から平高が採用されていたことが確認される。すなわち慶長十四年八月以降に発給された知行目録の知行地の石高は平高であった。同十四年八月に藤堂玄蕃宛に発給された知行目録(48)に伊賀国種生村・依那具村が知行地として書き記されているが、これもその村の平高として書き記されたものと一致する。したがって、このことからも伊賀国では慶長十四年八月以降には平高が設定された給所村を給人に割り付け、知行目録を発給したのである。

次に伊勢国については、

〔史料六(49)〕

領知方目録

一、四百七拾四石七斗五升　勢州一志郡小　山　村

一、弐拾弐石七斗四升壱合　同　いなかけ之内

一、弐石五斗九合　同あのう郡妙法寺之内

高合五百石

右令扶助畢、全可知行者也

慶長十四年

九月十三日　　和泉守

御判

白井九兵衛とのへ

とあり、小山村の石高が平高四七四石七斗五升と合致する(50)。発給日は伊勢国の場合九月十三日である。このよ

表2　藩石高の増加割合

石高内訳	朱印高	割合	平高	割合	差引	増加割合
	石	%	石	%	石	%
藩石高合計	220,950	100.0	299,200	100.0	78,250	35.4
家臣取立知行高	107,920		107,920			
関ヶ原戦功加増分	16,380		16,380			
藤堂宮内分	20,000		20,000			
給人知行高合計	144,300	65.3	144,300	48.2	0	
藩蔵入地高	76,650	34.7	154,900	51.8	78,250	102.1

『公室年譜略』『宗国史』による。

うに伊勢国でも平高が高虎入封当初から準備され、翌十四年から実施されていたのである。しかし、その宛行の時期が伊勢国の場合、伊賀国よりも一か月遅れていることから、まず伊賀国にて採用、そして伊勢国へという順序で実施された。それは知行目録と同時に発給された「定条々」の日付からも確認される。

平高の目的について見てみよう。平高は知行高等を操作することにより、結果的には給人知行高はそのままで藩石高を増加させるものである。他藩ではこのような操作により設定された石高は藩財政悪化に対処するためのものであった。しかし、津藩の場合はこの時点でそのような理由は見あたらず、その他の理由が考えられる。それは藩石高の増大による藩権力の強化を目的としたものであり、石高調整によって創出した石高で家臣を召し抱え、その家臣へ宛行うための知行地の確保をしたのであろう。また給人に対しては平高に割替えることによって軍役の賦課高の維持をさせたと考えられる。

家臣の新規召抱については、慶長十一年一一人、同十二年九人、同十三年三九人、同十四年二八人、同十五年二一人と伊賀・伊勢国入封年の慶長十三年を画期にして急増している。この点からも平高への割替の意図が看取される[51]。

またこの時期の藩石高の増加割合を表2とした。これによれば、慶長十三年八月までに召し抱えた家臣の取立知行高は合計一〇万七九二〇石余でそれに関ヶ原合戦の戦功による加増分一万六三八〇石、藤堂宮内分二万石を加算すると一四万四三〇〇石余となる。[52]入封当初の朱印高は二二万九五〇石余であるのでそれに占める家臣知行地の割合は六五・三％となる。その残高が藩直轄の蔵入地となるがそれは七万六六五〇石余、三四・七％となる。仮に朱印高を平高に換算し直すと三五・四％増[53]の二九万九二〇〇石となり、知行地の割合は四八・二％となり一七・一％ほど減少すると同時に、蔵入地は一五万四九〇〇石となって差引七万八二五〇石、一〇二・一％増加することになる。さらにこの方法を用いることにより家臣の知行高は名目上同じであるので軍役も減らすことなしに従来どおり賦課することができる。この時期の軍役とは、大坂陣に備えて軍備を整えること[54]や高虎が行っていた城郭普請などの普請役[55]が考えられる。すなわち、平高の当初の設定は、百姓からの年貢徴収増加を目的とするよりも、むしろ大坂包囲網や城郭普請にあたっての家臣団の軍役の増加を目的としたものであった。平高は第一義的には家臣団に対しての物成算定のための石高、知行割当の際に用いられた基準石高であり、次いで百姓に対しての年貢徴収の基準石高となったのである。

第四節　近世初期の知行形態

1　四つ物成定免と給人の権限

まず、高虎入封翌年の慶長十四年（一六〇九）の「定条々」を取り上げてみよう。これは発給日が慶長十四年八月二十八日と伊賀国給人宛の知行目録と同じ日で、伊予国時代の「置目之条々」に相当するものである。[56]それには、

〔史料七〕(57)

定条々

一、知行所物成相定渡上ハ、四ツ物成ニ納可申候、但荒地開其給人才覚之上ハ、百姓申談手柄次第知行能仕取申給人百姓もよき様ニ才覚可仕事

一、百姓之外家数改渡上ハ、其給人百姓悪敷仕走らせ候ハヽ、可為曲事候事

一、年貢津出、津迄百姓持出、其外ハ存間敷候、但一志郡山奥之津へほど遠所ハ、其村より五里之分津出可仕候事

一、口米三升取可申事

一、升ハ判之すハリ候升ニ而百姓はからせ納可申候、然ハ升かきを渡しあけニはからせ可申事

一、四ツ成相定候上ハ、少々之時ハ百姓も無未進、納所可仕候、但し大風大雨ニ付て余国ニもかくれなきほとの世の中あしき年者検見を出、免相定取可申、百姓給人互之申分有之ハ、奉行并郡之目付共ニ申聞、其上ニ而可相済候事

一、普請有之時者応其日数、夫役五百石ニ一人あて可召具（仕カ）、但普請無之時者一切遣候儀停止之事

一、夫銭一人ニ廿石ツヽ出可申候、但可為町升之事

一、高百石ニぬか五俵・わら拾束、給人ハ遣可申候事

一、右之如定夫を遣候時者、一日ニ町升宛其給人ゟ無懈怠可相渡候事

一、たねかし給人かし候儀成間敷候条、此方ゟ出し可申候、年貢ゟ先ニ上納をはからせ可申候、於油断ハ其給人可為越度候事

一、定　役人足遣候義、誰々之知行たりといふとも、奉行共墨付を以目付之者於相触者、早速百姓出可申候、左様之儀給人なにかと申候ハ、曲事ニ可申付候条、下代以下念を入可申付候、如斯事を分相定、所々上をかろしめ候ハヽ、其下代首をきり候共、主人江かゝり可申候

一、為御詫俄之陣等於有之ハ、百姓在次第罷出、相応之御用ニ立可申候、常々れんみんを加へ候義、左様之時之用ニて候間、給人百姓とも油断仕間敷候事

右相定条々違背之輩ハ可為曲事者也、仍如件

慶長十四　八月二十八日

とあり、知行所物成は四つ物成と定められたこと、荒れ地を開いた際の給人・百姓才覚、給人は百姓を走らせないようにすること、年貢津出の事、口米三升の事、升の事、不作の時の検見の実施、夫役に関すること、給人への糠・藁の納入、夫役の際の手当のこと、給人の種貸禁止、給人支配権を超越した百姓の役人足等について定められた。この中で給人の権限として考えられることは、知行所の物成が藩により四つ物成と定められたが、大風雨などで凶作の年は検見をし、その上で年貢率を定めるようにとあり、凶作年の検見とそれをもとにした給人の年貢の決定権が見られる。また糠や藁の徴収の権限もあるが、相対的には給人の権限は藩により制限され、高虎の伊賀・伊勢国入封当初から脆弱であったことがわかる。また給所百姓との関連は転封により希薄であり、その意味では支配権限は弱かったと考えられる。さらに裁判権については、この段階で藩権力に包摂されていた(58)。津藩の知行制については、他藩に比較して給人の権限が制限されていても、給人自体は地方知行と認識していた(59)。

ところで、慶長十四年段階での物成は四つ物成定免となっているが、どのような経緯でこのようになったの

であろうか。伊予国時代には検見による年貢徴収が行われており、この政策は伊予国時代のものを引き継いだものでない。定免法の採用は伊賀国で筒井氏が土免法という春定法を採用していたことが藤堂氏に引き継がれ四つ物成となったのである。条目などは伊予国時代のものを引き継いだとしたが、四つ物成に関しては筒井氏の政策を引き継いだのである。ただ実際の運用にあたっては、沢氏の「川口高目録[60]」のように村落の特質もあって四つ物成以上に賦課されていたケースもあり、四つ物成が形式的な側面も合わせ持っていたのでないかとも考えられる[61]。

2　知行割の基調

知行宛行状から知行地を一覧にしたものが表3[62]であるが、事例が少ないため問題はあるが知行割の基調はうかがえる。

これによれば、まず伊賀・伊勢両国にまたがっている藤堂采女など大身の給人も散見されるが、基本的には伊賀付、伊勢津付と給人居住地を主体とした知行地の宛行が実施されており、他藩のような国を越えて知行地を配置するような政策は採られなかったようである[63]。給人の知行地は、伊賀国では阿我（伊賀）郡・綾（阿拝）郡が、伊勢国では安濃郡・一志郡がその中心地となっている。伊賀国は上野城下、伊勢国は津城下に給人が居住していることと関連があり、城下近辺での知行地の宛行により給人の利便性を図ったものと推測される。また知行地の宛行は、中心となる村落を丸ごと宛行い、その不足分を他の村落で宛行うことで相給形態となった。村落側でも数人の給人によって支配される形態となった。さらに新知を加増される場合、藤堂采女や内海左門のように当初割り付られた本知に新知を加増される場合と、石田才介や入交太郎左衛門のように本知が移動し

表3　津藩給人初期知行地配置

給人名	知行地	平高	慶長15年	平高比率(%)	最終知行比率(%)
藤堂仁右衛門	伊勢国安濃郡分部村	2544.060	292.909	11.5	4.2
	伊勢国安濃郡殿村	1874.014	1874.024	100.0	27.0
	伊勢国安濃郡妙法寺村	610.575	596.286	97.7	8.6
	伊勢国一志郡牧村	113.525	113.523	100.0	1.6
	伊勢国安濃郡清水村	1255.177	1254.377	99.9	18.0
	伊勢国安濃郡塔世村	972.096	1032.852	106.3	14.9
	伊勢国安濃郡多門村	664.510	664.508	100.0	9.6
	伊勢国一志郡片野村	319.343	319.347	100.0	4.6
	伊勢国一志郡上野村	805.602	545.271	67.7	7.8
	伊勢国一志郡丹生俣村	153.752	260.329	169.3	3.7
	合計		6953.426		

給人名	知行地	平高	慶長14年	平高比率(%)	最終知行比率(%)
藤堂玄蕃	伊賀国阿我郡郡村	2413.480	1720.170	71.3	34.4
	伊賀国阿我村種生村	682.300	682.300	100.0	13.6
	伊賀国阿我村依那具村(笠部村)	1945.670	1945.670	100.0	38.9
	伊賀国綾郡山畑村	580.520	580.520	100.0	11.6
	伊賀国綾郡御代村内	1036.080	17.000	1.6	0.3
	伊賀国綾郡服部村内	1832.880	19.350	1.1	0.4
	伊賀国綾郡西沢村内	640.050	35.030	5.5	0.7
	合計		5000.040		

給　人　名	知　行　地	平　　高	慶長14年	平高比率（％）	最終知行比率（％）
沢隼人	伊勢国一志郡川口村内	3332.019	1000.000	30.0	100.0
	合計		1000.000		

給人名	知行地	平高	慶長14年	平高比率（％）	最終知行比率（％）
藤堂孫八郎	伊勢国安濃郡神戸村内	3834.400	1500.000	39.1	100.0
	合計		1500.000		

給　人　名	知　行　地	平　　高	元和5年	平高比率（％）	最終知行比率（％）
藤堂内匠	伊賀国阿我郡猪田村	2575.470	2575.470	100.0	85.8
	伊賀国阿我郡比土村内	1727.826	175.000	10.1	5.8
	伊賀国綾郡山神村内		174.330		5.8
	伊賀国名張郡夙村内		50.000		1.7
	伊賀国名張郡世古口村	1028.670	25.200	2.4	0.8
	合計		3000.000		

給　人　名	知　行　地	平　　高	元和2年	平高比率（％）	最終知行比率（％）
藤堂小太夫	伊勢国安濃郡神辺村内	1435.082	1500.000	104.5	50.1
	伊勢国安濃郡妙法寺村内	610.575	4.670	0.8	0.2
	伊勢国安濃郡内田村内	2073.300	13.000	0.6	0.4
	伊勢国一志郡八対野村	1125.550	956.725	85.0	31.9
	伊勢国一志郡須賀瀬村内	580.980	500.000	86.1	16.7
	伊勢国一志郡小はら村	530.996	21.550	4.1	0.7
	合計		2995.945		

給　人　名	知　行　地	平　　高	元和2年	平高比率（％）	最終知行比率（％）
九鬼四郎兵衛	伊勢国一志郡雲出村内	3715.120	500.000	13.5	38.5

九鬼四郎兵衛	伊勢国一志郡戸木村内	2545.613	250.000	9.8	19.2
	伊勢国安濃郡中跡部村内	650.008	200.000	30.8	15.4
	伊勢国安濃郡井之上村内	424.370	50.000	11.8	3.8
	伊勢国安濃郡前野村	248.067	248.067	100.0	19.1
	伊勢国安濃郡薬王寺村内	498.017	50.802	10.2	3.9
	伊勢国一志郡平尾村内	667.130	1.131	0.2	0.1
	合計		1300.000		

給　人　名	知　行　地	平　　高	元和5年	平高比率(%)	最終知行比率(%)
渡部九右衛門	伊勢国奄芸郡久保田村内	2079.772	400.000	19.2	100.0
	合計		400.000		

給　人　名	知　行　地	平　　高	慶長14年	慶長17年	元和2年	平高比率(%)	最終知行比率(%)
石田才助	伊賀国綾郡奥鹿野村	197.470	197.470			100.0	100.0
	伊賀国綾郡御代村内	1036.800	2.530			0.2	
	伊賀国阿我郡羽根村	1016.400			1000.000	98.4	
	伊勢国安濃郡岡南村内	462.532		300.000		64.9	
	伊勢国一志郡雲出村内	3715.120		200.000		5.4	
	合計		200.000	500.000	1000.000		

給　人　名	知　行　地	平　　高	慶長14年	元和2年	元和9年	平高比率(%)	最終知行比率(%)
内海左門	伊勢国安濃郡田中村内	1685.461	500.000	500.000	500.000	29.7	50.0
	伊勢国一志郡小村	285.610		285.650	285.650	100.0	28.6
	伊勢国一志郡家城村内	916.400		14.350	14.350	1.6	1.4
	伊勢国安濃郡岩田村内	1090.206			100.000	9.2	10.0

内海左門	伊勢国安濃郡南長野村内	1041.042			100.000	9.6	10.0
	合計		500.000	800.000	1000.000		

給人名	知行地	平高	元和2年	元和6年	元和9年	平高比率(%)	最終知行比率(%)
藤堂采女	伊勢国安濃郡安濃村	1735.097	1735.097		1735.097	100.0	24.8
	伊勢国安濃郡長谷村内	215.388	14.903		14.903	6.9	0.2
	伊勢国一志郡八太村内	1765.003	1500.000			85.0	
	伊賀国阿我村与野村	1250.000	1250.000		1250.000	100.0	17.9
	伊賀国阿我村古山南村	511.750	500.000		500.000	97.7	7.1
	伊勢国安濃郡大田村	1547.585		855.560	855.565	55.3	12.2
	伊賀国名張郡上ひなち村	681.800		681.800	681.800	100.0	9.7
	伊賀国阿我郡比土村内	2413.480		243.300	243.300	10.1	3.5
	伊賀国綾郡羽根村内	830.956		200.000	200.000	24.1	2.9
	伊賀国綾郡野間村越米	403.940		13.335	13.335	3.3	0.2
	伊勢国安濃郡荒(穴)倉村内	1651.865			900.000	54.5	12.9
	伊勢国安濃郡草生村内	3334.554			600.000	18.0	8.6
	合計		5000.000	1993.995	6994.000		

給人名	知行地	平高	元和元年	元和2年	平高比率(%)	最終知行比率(%)
入交太郎左衛門	伊賀国綾郡上鞆田村内	1353.920	50.000		3.7	
	伊賀国綾郡槙木山村	733.370		100.000	13.6	66.7
	伊賀国阿我郡山手(出)村内	511.100		50.000	9.8	33.3
	合計		50.000	150.000		

給人名	知行地	平高	慶長14年	元和元年	平高比率(%)	最終知行比率(%)
白井九兵衛	伊勢国一志郡小山村	474.750	474.750	474.750	100.0	47.6

白井九兵衛	伊勢国一志郡いなかけ村内	673.900	22.741	22.741	3.4	2.3
	伊勢国安濃郡妙法寺村内	610.575	2.509	2.509	0.4	0.3
	伊勢国安濃郡雲林院村内	1447.670		461.900	31.9	46.3
	伊勢国安濃郡五百野村内	1286.100		36.100	2.8	3.6
	合計		500.000	998.000		

給人名	知行地	平高	元和9年	平高比率（%）	最終知行比率（%）
西島八兵衛	伊賀国名張郡壇村	322.000	300.000	93.2	50.0
	伊勢国安濃郡長岡村内	688.752	100.000	14.5	20.0
	伊勢国安濃郡萩野村内	1217.530	91.800	7.5	18.4
	伊勢国一志郡森村内	1205.720	8.200	0.7	1.6
	合計		500.000		

給人名	知行地	平高	寛永元年	平高比率（%）	最終知行比率（%）
田中孫兵衛	伊勢国安濃郡神山村内	256.397	200.000	78.0	50.0
	伊勢国一志郡垂水村内	1055.120	200.000	19.0	50.0
	合計		400.000		

給人名	知行地	平高	寛永6年	平高比率（%）	最終知行比率（%）
滝野九左衛門	伊勢国安濃郡跡部村内	619.390	100.000	16.1	50.0
	伊勢国安濃郡下部田村内	954.036	91.587	9.6	45.8
	伊勢国安濃郡殿村内	335.831	8.413	2.5	4.2
	合計		200.000		

単位は石。『三重県史』資料編近世1の知行宛行状、白井家文書、滝野家文書による。平高については、三重県総合博物館所蔵伊藤又五郎家文書「五箇国御領分村高写」、文化振興課三重県史編さん班所蔵「（伊賀国明細帳）」、大林文庫「津領久居藩附畝高覚」から補った。

て新知と合わせて別の村落で加増される場合が見られる。いずれにしても新知の加増によって知行地がさらに分散化していくことになったのである。ただ、知行高は必ずしも知行宛行状に記載されている石高になるとは限らず過不足があった。したがって、ここには知行高を優先するよりも物成高を中心とする宛行も看取される。

元和元年（一六一五）五月には「廿八日神君より公の戦功を賞し伊勢の国五万石を賜ハる」[64]と大坂陣での高虎の武功に対し、幕府から五万石加増されている。それは家臣にも反映され[65]、家臣に対し蔵米四つ物成にしてそれぞれ加増を行った。それは次のような加増目録からわかる。

〔史料八[66]〕

今度為加増知行弐百石宛行畢、当年者物成四ツシテ可遣、来年於其上知行所可引渡候也

元和元年
八月廿四日　（印）

石田才介殿

これは大坂陣の武功により加増されたときに発給されたもので、元和元年は物成を四つ物成の蔵米で遣し、来年には知行所を引渡すとある。そして翌年には知行所割当が行われ、各給人に知行地を書き記した知行目録が発給された。

〔史料九[67]〕

知行方

一、高千石　伊州阿我郡内羽根村

以上

右令扶助畢、但如法度書全可領知者也

元和弐年

十二月廿八日　　　　　　　　　　　　　　　　　和泉（花押）

石田才介殿

石田才介の場合、元和元年に二〇〇石を加増され、翌二年には羽根村を宛行われ一〇〇〇石となった。ちなみにこの年に加増された給人の加増高は、一五〇〜二〇〇〇石まで幅があり、中でも二〇〇石、三〇〇石、五〇〇石の加増が多く、伊勢津付九六人、伊賀付三七人の知行取家臣が加増された（表4[68]）。大坂陣は、知行地の宛行にあたっての画期となったのである[69]。

元和三年には「御家中御条目[70]」を伊賀惣中へ宛て発給しているが、その中には「知行之物成百姓遣奉行共如書付可仕、若背法度百姓はしらせ候者知行を取上、物成ニて可相渡之」とし、知行所仕置の如何により知行所を取り上げ蔵米知行とするとしており、ここからはこの時期の知行形態の基本はあくまで地方知行にあったことがわかると同時に、地方知行と蔵米知行との間に格差が存在し、地方知行が蔵米知行より上位にあったことが看取される。

高虎が死去した寛永七年の知行高に関する史料[71]から伊勢・伊賀国を含む津藩の知行地・蔵入地の割合がわかる（表5）。それによると、伊勢国は朱印高一五万石弱に対し、平高一九万一二八七石四斗弐升九合で、延率は一二七・五％である。その内知行地と蔵入地割合は一三万六〇〇〇石余と五万五〇〇〇石余で、七一・二％と二八・八％で伊勢国では知行割合は約四分の三で知行地が多かった。その内津付の給人の知行地は一二万八六一九石七升と伊勢国知行地の九四・五％を占める。残り分の七五〇〇石弱は伊賀付給人の知行地であった。こ

表４　大坂陣加増表

家臣名	加増高	都合高	国付	備　考	家臣名	加増高	都合高	国付	備　考
	石	石				石	石		
佐伯権之佐	500	4000	伊勢		藪久左衛門	200		伊勢	新知
藤堂釆女	1500	5000	伊勢		松宮五郎左衛門	200		伊勢	新知
藤堂式部	1500	4500	伊勢		磯野平三郎	200	700	伊勢	
藤堂主膳	1000	4000	伊勢		清水佐左衛門	300		伊勢	
沢田但馬	500	2000	伊勢		梅原勝右衛門	500	2500	伊賀	嫡子共3000石
九鬼四郎兵衛	300	1300	伊勢		野崎新平	500	1200	伊賀	内200石嫡子
磯野右近	300	1300	伊勢		苗村石見	400	1100	伊賀	
角田卜祐	300	1000	伊勢		藤掛勘十郎	300	1300	伊賀	
坂井与右衛門	500	1500	伊勢	外金１枚	堀伊織	500	1500	伊賀	
大津伝十郎	400	1400	伊勢		中小路伝七	300	700	伊賀	後助之進
落合半兵衛	300	800	伊勢	後左近	梅原頼母	300	500	伊賀	父と同判物
柏原新兵衛	200	1200	伊勢		野崎内蔵介	200	700	伊賀	父加秩ノ内200石
内海六郎左衛門	300	800	伊勢	後左門	石田才助	200	1000	伊賀	後三郎左衛門
粟屋伝右衛門	400	1100	伊勢		須知九右衛門	200	700	伊賀	後出羽
山田甚右衛門	200	1000	伊勢		松原十右衛門	200	600	伊賀	
奥山五郎左衛門	200	600	伊勢		青木忠兵衛	200	600	伊賀	
米村兵太夫	200	700	伊勢		多羅尾左兵衛	200	700	伊賀	
沢田平太夫	300	800	伊勢	外金１枚	小川五郎兵衛	200	900	伊賀	
伊藤吉左衛門	300	700	伊勢		飯田権之丞	200	700	伊賀	
宮部源兵衛	200	600	伊勢		尾崎勘右衛門	200	500	伊賀	
岡本五郎左衛門	200	700	伊勢		永田内膳	200	400	伊賀	
玉置角之介	200	700	伊勢	後福井介	黄金１枚	17人	17	伊勢	
細井主殿	2000		伊勢	今度帰参	白銀５枚	2人	10	伊勢	
藤堂正十郎	500	1200	伊勢	後兵庫	白銀３枚	2人	6	伊勢	
花崎左京	500	1500	伊勢	後賜姓	白銀１枚	39人	39	伊勢	
横浜内記	500	1300	伊勢		黄金１枚	1人	1	伊賀	
井手才三郎	300		伊勢	新知	白銀２枚	1人	2	伊賀	
伊藤吉介	200	400	伊勢		白銀１枚	18人	18	伊賀	
浅井才治	300		伊勢	新知	津付	96人			
中根六兵衛	150	400	伊勢		伊賀付	37人			
浅井喜之介	300	800	伊勢		合計	123人			
馬淵半右衛門	200	700	伊勢		加禄新知高	20350石	黄金20枚	白銀72枚	

『公室年譜略』による。

表5　寛永7年国別知行形態

国　名	朱印高	平　高	延　率	知行地石高	知行地割合	津付給人知行地	伊賀付給人知行地	蔵入地石高	蔵入地割合	備　考
	石	石		石		石	石	石		
伊勢国	149,977.975	191,287.429	127.5%	136,117.593	71.2%	128,619.070	7,498.523	55,169.836	28.8%	
伊賀国	101,069.180	148,694.850	147.1%	97,373.555	65.5%	9,266.800	86,606.755	51,321.295	34.5%	ほか 1,500 石長氏知行地
合計	251,047.155	339,982.279	135.4%	233,491.148	68.7%	137,885.870	94,105.278	106,491.131	31.3%	

『公室年譜略』による。

れに対し伊賀国は朱印高一〇万石余に対し平高一四万八六九四石八斗五升で延率一四七・一％である。その内知行地九万七三〇〇石余、蔵入地（明知分含む）は五万一三〇〇石余で、その割合は六五・五％と三四・五％となっている。知行地の大部分は伊賀付衆の知行地で八万六〇〇〇石余で八八・九％である。それに対して津付衆九二〇〇石余、長織部・同監物一五〇〇石を合わせるとその割合は一一・一％となる。

最後に家臣の知行地割替について言及すると、近世初期から前期にかけて、藩主の転封、国付移動、加増、役職就任などが転機となって知行地の割替が行われた。具体的には、慶長五年の関ヶ原合戦の加増、同十三年の伊賀・伊勢国入封、元和元年の大坂陣の加増、同五年の田丸領と城和領の替地、同九年の越前戒厳の加増、寛永十二年（一六三五）の伊予国二万石の伊勢国への替地、翌十三年鈴鹿郡の村を河曲・三重郡に移すなどである。(72)

おわりに

津藩藤堂氏の場合、蜂須賀氏・黒田氏などほかの豊臣取立大名と同様、兵農分離の体制や給人権限などで多くの共通点が見出せる。反対に津藩の独自性も見られる。それは、給人の知行高は、検地を行わずそれに代わって物成高から算出した擬制石高である平高を採用したこと、それに基づいて四つ物成定免を実施し安定的な物成高を確保したこと、慰撫懐柔政策を用いながら在地土豪勢力を無足人として取り立てることにより藩権力に包摂し安定的な領国支配体制を目指したこと、給人の権限の内、年貢率決定権が速い段階で藩に包摂されていたことなどである。

藤堂氏を含め豊臣取立大名の場合は、転封により在地との関係が希薄になり、本来給人の知行地は本領地と新知で成り立っていたものが、すべて新知の宛行となった。そのことで給人の在地支配権は弱められ、そして給人権限は制限され、多くの権限が大名権力に包摂されることとなる。しかし、戦国期の軍事的な緊張が残存し藩機構等体制が未整備な近世初期の段階では、大名権力だけで広大な領国を支配することは不可能であり、給人に軍役や普請役など藩権力の肩代わりをさせる必要があった。

近世初期段階での地方知行制の採用は、給人に対して公儀からの軍役や普請役に対応させるため、未整備な藩体制の中で年貢徴収等領国支配の一翼を担わせるため、在地土豪層の監視や武士としての面目・格式を保持させ在地土豪層との身分格差を自覚させるためであり、藩権力は給人に一定の在地支配権を持つことを容認したのである。ここには、当時の武家社会の通念として、知行地は本来先祖の功績による恩賞[73]という意味合い、先例や慣例を重んじること[74]、藩祖の法令を墨守すること[75]などがあり、それらが多分に影響していたものと考えられるが、これらの点については他日に期したい。

〔註〕

（1）豊臣取立大名について付言しておくと、それは豊臣氏によって大名に取り立てられ転封を繰り返す中で領知を加増されてきた経緯から、兵農分離が行われ在地との結びつきが希薄で支配権も弱い外様大名のことである。また在地には中小土豪層が根付き勢力を張っていることから、これらの勢力を藩権力へどのように包摂していくかが大きな課題であった。さらに関ヶ原合戦以後は、徳川氏によって領知を加増され、その規模は一国単位と大きく、徳川氏によって創出された譜代大名とは領知高の規模が異なる。

（2）藤堂氏については本書序章及び本章第一節。

（3）鈴木壽『近世知行制の研究』（日本学術振興会、一九七一年）、J・F・モリス『近世日本知行制の研究』（清文堂出版、一九八八年）、高野信治『近世大名家臣団と領主制』（吉川弘文館、一九九七年）、同『藩国と藩輔の構図』（名著出版、二〇〇二年）、同「近世知行観に関する一考察」（『日本歴史』第六〇四号、一九九八年）。吉村豊雄「近世初期の地方知行制と知行割替」（『日本史研究』第四二九号、一九九八年、のち同『近世大名家の権力と領主経済』清文堂出版、二〇〇一年）などがある。

（4）旧族居付大名については、藤野保『新訂幕藩体制史の研究』（吉川弘文館、一九七五年）、同『日本封建制と幕藩体制』（塙書房、一九八三年）、秀村選三「藩政の成立」（『岩波講座日本歴史10』近世2、一九七五年）を参考とした。

（5）譜代大名酒井家小浜藩は寛永十一年（一六三四）の小浜藩成立当初から給人に対して四つ物成が藩庫から支給された（藤井譲治「譜代藩政成立の様相」〔『幕藩領主の権力構造』岩波書店、二〇〇二年〕）。桑名藩久松松平氏も一部の上級家臣が地方知行制を取っていたものの、桑名入封の寛永十二年以降蔵米知行制を取っていた。

（6）藩政史研究会編『藩制成立史の綜合研究』（吉川弘文館、一九六三年）、谷口澄夫『岡山藩政史の研究』（塙書房、一九六四年）、藤野保編『佐賀藩の総合研究』（吉川弘文館、一九八一年）など。

（7）峯岸賢太郎「軍役と地方知行制」（『徳島藩の史的構造』名著出版、一九七五年）。

（8）福田千鶴「近世地方知行制の存続意義について」（J・F・モリス・白川部達夫・高野信治共編『近世社会と知行制』思文閣出版、一九九九年）。

(9) 註(8)福田前掲論文。

(10) 中田四朗「藤堂藩のおける平高制」(『三重の文化』三、三重郷土会、一九五六年)。中田氏には津藩家臣団に関する論考として、「延宝—正徳期における藤堂藩家中対策」(『三重史学』二、三重史学会、一九五九年)、同「享保期—元文期における藤堂藩の家中政策」(『三重史学』四、三重史学会、一九六一年)がある。

(11) 久保文武「伊賀上野城代職・藤堂采女家について」(『伊賀史叢考』同朋舎、一九八六年)。同『伊賀国無足人の研究』(同朋舎、一九九〇年)。

(12) 津藩の知行制について、金井圓校注『土芥寇讎記』(江戸史料叢書　人物往来社、一九六七年)に三代藩主高久時代の給知の様相が次のようにある。

　父高次之時代、家人大坂陣以前之輩ニハ、皆地形ヲ与《アタ》へ、其《ソレ》ヨリ以後之者《モノ》ニハ蔵米三ツ五分ニシテ渡ス。
（中略）近年地形ヲ取上ゲ、於二蔵米一四ツ成ニシテ渡ス。

この中で注目される点は大坂陣を境にして地方取と蔵米取に分けたこと、当初蔵米は三ツ五分であったこと、近年になって地方を取り上げ四つ物成蔵米としたことである。これらの記述からは、少なくとも津藩では地方取及び蔵米取があり、蔵米知行化の傾向となっていったことが読み取れるが、それについては、第二部第二章以降で論述する。

(13) 藤田達生『江戸時代の設計者』(講談社現代新書、二〇〇六年)などを参考とした。

(14) 上野市古文献刊行会編『公室年譜略』(清文堂出版、二〇〇二年)一九四頁。

(15) 上野市古文献刊行会編『高山公実録』上巻(清文堂出版、一九九八年)〔新七郎蔵書〕一八二頁。

(16) 伊賀国法度は、『公室年譜略』(上野市、二〇〇二年)一九六～一九七頁。伊勢国法度は梶田家文書。

(17) 三重県総合博物館所蔵伊藤又五郎家文書「御免許之条々」。

(18) 『公室年譜略』一九七頁。

(19) 『高山公実録』上巻〔梅原勝右衛門蔵書〕二八六～二八七頁。

(20)『高山公実録』下巻七五三頁。
(21)同右、〔先鋒録〕七九四頁。
(22)同右、〔加納藤左衛門延宝家乗〕七九九頁。
(23)久保文武『伊賀国無足人の研究』(同朋舎、一九九〇年)、藤田達生「兵農分離と郷士制度―津藩無足人―」(『日本中・近世移行期の地域構造』校倉書房、二〇〇〇年)。
(24)「富田知信知行宛行状写」(『三重県史』資料編近世1、一九九三年)五七八頁。
(25)伊賀国の筒井氏に関する先行研究として、久保文武氏の研究(同『伊賀国叢考』同朋舎、一九八六年)があるが、その中で久保氏は、筒井氏の領国支配については、伊賀移封にあたり伊賀の反信長親家康の傾向のある地侍衆の伊賀からの追い払い、もしくは帰農化があったことを指摘している。また高虎入封後に実施された伊賀の平高について筒井氏の物成との関連を示唆している。
(26)「筒井定次判物」(『三重県史』資料編近世1)四五五頁。
(27)「筒井定次代官所在々法度」(同右、五五八頁)。
(28)土免法、春定法については、水本邦彦「近世前期『土免』について―その語源分析を中心に―」(『歴史評論』三二六、一九七七年)、同「近世土免制の研究」(『近世の村社会と国家』東京大学出版会、一九八七年)、田中誠二「岡山藩徴租法の研究」「近世前期の徴租法をめぐって」「萩藩の徴租法の研究」(『近世の検地と年貢』塙書房、一九九六年)。
(29)白井家文書B―2「由緒書」。
(30)「藤堂高虎知行方目録」(『三重県史』資料編近世1)九六一～九六二頁。
(31)吉村豊雄氏は、著書の中で、細川家の知行割替の事例を掲げ、数人の給人知行地が割替られる場合、知行割は給人自身が行ったとしている点が示唆的であり、津藩の場合も同様の可能性はある(同「初期大名家の権力編成と地方行政」〔『近世大名家の権力と領主経済』清文堂出版、二〇〇一年〕)。

(32) 近世中期の「分限帳」によると、このほかに地方知行と蔵米知行の両方の形態を併用する地方蔵米知行形態もあった。
(33) 註(29)。
(34) 「藤堂高虎知行目録並置目之条々」(『三重県史』資料編近世1) 九四八～九四九頁。
(35) 「藤堂高虎知行目録」(『三重県史』資料編近世1) 九八〇頁。
(36) 「藤堂高虎知行宛行状」(『三重県史』資料編近世1) 九八〇頁。
(37) 藤木久志氏は竹・林が築城の資材や武器として重視されていたことから、これらが大名権力の統制下にあったことを指摘している(同「豊臣期の戦国大名＝佐竹」『戦国大名の権力構造』吉川弘文館、一九八七年)。
(38) 「封彊志」(上野市古文献刊行会編『宗国史』上巻、同朋舎、一九七九年) 四八一頁。
(39) このような仕法は津藩以外にも尾張藩の概高が正保元年(一六四四)から、岡山藩の直高が寛永八年(一六三一)から、紀州藩の今高が正保三年から採用されており(金井圓「直高・今高・概高」〔『藩制成立期の研究』吉川弘文館、一九七五年〕)、個別に研究が進んでいる。
(40) このような石高の採用には事前に検地等を行い土地や物成概要を把握した上で、過去数か年の物成を平均し、そこから石高を算出する方法が多い。いずれにしても検地による土地の把握は重要な要素である。
(41) 註(15)。
(42) 時期は異なるが、平高のような擬制石高の設定は他藩では物成を重視しているし(註(39))、津藩でも物成ならしを行った上で知行割替を実施している(註(49))。
(43) 『伊賀市史』第二巻通史編近世(二〇一六年)二八九頁。『三重県史』資料編近世1、五五四～五七四頁の大方文書から推計。
(44) 註(28)。
(45) 筒井検地が慶長六年に実施されていることから、平高設定にあたってはこの年以降の物成の平均値を用いた可能性もあるが、この点については他日に期したい。

(46)「藤堂高虎知行目録」（『三重県史』資料編近世1）九五六～九五七頁。なお、『三重県史』では年号を慶長十三年としているが、入封が慶長十三年八月であり、その月に発給されたとは考えられず、また『上野市の文化財』の写真で確認したところ慶長十四年の誤りであることがわかる。

(47) 三重県環境生活部文化振興課所蔵「(伊賀国村明細帳)」。

(48)「藤堂高虎知行目録」（『三重県史』資料編近世1）九七七頁。

(49) 白井家文書D—1「白井家譜雑記」。

(50) 付表「久居藩元高・分米高・平高等一覧表」（『三重県史』資料編近世3上、二〇〇八年）。

(51)『公室年譜略』よりこれらの年に取り立てられた給人の数を算出した。

(52)『公室年譜略』より集計したので、多少のもれもあるが、一応の目安となる。

(53) 寛永七年の事例であるが、伊勢国の領知高一五万石、伊賀国の領知高一〇万一〇〇〇石、合計二五万一〇〇〇石は、平高に換算すると三三万九九八二石余となっている。三五・四％の延率となり、その数値を用いた。

(54) 藤田達生「藤堂高虎の都市計画（一）—伊賀国上野—」、「藤堂高虎の都市計画（二）—伊勢国津—」（『日本中・近世移行期の地域構造』校倉書房、二〇〇〇年）。

(55) 普請役については、白井家文書の慶長七年「白井九兵衛普請くミ」よれば、四五〇石知行の白井九兵衛組には一九二人の人足が割り当られている。そのほか『高山公実録』上巻には公儀普請に関して家臣が動員されている記述が多く見られる。

(56)『高山公実録』上巻三〇二頁には、この条目のあとに「〔謹按〕此他にも藩の諸士へ采地を賜りし置目ありこの御制条と其旨略同しけれは略しぬ」とあり、実録の著者はこの条目と同様な置目条目があったとしている。

(57)「津藩条々写」（『三重県史』資料編近世1）五八三～五八四頁。

(58)『三重県史』資料編近世1の裁判関係史料。

(59) 馬岡家文書「元禄五年藤堂藩家臣由緒書」（三重県総合博物館編『三重県総合博物館資料叢書』№3、二〇一七年）の菊川源太郎の項の慶長十四年には「同十四酉年知行地方ニ被　仰付、勢州藤村・曽根村之内合弐百五拾石之　御判物頂戴仕候」とあり、「知行地方」で所付がなされる形態を地方知行制と考えていたことがわかる。

(60) 「沢氏知行高覚」（『三重県史』資料編近世1）六〇四～六〇五頁。

(61) 四つ物成渡には過不足決済方式が用いられていたと考えられる。すなわち四つ物成より多い場合は物成は藩庫へ納入され、四つ物成より少ない場合は藩庫から物成支給される方法が用いられていたと推測される。このことは、伊賀・伊勢国入封以前の慶長十二年に給人に対して知行高不足分の給所村を割り当てるにあたり、給所村が調整できなかった部分を蔵米で渡していること、元和期の加増が四つ物成として物成を重視していることなどからわかる。

(62) 『三重県史』資料編近世1第四章の藤堂高虎発給の知行目録。

(63) 徳島藩・紀州藩・加賀藩等では、国をまたがって知行地が配置されるような法令があり、それに基づき知行地配置がされている。

(64) 『高山公実録』下巻七二五頁。

(65) 元和元年には「新知分二万九六五〇石」の加増が行われ、「本知分四万一九五〇石」と合わせて七万一六〇〇石となり（『高山公実録』下巻七三六～七四〇頁）、元和二年には〔史料九〕のような知行目録が発給された。

(66) 「藤堂高虎加増地宛行状」（『三重県史』資料編近世1）九五七頁。このような元和元年の加増目録は八八四頁「藤堂高虎加増知行宛行状写」にも見られる。なお、このような最初に蔵米を宛行、後から所付を行う方法は、豊臣秀吉が天正期に家臣に知行を宛行う方法（註(3)鈴木前掲書五九九頁）と同様であり、高虎も豊臣氏に仕えていたことから、この影響を多分に受けていたと推測される。

(67) 「藤堂高虎知行宛行状」（『三重県史』資料編近世1）九五七～九五八頁。なお、この知行宛行状と同時に「定」

（「藤堂高虎条々」『三重県史』資料編近世1、七〇～九七一頁）が発給された可能性がある。それは、発給年月日が元和二年十二月二十八日と知行宛行状の発給日と同じであることと伊予国時代の知行宛行状の「置目之条々」、伊賀・伊勢国入封後の知行宛行状「定条々」と同じような家臣統制法令で、この日付のものが多く存在しているからである。

(68) 註(65)。

(69) 大坂陣が津藩の知行地宛行の画期と考えた理由は、大坂陣の軍功が後年の給人知行に影響を与えていたと考えるからである。例えば、延宝七年には「大坂御陣ニて先祖働之儀承及候品々書付上ヶ候へと御ふれ御座候ニ付而、佐左衛門方ゟ指上ル（下略）」（白井家文書G―6「紅蓮院様御筆記」（延宝七年三月条））とあり、この時期に大坂陣における先祖の働きを書き上げ藩に提出させている。

(70) 『高山公実録』下巻七八〇～七八一頁。

(71) 「知行高之覚」（『公室年譜略』）五一三～五一五頁。

(72) 知行地の割替については、由緒書等でいくつか見られるが、藩の政策としてどのような時に誰を移動させたのかまでは踏み込んで検討していない。ただ、手がかりとして加増・役職就任・領知替えの時に移動している事例が見られる。

(73) 服藤弘司『相続法の特質』（創文社、一九八二年）。また、津藩では多くの由緒書・親類書が作成されたが、そこからは先祖の勲功や格式を重んじる藩権力の姿勢を掴み取ることができる。

(74) 服藤弘司『幕府法と藩法』（創文社、一九八〇年）、笠谷和比古『近世武家社会の政治構造』（吉川弘文館、一九九三年）、尾藤正英『江戸時代とはなにか』（岩波書店、一九九二年）。

(75) 服藤弘司『幕府法と藩法』（創文社、一九八〇年）。

補論　伊賀国の平高について
――「(伊賀国村明細帳)」等の分析を中心に――

はじめに

本章の目的は、近世期を通じて津藩の知行高や村高として用いられた擬制石高である平高について、伊賀国を事例として若干の考察を行うものである。平高については、先行研究や本章本論でも取り上げ分析を行っているが(1)、未解明な部分が多々ある。この分析を通じてその解消に努めるが、それにあたり伊賀国の村明細帳(2)に相当する史料(3)を中心とする。

第一節　村明細帳の概要と記述年代

1　書誌情報

まず、分析にあたって、この村明細帳に相当する史料の概要を把握しておこう。

この史料は、元々は地方史研究家が所蔵していた史料群(4)の中に含まれており、横帳形態の冊子である。二冊あり、ともに表題がなく、その内容から「〔伊賀国村明細帳〕[5]」と仮称してもよい史料である。その大きさは、ともに竪八・五チセン・横一八チセン・厚さ二・五チセンほどで、そこからは懐帳としての意味合いも掴み取れ、近世中期の伊賀国の各村落の様子を把握するのに格好の史料であるが、一般的な村明細帳にある家数・人数が記されていない。その点で村明細帳と言えるのか疑問[6]もあるが、その他は村明細帳と称される項目が網羅されており、ここでは村明細帳と捉えたい。なお、この村明細帳二冊には伊賀国一九五か村分の村明細が記されている[7]。平高や村数等で数値の誤記等も含まれる部分はあるが、概ね正しい数値であり、利用にあたっては問題ない[8]。

さて、冒頭の波敷野村の記述を提示してみよう。

〔史料一〕

波敷野村

本高三百四拾三石弐斗

内五拾六石壱斗弐升改出シ新田ニ引

一平高三百五拾壱石五斗壱升九合

但、本高ニ弐割弐分四厘四毛六糸四払増

分米ニ四割増

内

高百九拾九石九斗五升　藤堂作兵衛

高七斗五升　浅井最仲

高百五拾石八斗壱升九合　御蔵入

一畝数弐拾町弐反三歩
分米弐百五拾壱石八升五合
慶長六丑年古僉（検）
享保二酉年居僉（検）地
内
拾七町壱反壱畝弐拾壱歩
分米弐百弐拾三石九斗弐合　田方
内
上六町壱反七畝壱歩五厘　壱石五斗盛
分米九拾弐石五斗五升九合
（中・下田略）
三町八畝七歩　畑方
分米弐拾七石壱斗八升三合
内
上壱町八畝七歩　壱石壱斗盛
分米拾壱石九斗壱升壱合
（中・下畑略）
〆

高百三石壱斗壱升八合
一取三拾九石六斗六合　新開年貢
一壱石壱斗弐升四合　山手米
一壱俵壱斗四升　井手米
一四俵　種　米
一竹四束内　三束小かし竹
壱束なよ竹
一藁三拾七束八把
一漆弐拾目　代壱匁六分七厘
〆
村ノ南
一天津社
本地十一面観音
浄土宗馬場村金台寺末寺
一　来迎寺
本尊阿弥陀立像長三尺
鎮守天王　小社アリ
一上野へ二里七町　一外山へ廿八丁

一佐那具へ廿八丁　　一石川へ十七丁三十間
一音羽へ十六丁廿間　　一川合へ十八丁
一馬場へ十八丁
〆
（下略）

このように村落についての記述が書かれている。村名に続いて本高・平高・知行形態・畝数・分米・内検地年代・田畑割合・小物成等諸役・寺社・近村までの距離などであり、一通りの村の様相は把握できる。しかし、上述したように家数・人数などの記述がなく、その意味で完全な村明細帳とは言えない。あえていうならば、村明細帳に類似したものと言えるであろう。

2　記述年代

次にここに記されている各村落の様子はいつ頃のものなのかについて記述年代を特定しておきたい。残念ながらこの村明細帳がいつ頃作成されたものなのかは年代表記がなく断定できない。しかし、西明寺村などの内検や居検地の実施された年代などの内容を手がかりとして、記述年代は推定できる。それによると内容年代の下限は享保十六年（一七三一）である。また、西湯舟村の項目に隣村や周辺村までの距離が記され、しかも知行主が書き記されている。例えば、多羅尾治左衛門・西郷市正・和田源右衛門などであり、これらの知行主の名前からこの人物がいつ頃存在していたのかを知ることで記述年代が推定できる。多羅尾治左衛門は享保十年に信楽代官となった人物で、同十七年に死去した多羅尾治左衛門光頭である(9)。西郷市正は西郷壽員であり、元禄十一年（一六九八）近江国の内四郡五〇〇〇石を拝領し、元文三年（一七三八）に致仕している。[10]和田源右衛門は和田源右衛門惟貞で正徳三年（一七一三）遺跡を継ぎ、宝暦八年（一七五八）に死去している。[11]このことから享保十六年以降でこれらの人物の実在していた時期を絞り込むと、この村明細帳に記された時期は享保十七年当時の村の概要を書き記したものと推定できるのである。

ところで、この村明細帳の作成目的であるが、現在のところその詳細は不詳である。しかし、村明細帳の形状が横帳形態で持ち運び可能な状況や享保十七年時点の状況を記したものであるということを考えるならば、享保飢饉に関連して懐帳としての機能を有した帳面であった可能性もある。[12]

第二節　村明細帳から見た平高

この節では村明細帳に記されている伊賀国の各村落の平高の実態について若干の分析を行ってみよう。まず、津藩内での伊賀国の平高の様相を、本高（元高）との割替率を重視して検討してみよう。[13]

〔史料二〕[14]

勢伊平高之訳

一伊勢御本高百石ハ　　平高百三拾石程ニ当ル

一伊賀同断ハ　　平高百四拾石程ニ当ル

右ゆへ勢伊同免ニ而も伊州之方御取箇多し

勢伊とも御取免平高ニ而四ツと申、免古来より取免之格御本高ニ而也、免高下今以難論押平シ

城和土地上々　毛見籾豊年ニハ所ニ寄弐升余も有之
伊州ハ右之次也　同籾豊年ニハ壱升六七合も有之
伊勢ハ伊州之次也　同籾豊年ニ壱升五合と申籾無之
下総下地ニ付　同籾壱升ハ稀ニ有之候
（下略）

表　本高の平高への割替率

割替率(%)	村落数	村落数割合(%)	平高(石)	平高割合(%)
100 未満	21	10.8	12156	8.3
100〜120	37	19.0	27517	18.8
120〜140	33	16.9	24085	16.4
140〜160	35	17.9	22602	15.4
160〜180	23	11.8	15733	10.7
180〜200	11	5.6	13690	9.3
200 以上	42	21.5	36710	25.0
合計	202	103.5	152493	103.9

三重県環境生活部文化振興課所蔵「(伊賀国村明細帳)」による。なお、村数・平高等は多くなっているが、これは、分村分も含めたためと数値の誤記があるためである。

このように、伊賀国の平高は本高の一・四倍に相当し、伊勢国よりも延率が高く、そのため同じ年貢率なら伊賀国のほうが物成高が多かったのである。また、津藩の支配領域を比較し、伊賀国は城和領に次いで地味がよいとなっている。この数値であるが、伊賀国の朱印高は一〇万五四〇石であり、平高一四万七〇〇〇石余(15)であるので、延率は四五・二％と近似している。このことからこの記述事態も信憑性のある数値であると言える。

では、「(伊賀国村明細帳)」をもとにして伊賀国における具体的な割替率を見てみよう（表）。それによると、上三谷村をはじめ二一か村の割替率が一〇〇％を下回っており、当然のことながらこの村々は平高が本高を下回っている。割替率のもっとも低い上三谷村は六三・九％で、本高九四石四斗に対して平高は六〇石四斗である。これら割替率が一〇〇％未満の村々はこの村明細帳に書き記された伊賀国の村々の一〇・八％にあたる。この平高の総計も一万二一五五石六斗一升八合と伊賀国全体の平高一四万七〇〇〇石の八・三％にあたる。すなわち、伊賀国では平高は九〇％以上が本高を上回っていたことになる。

次に、一〇〇％以上にあたる村々の平高割替率について便宜上二〇％刻みで見てみよう。換算率一〇〇～一二〇％は、三七か村、その割合は一九％となる。石高は二万七五一七石二斗九升六合で、伊賀国全体の一八・八％となる。以下、割替率一二〇～一四〇％は三三か村、一六・九％、石高二万四〇八五石一斗八升七合、一六・四％、一四〇～一六〇％は三五か村、一七・九％、石高二万二六〇一石六斗七合、一五・四％、一六〇～一八〇％は二三か村、一一・八％、石高一万五七三三石四斗六升八合、一〇・七％、一八〇～二〇〇％は一一か村、五・六％、石高一万三六八九石九斗九升四合、九・三％、二〇〇％以上は四二か村二一・五％、石高三万六七一〇石二斗九升二合、二五％であった。

ここから見る限りでは、伊賀国では一〇〇～一六〇％の割替率の村々が半数を超えていたことや二〇〇％以上の割替率の村々も二〇～二五％存在していたことが特徴である。

第三節　新田検地による平高の設定

平高については、「伊賀国并伊勢国之内領分元祖和泉守拝領之節、御朱印高之物成平免以四ツ成を平高ニ仕只今ニ用之来り候[16]」と、津藩・久居藩で採用された石高で、藩祖藤堂高虎が伊賀・伊勢国へ入封した翌年から用いられた。その仕組みは本高（元高）の取米（物成米）を平高の四つ物成と考え、逆算して算出するものであった。この平高は年貢徴収基準高・村高となったことが先学の研究[17]により明らかにされている。

また、平高確定には物成高が重要視されていたことが次の史料でわかる。

〔史料三〕[18]

一御領分に相成候以前之領主取来候免平均を以平高ニ被仰付、勢伊とも同様ニ候、（中略）前々之領主取免
　平均之儀者十ヶ年之取免平ニて可有之哉

とあり、断定的な表現ではないものの平高が前領主（富田氏・筒井氏）の取免（物成）の一〇年平均をもとに算定されていた可能性が高い[19]。この物成一〇年平均の数値の利用は延宝三年（一六七五）に実施された知行割替の際にも用いられており信憑性がある[20]。

そのことを津藩で実施された内検地の事例により検証してみよう。元禄七年に新田の地平にあたって作成された「新田畠名寄帳」（元禄七年）（鳳凰寺区文書）という史料に平高に関する記述がある。新田地平は出後村、山出村、荒木村、高畠村の村役人の手により実施された。今それを提示してみると、

〔史料四〕[21]

田畠畝数分米
　合　三反九畝拾五歩（印）
　　三石壱斗七升九合（印）
　弐石弐斗三升壱合（印）無地
〆五石四斗壱升（印）先年帳面
但改出高去ル未之年新田帳へ入、当戌年地平有之ニ付、右之田畠引分申候
右改出先年之
平高八石弐斗弐升六合（印）

取米三石壱斗弐升六合（印）酉年ゟ去ル午ノ年迄拾年ニ平シ免高石ニ三ツ八分

　壱斗七升五合（印）　御出目□付

　弐斗九升八合（印）　三分六厘弐毛

　八合（印）　壱厘

　四升九合（印）　六厘

〆参石六斗五升六合（印）免四ツ平ニシテ

新田延高

　九石壱斗四升（印）　有地高ニ壱倍八割七分五厘延ル

とある。

それによると、新田から取れる米三石一斗二升六合（酉〈天和元〉年より午〈元禄三〉年の一〇年の平均高）は先年に決めた平高八石二斗二升六合の三八％となっていた。それに出目米など五斗三升を加えて三石六斗五升六合を取れる米（年貢高等）として、この額が新田延高の「四ツ平（四〇％）」になるようにするには、新田延高を九石一斗四升とする、としている。すなわち、この新田延高が新田の新たな平高となったのである。さらに奥書には「右者先年より改出し村高之内に有之ニ付、去ル未年御国一致ニ成□（破損）新田□（破損）ニ入（カ）申候、就夫村高ヲ□（破損）申候、□（破損）田は本免□（破損）□上納米無之ニ付、其高ニ付候納米拾年之免割仕、四ツ平ニシテ新田高相極、当戌ノ年地平シ在之ニ付、右之田畠引分申所如件」とあり、新田の平高は、過去一〇年間の物成高を基準として、その数値が石高の四〇％になるように割替えて算出した擬制石高であった。これは新田での割替事例であるが、実際には各村落の本田でも適用されたものと推測される。

最後に、平高設定目的について次の史料で確認しておこう。

〔史料五〕[22]

一津領之儀平高と申候而免札出し候者、検地等ニ而打出し候増高ニ而者無御座候、御判物高ニ而免札出し候も同事ニ御座候、右平高之訳家中侍共江村方ニ而知行遣し候時、其地之善悪村柄之強弱ニ而村毎免相格別不同有之義ニ付、御判物高ニ而於村々知行遣候時ハ目録ニ而も格別之多少有之ニ付、拝領往古之免合を其節凡相平し置、其平高を以家中之者江知行遣し候、全右知行ニ格別甲乙無之ため平高と申儀拵有之候義ニ御座候（下略）

とあり、平高は検地等の打ち出しによる増高ではないことや平高設定が家臣への知行地宛行に関係したこと、その際に村柄により物成率が異なっているため判物高にて宛行を行えば不平等になるというので物成を平均し、そこから算出した平高を用いて知行地を宛行ったとある。

おわりに

以上のように、伊賀国の平高について検討をしてきたが、それらをまとめてみよう。

享保期の伊賀国村明細帳からは、津藩が作成してきた史料にあるように割替による延率は四〇％を超えていた。各村落の地味等により一様ではなかったが、九〇％以上の村落が割替により村高が増加した。また、新田検地に伴って新たに平高を設定した事例を取り上げた。それによれば「御朱印高之物成平免以四ツ成を平高ニ仕[23]」「取免平均之儀者十ヶ年之取免平ニて可有之[24]」とあるように、一〇か年平均の物成高を基準にしてそれが石高の四〇％になるように割替をし、それを平高としていた事例を提示した。また、平高は物成高を基準にして算出するために、家臣物成の平等性が担保された。ここでは新田平高とはいえ、具体的な事例を検証できたことは大きな意義があると考える。

〔註〕

（1）平高の先行研究として、中田四朗「藤堂藩における平高制」（『三重の文化』三、三重郷土会、一九五六年）、久保文武執筆「平高制」（『大山田村史』上巻、一九八二年）などがある。

（2）村明細帳に関する研究には、野村兼太郎『村明細帳の研究』（有斐閣、一九四九年）、木村礎「村落の概要・政治」（『日本古文書学講座』近世Ⅱ、雄山閣、一九七九年）などがある。

（3）三重県環境生活部文化振興課所蔵「（伊賀国村明細帳）」。

（4）平成十四年度に三重県史が古書店から購入したものである。

（5）古書店からの購入の際には、村明細帳との表題が付けられていた。その表題と後述する分析からこのような表題としても問題がないと思われ、仮称という意味も含めて括弧付とした。

（6）村明細帳の定義の問題と関連するが、木村氏は前掲書の中で「村明細帳は、領主の農民把握の中核である高・反別（検地帳等の土地台帳）、年貢（年貢関係諸文書）、人別（人別帳）が最小限要約であれ、大体網羅されていなければならない」とし、「特に重要なのは人別であって、この記載がなければ『村明細帳』とはいえない」とまで言っている。

（7）上野市古文献刊行会編『宗国史』上巻（同朋舎、一九七九年）の寛文四年の領知目録では、伊賀国の村数は一八二か村であり、ここで紹介する村明細帳との差異が見られる。『宗国史』の場合は新田村などが含まれていないからだと考えられる。

(8) 註(7)の寛文四年の領知目録や「伊賀国村高一覧」(『伊賀市史』第五巻資料編近世、二〇一二年)なども参考にして考えると、ここで取り上げる史料との差異はあるものの、問題はないと考える。

(9) 『新訂寛政重修諸家譜』第一五、一二四頁。

(10) 『新訂寛政重修諸家譜』第六、二九九頁。

(11) 『新訂寛政重修諸家譜』第七、三三〇頁。

(12) 津藩では享保飢饉に際し、救恤などさまざまな施策が行われたことが『宗国史』に記されており、帳面の形態も持ち運びに便利なサイズで、その際に用いられた懐帳的な意味合いの帳面であった可能性も想定できる。

(13) 平高の割替については、旧版の『三重県史』(一九六四年)でも検討されており参考になる。そこでは、縮村一七か村、有延村一七九か村あり、「伊賀国だけでも虐政に当たる村が七三もあった。このことからも、伊賀地方の農村は疲弊が早かったのである」としており、伊賀国が伊勢国よりも延率が高いと記されている。

(14) 津市教育委員会所蔵「旧藩制度」。この史料は『津市史』にも用いられているが、その出典が明記されておらず、しかも誤読が見られる。再度、原史料にて校正を行った。

(15)(16) 「津藩状況概要」(『三重県史』資料編近世2、二〇〇三年)五三六～五五六頁。

(17) 註(1)。

(18) 註(14)。

(19) 久保氏は『伊賀史叢考』(同朋舎、一九八六年)の中で「筒井時代の過去十年間の貢租高の平均に、その土地の種々還《(環)》境を勘案して、各村々の一定の貢租額を決定し、その貢租額が四ツ成になるように、逆算的に平高を決定したという」と、物成高一〇か年平均が平高設定に利用されたことを示唆している。

(20) 白井家文書D—1「白井家譜雑記」。これによれば、延宝三年に白井氏は知行地の割替をされており、替地確定に用いられた基準は「先知も替知も万治弐亥年ゟ寛文八申年迄十ヶ年之平免を以考」と万治二年から寛文八年までの一〇か年の物成高であった。したがって、この割替方法はこの時期に突如として登場するものでもなく、それ以前から実施されていた可能性がある。

(21) 伊賀市鳳凰寺区文書「元禄七年新田畠名寄帳」。

(22) 註(14)。

(23) 註(15)。

(24) 註(14)。

第二章　藩政確立期の知行制
――二代高次から三代高久時代を中心に――

はじめに

本章の課題は、藩政確立期における大名家臣の知行制の実態を解明することにある。藩政確立期には尾張藩や紀州藩のように概高制や今高制などの擬制石高を採用する知行制改革[1]や岡山藩のように地方知行制から平し免制への移行が見られる[2]。藩制機構や農政の整備された段階での知行制の改革は、藩財政悪化への対処、及び家臣権限の藩権力への包摂を目指したものとされている。

しかし、本章で事例として取り上げる津藩は、慶長十三年（一六〇八）に伊賀・伊勢国へ藤堂高虎が入封した翌年に他藩が実施したような擬制石高である平高[3]やそれに基づいた平均免[4]を採用しているのである。このことは津藩の知行制とも関連があり、津藩では伊賀・伊勢国入封以前から地方知行制を採用し、入封以降も継続して地方知行制を実施していたのである[5]。

二代藩主高次時代以降も地方知行制は継続されたが、他藩同様に[6]財政難に陥り、この状況の解決が緊急の課題となっていた。しかし、津藩は他藩のような擬制石高や平均免の採用は既に実施されていたため、それに代わる別の政策を進める必要があった。その危機的な状況を津藩はどのようにして乗り切ったのか、そのことによってどのような影響が見られたのかなど、知行制に焦点を当てて解明を試みたい。

ところで、この時期の津藩家臣団に関しては、中田四朗氏の先行研究(7)があるが、中田氏はその中で藩財政悪化の状況に対して、藩が家臣の救済のため役銀制・催合銀制・御用金制・袖判拝借などの経済的な政策を実施したことを指摘した。しかし、家臣団対策として重要な要素である知行制や延宝期以前の動向には触れられていない。また、分一米赦免に関する史料(8)を正徳二年（一七一二）と年代比定し、この年を蔵米知行制から地方知行制への移行年と位置づけた。このことがその後の津藩の地方知行制の復活時期にも影響しており、大きな課題である(9)。

本章では、上述したような課題を踏まえ、近世前期の津藩の特質も考慮し、二・三代藩主時代の知行制の実態、給人の権限を見ていく中で、津藩におけるこの時期の知行制の位置づけを明らかにしたい。

第一節　知行制の継続

1　寛永期の知行制

高虎が死去した寛永七年（一六三〇）の知行高に関する史料(10)から伊勢・伊賀国を含む津藩の知行地・蔵入地の割合を見てみると表1のようになる。それによると、伊勢国の平高は一九万一二八七石四斗弐升九合で、知行地と蔵入地割合は一三万六〇〇〇石余と五万五〇〇〇石余、七一・二％と二八・八％と約四分の三が給人知行

表１　寛永７年国別知行形態

国　名	平　　高	知行地石高	知行地割合	蔵入地石高	蔵入地割合	備　　考
	石	石	%	石	%	
伊勢国	191,287.429	136,117.593	71.2	55,169.836	28.8	
伊賀国	148,694.850	97,373.555	65.5	51,321.295	34.5	ほか 1,500 石 長氏知行地
合計	339,982.279	233,491.148	68.7	106,491.131	31.3	

『公室年譜略』による。

地となっている。これに対し伊賀国は平高一四万八六九四石八斗五升で、知行地九万七三〇〇石余、蔵入地（明知分含む）五万一三〇〇石余、その割合は六五・五％と三四・五％となっている。ここから高虎時代の知行形態は地方知行が主体であったことが確認される、と同時に居城のあった伊勢国に給人知行地が多かったこともわかる。

ところで、高虎死後の翌寛永八年には、二代藩主高次から次のような「定」が出された。

〔史料一〕[11]

定

一、知行年貢方免相之儀代官共ニ相尋相談を以可相納事

一、口米石ニ三升つゝ取可申候事

一、夫遣之儀高五百石ニ壱人詰させ可申候、但米にて候ハヽ、町升弐拾石つゝ、百姓よハき村を者用捨可仕事

一、高百石ニぬか拾俵つゝ取可申候事

一、高百石ニわら弐拾束つゝ取可申候事

已上

右於相背者可為曲事者也

寛永八年二月十五日　　御印

津付給人中

これによれば、高虎時代に触れられていたものを踏襲する形であるが、免相の事は代官に相談をして納めるようにとあり、年貢率の決定権は藩権力に包摂されていた。口米・糠・藁の徴収権限や人夫遣いの権限も制限は見られるものの従来通り給人の権限となっている。また、高次時代となり、知行目録の様式の変更を行った。[12]藩主印判の知行目録から藩役人連署の知行目録へと書式が変更されたが、ここに藩機構整備の一端を見出せる。寛永期の不作年には足米も行われた。寛永後期に起こった全国的な飢饉は津藩の知行制にも影響を及ぼすことになる。寛永十七年には「伊勢・伊賀共ニ五六年以来よの中能御座候ニ付、紀伊・尾張方ハ去年ゟ免相上り申候[13]」と、他藩での免相上げの措置を勘案しながら津藩でも知行地分の三分免上げを実行した。[14]しかし翌十八年が飢饉であったため[15]「御蔵入分巳ノ年御年貢、当春へ越候未進弐千石余[16]」と蔵入地で二〇〇〇石余の未進となっていた。その後、状況の改善がなく、寛永二十一年には伊賀国に三分免下げの指示がなされている。

〔史料二[17]〕

為　御意御状拝見仕候

一三分免御蔵入給知共ニ御赦免被成候間、御家中衆其通可申渡之旨得其意申候

一給知ハぬしへ相対ニ免究被申候様ニ是又可申渡旨得其意申候

一御蔵入ハ佐右衛門（伊賀加判奉行・西野）・藤左衛門（同上・加納）郡奉行共毛見ニ而よく相究候得と御意之旨奉得其意候、伊勢奉行衆ハ御用にて毎日御城ニ詰被申候故、組付之侍衆郡奉行衆免相之儀ニ御廻し被成候旨得其意申候

一右之三分免御赦免被成候上ハ、庄や共不残よひよせ忝可奉存候由よく可申渡之旨得其意候、何も百姓共難有奉存いさミ可申存候、然上ハ御年貢無油断納所仕候様ニ可申付候、小給人衆へむさと仕たる事申懸候ハヽ、曲事ニ可申付候、給人にても百姓にてもりふじん成事にて埒不明所ハ奉行共聞届埒明候様ニ可申

付之旨得其意申候、右之通被仰上可被下候

正保元年九月九日

伊賀加判奉行
郡　奉　行
普請奉行

（伊賀城代）藤堂采女様
（江戸家老）藤堂監物様
（江戸家老）藤堂四郎右衛門様

ここからは、三分免用捨、知行地は相対の上での免極、蔵入地は郡奉行による毛見にての免極が実施されたことがわかる。翌日には伊勢国内にも触が各組大庄屋宛に出された[18]。それによると、知行地の免極については、伊勢国では藩から検見奉行を出さずに給人が決定するとしている。また田に麦を作付するなどの行為があったらしく、このことについても注意を払い、走百姓についての対応も行うようにとしており、その点で伊賀国との差異が見られる。この差異は、伊賀国と伊勢国との地域差、及び家臣から家臣宛と家臣から大庄屋宛に差し出したものの宛所の違いの二つの理由が考えられる。

ところで、飢饉は藩財政にも少なからず影響を及ぼしたことは想像に難くない。津藩の近世前期の藩財政であるが、二代高次時代には屋敷の類焼や津城の火災・農作物の被害・江戸城普請・日光造営の普請などに多くの出費がなされた。そのために高次時代から財政は悪化し、京都の豪商からの借り入れ、家臣からの給米差し出し、収納米の四〇分の一用金としての積み立てなど財政再建策を実施している[19]。

2　慶安から明暦期の知行制

慶安三年（一六五〇）八月には「勢伊并近国洪水封国ノ田畠堤等破損スト云々[20]」と、大洪水があり田畑損毛が大きかった。この影響を受け、翌四年二月には「伊勢地方知行ノ者収納免三ツ成ヨリ内へ入タルニハ足シ米ヲ賜フヘキ旨命セラル[21]」と伊勢津付給人に対して免三ツに足りない者には「足米」給付を命じている。

また、その前年には給人が多い相給村落についての「定[22]」が藩奉行から大庄屋に対して出されている。それには「国中村〳〵給人多き村ハ其給人之頭之百姓我まゝを申、其村の庄やをかろしめ候由聞届候」と、給人の多い相給村落で給所百姓がわがままを言い、庄屋を軽んじるということが問題となっている。それに続けて、今後は年貢納所諸役高掛等は庄屋に差配させるので庄屋を侮らないようにとしている。ここでは藩奉行が大庄屋宛に法令を発給していることから、このような問題に対処するのは給人ではなく藩権力であったということも看取でき、同時に給人権限の脆弱さが見られる。この時期の地方知行にはこのような重大な問題が潜んでいたのである。

その後、伊賀国では承応二年（一六五三）に「此度定免被　仰付候[23]」と定免法が実施された。その際に給人に対して村の善悪・見立・夫米有無などを考慮し物成を定めるようにとした。ただし難渋村や過分の不作の年は百姓相続ができるよう相応の免にして所務するようにとし、当分は四ツ四分一厘を目安にするとしている。また水損・干損・風損の年は給人方の見立免で、それを受けない場合は郡横目が見分するとしている。

ここからは定免実施に際し、年貢率の決定などは藩の郡方の権限としたが、凶作年には給人に破免検見による年貢率の決定を一部認めるなど、寛永期に引き続き給人への権限委譲も見られる。

一方、伊勢国では承応期に定免法は実施されず検見取法のままであった。その後、延宝七年（一六七九）三月には「在々知行方土免ニ相極り、未ノ暮之免同三月十一日ニ相極ル」[24]と、「土免法」という年貢徴収法が実施された。[25]

二・三代藩主時代の承応から延宝期にかけては、伊賀・伊勢国の年貢徴収法は異なるが、年貢率の決定権はあくまで藩に包摂されていた。この時期、藩機構の整備に伴い伊賀・伊勢国の知行地・蔵入地ともに年貢割付状は藩側から発給されることになり、年貢割付にあたっては、伊賀・伊勢国が相談なしに単独で行われたのでなく、「免極之時分いつもの通ニ奉行郡奉行いか大和とも津へ罷越相究可申候事」[26]と事前の相談の上で決定されていた。

ところで、年貢の納入についてはどうだったのだろう。年貢納入について明暦三年（一六五七）に家臣に対して出された年貢納様に関する触には、「給知方も御蔵入同前」[27]と知行地の納入方法を藩直轄地である蔵入地と同様にするようにとある。ここからは給人への年貢納入は蔵入地と別々になされ、その方法は藩の仕法に準拠するものとなっていたのである。また、土地売買に関する延宝四年（一六七六）の史料[28]には、その年の年貢米は「藤堂内蔵丞様御蔵へ上納仕」とあり、近世前期には給人蔵への年貢米直納がなされていた。

第二節　寛文・延宝期の知行制

寛文・延宝期は津藩の知行制の転換期となった。それは、寛文十年（一六七〇）九月十九日に

〔史料三〕[29]

覚

一侍中知行所当戌年ゟ悉蔵入可致ニ代官を付蔵納ニして、物成者蔵入給知共其年之惣帳尻ニて可相渡事
一十年平三ツ七分以上者右同前惣帳尻たるへき事
一十年平ニして三ツ六分より下ニ当ル知行取者常之蔵米取並ニ可相渡事
右之通ニ可相定之旨江戸御両所ゟ任御指図如此候、此趣侍中可申渡者也

寛文十年九月十九日　　御判

和泉（藤堂高久）

年寄

奉行

という藩主代替わりの法令が出された。諸士の物成を悉く蔵入にして代官を付けて蔵納にするということであり、これにより給人の年貢徴収が藩に包摂され地方知行制が中止された。また物成が一〇年平均で三つ七分以上の知行取の者は帳面に記載された物成とし、三つ六分より下の者は蔵米取並に渡すとある。また、同年九月二十九日に「定」(30)が出されたが、それには、給人の物成決定に際しては亥年（万治二年）から申年（寛文八年）の一〇年平均の物成が基準となったこと、ならし免の内に夫米・口米を入れてならすこと、六分と七分の間の免の付け方に関すること、夫米・口米等のことをあげるのは蔵米との境を見るためであること、伊賀・伊勢国の年貢徴収をしていたところで遣すことが記されている。

ところで、この地方知行制から蔵米知行制への転換の理由については、同年九月二十一日付の家老五人の連署により発布された「御意之覚」には、

〔史料四〕[31]

御意之覚

一何れも定而承及可被申候、過分之御借銀御座候上、御知行大分不足有之ニ付、御上国被成即刻何も寄合被仰付積り仕上申候処、当暮ニひしと御手詰御借銀之利迄可被成御手立も無之ニ付少将様（藤堂高久）雅楽様（酒井忠清）へ為御談合八兵衛（城和奉行・西島）新左衛門（津加判奉行・三浦）江戸江御下し被成候処、　御両殿様色々御相談之上ニ而今般之御仕置御定被成御覚書ニ

少将様雅楽様御判被遊御上せ被成候、雅楽様之御判被成候事御大切之儀ニ候得共、御家大分之御仕置と思召御判形被成候由被　仰候事

一殿様御家督初御家中之者共何とぞ御懇成儀被　仰付度思召候処、右之通御手前ひしと御手つかへ被成候ニ付、何とも可被成御手立も無之候故、殊外御難義ニ思召候得共、御家中へ右之通被仰出候（下略）

とあり、多くの借銀の上に宛行のための知行不足に原因があった。ここで重要な点は蔵米知行制への移行が津藩主藤堂高久と幕府を代表する大老酒井忠清との相談によりなされたことであり、藩政改革に幕府の承認を得ることにより家臣を納得させる方法が用いられたのである。[32]また、この政策は三代藩主高久の家督相続にあたって出されたものであり、相続にあたって出された藩主の施政方針といえる。しかし、蔵米知行制の実施期間は短く、延宝三年（一六七五）には地方知行制の復活を意図する法令が出されている。

〔史料五〕[33]

近年従御家中分一米差上候付、勝手方少々相調満足申候、定而面々も聞及ひ可申候いまた大分之借金ニて公儀難勤候得共、家中致迷惑候而ハ無詮候間、従当年分一米令赦免候、然上は自先規所ニ而遣し候知行

所ハ如前々其所々ニ而知行遣候間、如有来ニ所務可仕事
一蔵入給地共為修覆高百石ニ付壱分米を出し、知行所悪敷不成様ニ給人も尤相応ニ相談可仕事
一給人之内知行を差上蔵米知行を届候者於有之ハ、定之蔵米ニて可遣事
右之通侍中へ申渡、自今以後面々少も諸事風帯成義不仕、衣類等ハ従先年如申付候相守国ニ而見苦敷ハ不苦候間、左様ニ相心得可申候、但、武具人馬之儀ハ心懸之事ニ候間、身上相応ニ可相嗜申候

二月十一日　　御名

両城代江

序文では藩財政の逼迫、分一米の中止を示した上で「自先規所ニ而遣し候知行所ハ如前々其所々ニ而知行遣」すので所務するようにとある。すなわちこの時点で地方知行制が復活したことになる[34]。二条目には給人の内に知行を差し上げ蔵米知行を届ける者がいる場合、定の蔵米を遣わすようにとし、蔵米知行への転換を意図する条目が含まれている。この法令は、地方知行制の復活を意図するとともに蔵米知行制をも容認する内容となっている。

ここで問題となるのが、地方知行制の復活の理由である。分一米の賦課と蔵米知行制との関連が推測される。すなわち藩権力は幕府にも相談の上で寛文十年に地方知行制を中止したが、「分一米被召上候付所知行之分御蔵米ニ而被下候歟[35]」とあって、あたかも分一米の召し上げが理由となって蔵米知行制が実施されたようで、蔵米知行制の実施期間の間のみ分一米賦課を想定していたようである。そうであるならば、延宝三年に分一米が中止されたのであるから自ずと地方知行制へ戻ることになる。すなわち、この地方知行制から蔵米知行制への転換を藩財政立て直しのため実施された五か年間の時限的な「上知[36]」と考えれば地方知行制の復活も肯ける。

そして、同三年には地方知行制復活に伴っての知行割替が一部の給人に対して実施された[37]。史料により確認してみよう。

〔史料六[38]〕

白井市郎兵衛

一高九拾四石九斗五升　　小　山
　物成三拾八石五斗五升　高石ニ四ツ六リ
　夫米三石弐斗三升弐合

一高五斗弐合　　妙法寺
　物成壱斗五升七合　高石ニ三ツ壱分弐リ

高〆九拾五石四斗五升弐合
米〆三拾八石七斗七合　外ニ口米壱石壱斗六升壱合
夫米〆三石弐斗三升弐合
二口米〆四拾壱石九斗三升九合
　〆
　　右之替地

一高拾五石弐斗弐升七合　　足　坂
　物成六石四斗五升六合　高石ニ四ツ弐分四リ
夫米五斗壱升八合

一高八拾石弐斗弐升五合　　　　　　　　　　　　　　　　五百野
　物成三拾弐石弐斗五升壱合　　　　　　　　　　　高石ニ四ツ弐リ
　　夫米弐石七斗三升壱合
　高〆九拾五石四斗五升弐合
　米〆三拾八石七斗七合　外ニ口米壱石壱斗六升壱合
　夫米〆三石弐斗四升九合
二口米〆四拾壱石九斗五升六合　内壱升七合過
右者　佐渡様・図書様へ御知行所被為進候内ニ給人地方有之ニ付替地被遣候、然者先知も替知も万治弐
亥年ゟ寛文八申年迄十ヶ年之平免を以考定候、物成之過不及有之分ハ夫米ニ致、其心得取合候へ共少之
　過不足可有之候、以上
　　延宝三卯年二月廿七日　　　　　　　　　　　　　　　柳田伊之介　判
　　　　　　　　　　　　　　　　　　　　　　　　　　　山　中　兵　介　判
　　　　　　　　　　　　　　　　　　　　　　　　　　　小川五郎兵衛　判
　　　　　　　　　　　　　　　　　　　　　　　　　　　米村安左衛門　判
　　　白井市郎兵衛殿

白井市郎兵衛の場合、延宝三年二月の藤堂佐渡・藤堂図書への知行地宛行に際し、白井市郎兵衛の知行割替が行われたが、これは、地方知行制復活とも関連性がある。白井氏の場合、二か村を知行地に転換したわけであるが、割替方法は先知も替知の両方とも万治二年から寛文八年の一〇か年の物成平均免を考えて定めるとあ

り、過不足のあった場合は夫米で調整を行った。一〇か年物成平均免は、寛文十年の地方知行制中止の際の一〇か年平均免が万治二年から寛文八年となっていることと同じであり、ここからも寛文十年の地方知行制の中止と延宝三年の復活とは大きく関連があることがわかる。なお、この割替には白井市郎兵衛のほか藤堂主膳・保田次右衛門・白井佐左衛門・白井弥兵衛・阿閉孫左衛門・石崎九郎兵衛・藤堂監物・藤堂勘解由・藤堂式部・西川多兵衛・村井宗太夫が関係していた。

また、知行割替に際して知行地の百姓に関する記述も見られる(39)。それによれば、足坂村は一五石二斗二升七合に対し四人の百姓と溝敷地高が記され、五百野村は八七石四斗四升五合に対し九人の百姓が記されている。その百姓の選出は五百野村の場合「百姓之甲乙取合くじ取之上ニて如此相定申候(40)」とある。また白井弥兵衛分の給所百姓の選出も、「百姓割卯四月ニ村中百性寄合三領ニ仕分、其上ニ而くじ取仕、給人切ニ百姓相究候、則如此御給人中江書付指上申候(41)」と、百姓が寄合、五百野村を三領に分けその上でくじ取りを行ったとある。知行地内での百姓の決定は村側にその主導権があり、公平を期するためくじ取りという方法を用いたのである(42)。ここからは給所百姓の設定があったこと、くじ取りであったことで「給人切」と給所百姓の知行主は一人であったことがわかる。しかし、給人と給所百姓との関係はこの時点では希薄であったと推測される。

さらに、知行地（五百野村）の百姓が牛の購入の際、金子の借用を申し入れてきた延宝六年の村証文(43)がある。ここからは給人の給所百姓への金子貸し出し、裏判の押印が見られ、給人と村落との間で、支配者、被支配者の関係が看取できる。

地方知行制が復活した延宝三年二月十一日には次のような法令も出されている。

〔史料七(44)〕

表2　貞享2年国別知行形態

国　名	知行地石高	知行地割合	蔵入地石高	蔵入地割合	知行高総計
	石	%	石	%	石
伊勢国	66,951.950	44.7	82,899.953	55.3	149,851.903
伊賀国	51,136.842	34.5	97,196.728	65.5	148,333.570
合計	118,088.792	39.6	180,096.681	60.4	298,185.473

『津市史』第二巻による。ただし、伊勢国に関しては、寛文9年以降久居藩が分知されたこともあり41,800石弱減少している。

条目、附り代官ゟ上候書付

郡奉行方役義之事

一御国中御蔵入給知共ニ郷中之儀ハ常々心に掛、聊無油断、連々百姓取立候工夫無断絶様ニ可仕事

（一か条略）

一立毛検見之時分ハ免奉行と立合念入見及、上中下之升付を以米盛致、其村々強弱を考、此免相ニ而ハ翌年之春夏を懸ヶ皆済仕、百姓茂連々成立候心得を以其村々免相を究、村限ニ納所米を書付、代官ニ相渡、所務候様ニ可仕候事

一納所之義ニ付難渋之族又ハ郷中之事不埒有之時者、郡奉行江代官ゟ申断令倹儀、其上ニ而も落着無之義ハ両奉行所へ可相達事

（五か条略）

卯二月十一日

延宝三年二月十一日付で郡奉行・郷代官役の職務に関する法令が出されたことにより、藩の農政の転換がなされ、この後は、蔵入地・知行地の年貢率や年貢高の決定は伊賀・伊勢国とも免奉行・郡奉行の手により行われ藩権限が強化されたことがわかる。

さて、一時的であるが蔵米知行制が実施されたことは、津藩の知行制に大きな変化をもたらした。それは貞享二年（一六八五）の知行割合からも確認できる（表2[45]）。伊勢国分は貞享二年ということから五万石余の所務高は久居藩分と考えて差し引き、知

行地と蔵入地の石高を見ると、知行地六万七〇〇〇石弱、蔵入地八万三〇〇〇石弱、その割合は四四・七％と五五・三％となり、蔵入地の方が一万六〇〇〇石弱、一〇％ほど多い。一方、伊賀国分は名張陣屋を拠点としていた藤堂宮内分を知行地と考えると知行地は五万一一三六石八斗四升二合となり、蔵入地が九万七二〇〇石弱であるので伊賀国の平高合計は一四万八三三三石五斗七升となる。知行地と蔵入地との割合は三四・五％と六五・五％となり、三分の二は蔵入地であったことがわかる。

寛永期と比較してわかることは、伊勢・伊賀国とも知行地と蔵入地の逆転現象が見られ、わずか五〇数年で知行地の減少に伴っての蔵入地の急激な増加、それに伴っての蔵米知行取の増加が推測できる。

以上のように、寛文期の知行制の中止、延宝期の復活は、家臣団の知行形態を大きく変更させたことと農政に影響を与えた。その意味で、寛文から延宝期にかけては津藩知行制の転換期であったといえよう。

第三節　地方知行制の存続について

寛文・延宝期に一時的に蔵米知行制に移行し、その後地方知行制は復活したものの知行制が大きく変容したことは述べた。この節では、先行研究[46]に学びながら近世前期の津藩における地方知行制の存続について検討を行いたい。

津藩の場合、高虎入封当初の地方知行制の採用は軍役・普請役との関係、格式の問題が想定された[47]。近世前期にはそれがどのように変容したのか、また地方知行制の存続に影響していたと考えられる相続の問題を中心に見ていこう。

まず、津藩の軍役に関しては、寛永十四年（一六三七）二代藩主高次時代に整備(48)され、さらに三代藩主高久への代替わりの寛文九年（一六六九）に再度触れられている(49)。その後は軍役改定に関しての記述が見られないが、近世後期の異国船渡来に際して軍役を改定している(50)。したがって、この間、軍役の規定が活かされていたということになる。寛永十五年の書状(51)には、人夫徴発に関して蔵米取は「懸り人之儀千石ニ拾人宛当申候」との割当を行ったが、知行取は「所取候衆ハ面〳〵知行所之者御連可被参候、左候ハ、跡之耕作之事ニ御（か脱カ）まひなく入次第に召連可被参候」と、知行所では当時給所百姓の夫役の制限があったにもかかわらず、実際には給所百姓を動員していたことがわかる。このように軍役維持にあたっては、給所百姓が供給源となる(52)が、第二節で検討した知行地での百姓設定も年貢徴収や軍役負担に対する配慮からなされたものであろう。

次に格式について検討しよう。元和三年（一六一七）の「御家中御条目(53)」によれば、「知行之物成百姓遣奉行共如書付可仕、若背法度百姓はしらせ候者知行を取上、物成ニて可相渡之」とあり、高虎時代には百姓の逃散など知行地支配に問題があった場合は知行地を取り上げ、蔵米知行にするとあることから、地方知行取、蔵米知行取の形態があり、明らかに地方知行取の方が格式上位にあった。

知行高に関して、近世中期の事例(54)となるが、享保期の分限帳で知行形態を分析したところ、地方知行取は給人全体の割合が一三・五％と少ない。その知行高は一〇〇～一万五〇〇〇石までさまざまであるが、一〇〇〇石以上は城代・番頭などの上級家臣に多く見られる。一〇〇～一〇〇〇石未満の知行取は侍組など番方に所属し、その由緒も古く初代高虎時代の召し抱えの者が多い。一方、蔵米知行取の割合は七五・五％と多く、知行高も一〇〇～七〇〇〇石と区々であるが、その多くは四〇〇石以下の中・下級家臣である。その職務も祐筆・小姓・勘定頭など役方・側方の者が多く、取立時期も二代藩主高次以降と比較的新しい。ここにも、地方知行

表3　津藩相続形態(寛永7〜寛文9年)

相続形態	相続状況	人　数(人)	相続割合(%)	理　　由
跡目相続	維持	262	77.3	相違なく、分知
	減少	60	17.7	幼少、嗣子なし、新参、召し上げ
	増加	10	2.9	別知に加増
	跡目相続計	332	97.9	
家督相続	維持	5	1.5	
	減少	1	0.3	
	増加	1	0.3	
	家督相続計	7	2.1	
	相続人合計	339	100.0	

『公室年譜略』による。

取と蔵米知行取の格式の差異が見られる。

また由緒という点から見ると、桑名又右衛門の場合、正保二年(一六四五)に跡目相続を行うが、二代藩主高次判物には「桑名又右衛門相果候旨久敷者一入不便ニ候、跡目知行三百石無相違兵助ニ遣候(55)」とあり、桑名又右衛門が「久敷者」であるという理由で跡目相続をさせている。同時に藤堂兵左衛門ほか二名発給の連署状では「桑名又右衛門被相果候ニ付而言上并覚書之通具達　御聞候処、御家久仁ニ而候間、不便ニ被思召候由　御意ニ御座候(56)」と、「言上并覚書」があったこと「家久仁」と殿様の意向を受けて相続させていることもわかる。

給人の相続には遺言状に相当する「書置」や「覚書」を作成し、藩への提出が必要であるが、それを受け取った藩側では相続にあたってその家の由緒、先祖の勲功、親の働き等を勘案して相続の可否を決定したようである。そして多くの場合相続は認められている(57)。その際、先祖の大坂陣における軍功を書いたものを提出させるなど大坂陣での働きが家禄継承に大きな影響力を持っていた(58)。ちなみに寛永七年(一六三〇)から寛文九年(一六六九)までの高次時代の相続形態を表3としたが(59)、隠居による家督相続はほとんど見られず跡目相続が圧倒的に多い(60)。しかも跡目を「相違なく嗣子」へ相続するケースが七七・三%もあり、それは藩・家臣双方にとって安定した相続方法であった。津藩の場合、相続形態の多くは跡目相続であり、それによって家禄が確実に子孫へ継承されたことが地方知行制の存続に繋がっていたのである。

おわりに

以上、三節にわたって検討してきたことをまとめてみよう。

寛永期には藩制機構が未整備の状況や飢饉の影響もあり、給人に対しては年貢率操作や足米が実施された。慶安から明暦期には藩制機構も整備され地方知行制は継続されるが、地方知行制ゆえの問題も見られた。

寛文十年（一六七〇）になり、幕府の承認のもと一時的ではあるが地方知行制を中止し、蔵米知行制へと移行した。これは藩財政の悪化との関連で、上知という一時的な政策であったことから延宝三年（一六七五）には地方知行制が復活した。津藩では既に平高制や平均免が実施されていたため、この時期に他藩で実施された擬制石高などへの知行割替や平均免への移行は行われずこのような措置がなされたのである。ただ、この影響は予想以上に大きく知行割合は高虎死去の寛永七年（一六三〇）と比較すると知行地と蔵入地の逆転現象が見られ蔵米知行化が進行することとなった。その意味で寛文・延宝期は津藩知行制の大きな転換期となったのである。また、給人の権限は高虎時代とほぼ同じで年貢直納・藁・糠の徴収権限を有するほかは、給所百姓との関係はあるものの希薄な関係であり、その点で給人権限は極めて脆弱なものであった。

このような状況下、地方知行制そのものは幕末期まで存続する。その理由として軍役維持や地方知行取と蔵米知行取との格式の問題、さらには給人の相続形態の内、跡目相続が多く家禄が子孫へ着実に引き継がれる体制が確立されていたことが大きな要因であったと考えられる。

〔註〕

（1）尾張藩については、正保二年（一六四五）に概高が採用され家臣の知行は四つに設定されたことが記されており（所三男「尾張藩の財政と藩札」〈林董一編『尾張藩家臣団の研究』名著出版、一九七五年〉）、紀州藩については、正保三年より今高が採用され平均免が四つ三分となるように設定されたとある（野村弘子「紀州藩の支配形態について」〈藤野保編『論集幕藩体制史第七巻藩体制の形成Ⅱ』雄山閣、一九九四年〉）。その後、紀州藩については、藤本清二郎氏が正保三年時の割替にあたっての史料紹介を行っている（藤本清二郎「紀州藩の正保三年『家中ならし』について」〈『紀州経済史文化史研究所紀要第七号』和歌山大学紀州経済史文化史研究所、一九八七年〉）。

（2）谷口澄夫『岡山藩政史の研究』（塙書房、一九六四年）によれば、岡山藩は承応三年の大洪水を契機にして、給人の年貢決定権などを取り上げ、「平し免」という藩が決定した知行物成を採用するなど、地方知行制は名目的なものとなり、俸禄米制度と大差のないものに変質したとしている。

（3）平高については、「津藩状況概要」（『三重県史』資料編近世2、二〇〇三年）に「伊賀国并伊勢国之内領分元祖和泉守拝領之節、御朱印高之物成平免以四ツ成を平高ニ仕只今ニ用之来り候、家中之侍共江茂右之高物成を以相渡申儀ニ御座候」とあり、平高は物成高の平均が四つ物成になるように割替をして算出した石高である。それは家臣への知行高割付の石高となった。尾張藩の概高、紀州藩の今高と同じ方法で割替えた擬制石高である。本書第二部第一章。

（4）慶長十四年（一六〇九）の「定条々」に「知行所物成相定渡上ハ、四ツ成ニ納可申候」と、慶長十四年以降「四つ物成」が採用されていた（「津藩条々写」『三重県史』資料編近世1、一九九三年、五八三～五八四頁）。

（5）拙稿「豊臣氏取立大名の給知制について」（『三重大学人文学部提出修士論文』二〇〇三年）。本書第二部第一章。
（6）福岡藩の地方知行制の存続を分析したものに福田千鶴「近世地方知行制の存続意義について」（J・F・モリス・白川部達夫・高野信治共編『近世社会と知行制』思文閣出版、一九九九年）があり、地方知行制の存続の意義は格式の問題と軍役維持にあったとしている。
（7）中田四朗「延宝—正徳における藤堂藩家中対策」（『三重史学』二、三重史学会、一九五九年）、同「享保期—元文期における藤堂藩の家中政策」（『三重史学』四、三重史学会、一九六一年）。
（8）後述の〔史料五〕。上野市古文献刊行会編『宗国史』下巻（同朋舎、一九八一年）三三～三四頁。
（9）この史料は後述するように延宝三年（一六七五）に触れられものである。
（10）「知行高之覚」（上野市古文献刊行会編『公室年譜略』清文堂出版、二〇〇二年）五一三～五一五頁。
（11）「藤堂高次条々写」（『三重県史』資料編近世1、一九九三年）六〇四頁。なお、高虎時代の元和二年にも同様の条々が出されている（『宗国史』下巻、二一二頁）。
（12）『公室年譜略』五六九頁の寛永十六年正月十九日条には「横田藤右衛門ニ知行千石割符ノ書付ヲ出シ玉フ、私ニ曰先考ノ節ハ家臣知行目録ヲ各ニ賜フニ印章アリ当公ニ至テ印章ナシ、地方ニテ知行ヲ賜フハ皆割符ノ書付ヲ勢伊共ニ時ノ奉行ニ命シテ出シ玉フ」とあり、高次時代になって奉行連署による知行目録が発給されることとなったのである。
（13）（14）「伊賀奉行書状写」（『三重県史』資料編近世1）六二一頁。
（15）「二一三　伊賀奉行書状写」（同右、六二四頁）。
（16）「二一二　伊賀奉行書状写」（同右、六二四頁）。
（17）『宗国史』下巻、二四七～二四八頁。
（18）三重県総合博物館所蔵伊藤又五郎家文書。この史料については『宗国史』下巻二七二頁にも掲載されており、辰年とあることからその年代比定を承応元年としている。しかし、この史料には寛永二十一年九月十日とはっきりと年号が記されていることや寛永十七年の辰年に三分の免上げを実施していることから、この史料の辰年とは寛永十七年を指すものと考えられ、したがって、この史料の発給年代は寛永二十一年と考える。

(19)「藩の財政概要」(『津市史』第二巻、一九六〇年)。

(20)『公室年譜略』六二四頁。

(21)同右、六三〇頁。なお、「足シ米」措置については慶安四年が最初ではなく、寛永九年十月条に「家中ノ采地三ツ成ニ及ハサルハ各是ニ足シ米ヲ賜フ」(同右、五二二頁)とあり、寛永九年に一度実施されている。また、慶安三年十月二十五日条に「伊勢津附切米取ノ分伊賀米ニテ相渡スベキ旨命セラル」(同右、六二五頁)とあり、知行取以外の切米取に対しても救済の措置が行われた。

(22)『宗国史』下巻、二六九頁。

(23)「給人へ被　仰出条々」(『宗国史』下巻)二五三～二五四頁。また、伊賀国では明暦三年に検見取が採用されている史料も見られる(梶田家文書)。

(24)白井家文書G―6「紅蓮院様御筆記」延宝七年三月条。

(25)三重県総合博物館寄託海野家文書延宝九年、天和二年年貢割付状。なお、津藩伊勢国における年貢制度については、拙稿「津藩の伊勢国における年貢政策について―年貢徴租法と引の分析を中心に―」(『ふびと』第五一号、三重大学歴史研究会、一九九九年)を参照。

(26)伊賀古文献刊行会編『統集懐録』(二〇一三年)貞享四年九月条。なお、「統集懐録」については、伊賀奉行であった石田三郎左衛門の手覚記とされている。

(27)『宗国史』下巻、二五四頁。

(28)註(25)海野家文書。

(29)西嶋家文書「覚」。この史料については『宗国史』下巻、四〇頁に「諸士物成蔵納ニ被　仰付事」とあるが、それには発給者及び宛所が記されていない。

(30) 同右、「定」。干支や内容から寛文十年のものと比定した。

(31) 『宗国史』下巻、四〇～四一頁。

(32) 深谷克己『津藩』（吉川弘文館、二〇〇二年）にもふれられている。なお、金井圓校注『土芥寇讎記』（人物往来社、一九六七年）には、「然ルニ、地形之領主共、主恩ニ誇《ホコ》リ、領地之百姓等ヲ稠《キビ》シク貪リ奪《ウバ》フニ依テ、民間〔ニ〕大ヒ難儀ス。高久聞キレ之、且公儀ヲ憚《ハバカ》リ、且ツハ百姓之辛苦《シンク》を哀憐《アハレ》ミ、近年地形を取《トリ》上ゲ（下略）」とあり、給人の在地支配が百姓を困窮に陥れているから、地方知行を取り上げたとしている。この評価はどれほど信憑性を持っているかはわからないが、地方知行制の中止の理由の一つであった可能性もある。

(33) 『宗国史』下巻、三三～三四頁。なお、この史料は二月十一日としかなく年代が不詳であったが、上野市古文献刊行会編『永保記事略』（同朋舎、一九七四年）の延宝三年二月条に

同月

一近年御家中ゟ指上候分一米御免被成候事

△御蔵入并給知共為修覆高百石ニ付一分米を出し知行悪敷不成候様給人も相応ニ相続致候様被　仰出之

△所知行御蔵米届候者ハ定之御蔵米ニ而可被下候事

△右之外省略筋御制度之筋之被　仰出も有之

とあり、ここからこの史料の年代を延宝三年と比定した。

(34) 地方知行制の復活は、延宝三年の史料からわかるし、地方史料からも確認できる。伊勢国の粟加村の場合、寛文十年より以前は藤堂内匠知行地、寛文十年から延宝二年までは蔵入地、延宝三年から再び知行地となっている（三重県総合博物館寄託海野家文書年貢割付状）。なお、名張藤堂家では本家より早く地方知行制が復活した。寛文十一年八月条に、「藤堂宮内知行所之儀御家中並ニ御蔵納ニ被　仰付候得共、宮内儀は各別ニ付當年ゟ伊勢ニ而一萬石、名張ニ而五千石本知可被遣之旨被　仰出候事」（『永保記事略』五四頁）とあるし、寛文十

年九月の「御意之覚」の最後の文言にも「右翌年八月四日地方に被返下候旨森十郎兵衛　被　仰付」（『宗国史』下巻）とある。

ただ、通説では地方知行制の復活の時期を正徳二年（一七一二）としている（『三重県の歴史』山川出版社、『藩史大辞典』雄山閣出版など）。そこには典拠が記されておらず不詳であるが、前述の中田氏の論文が影響している可能性はある。

（35）『永保記事略』五五頁、寛文十一年十月条。
（36）熊本藩の事例のように上知中止後に割替が実施された藩もあることから津藩においても同様の措置がなされたものと考えられる（松本寿三郎「〝擬制的〟知行制の成立」（『近世の領主支配と村落』清文堂出版、二〇〇四年）。
（37）（38）白井家文書D―1「白井家譜雑記」。
（39）白井家文書L―9「覚」。
（40）註（37）。ただし、〔史料六〕に見られる五百野村の知行高とここに見られる石高に差異があるが、それについては不詳である。
（41）註（39）。
（42）給所百姓の決定方法として津藩ではくじ取りが行われたが、このような方法は幕領や彦根藩、尾張藩等でも実施されている。
（43）白井家文書G―6「紅蓮院様御筆記」延宝六年四月十二日条。
（44）「延宝三年（一六七五）二月　郡奉行の職掌が規定される」（『伊賀市史』第五巻資料編近世、二〇一二年）。
（45）『津市史』第二巻、五四五～五四六頁。
（46）註（6）福田前掲論文。
（47）註（5）拙稿。本書第二部第一章。

(48)「大通公賦令」(『宗国史』下巻) 四三六～四三七頁。
(49)『宗国史』下巻、四三八～四四二頁。
(50)「伊賀附諸手人数定」「使番心得」「伊賀方一二の出人数定」(『三重県史』資料編近世2) 六四四～六五一頁。
(51)『宗国史』下巻、二五六～二五七頁。
(52) J.F.モリス「給人地方知行制下における『兵農分離』」(『近世日本知行制の研究』清文堂出版、一九八八年)、峯岸賢太郎「軍役と地方知行制」(三好昭一郎編『徳島藩の史的構造』名著出版、一九七五年)。
(53)「藤堂高虎条目写」(『三重県史』資料編近世1) 九二〇頁。
(54) 伊賀市上野図書館所蔵「大輪院様御代分限帳」を中心にして『公室年譜略』で取立状況を補い分析を行った。なお、実際にはこれらの形態のほかに地方蔵米併用の者がいる(『伊賀市史』第二巻通史編近世、二〇一六年)。
(55) 三重県環境生活部文化振興課所蔵桑名家文書「(二代又右衛門相続許可判物)」。
(56) 同右、「(二代又右衛門相続許可連署状)」。
(57) ただし、跡目相続ができなかったケースもある。貞享五年十月六日には中小路八郎右衛門は常日頃の行跡が悪く、しかも忰五左衛門の勤務の様子も芳しくないので跡目相続を認めないというものであった(『永保記事略』一三二頁)。一方、不行跡な給人でも「先祖御用立候付」と一旦は本人の不行跡により跡目相続が不可となったにもかかわらず、先祖の勲功により跡目相続が認められたケースもあった。
(58) 白井家文書D―1「白井家譜雑記」、桑名家文書「覚(由緒書)」延宝二年。
(59)『公室年譜略』により相続に関する記事を抽出した。
(60) 小浜藩では相続に際し家督相続、跡目相続が併用されていたし(『小浜市史』通史編上巻、一九九二年)、桑名藩でも同様であった(拙稿「桑名藩家臣団の構造と確立期の特徴」(『ふびと』第五四号、三重大学歴史研究会、二〇〇二年)。

第三章　近世中期の知行形態の基調

――伊勢・伊賀国給人知行地の配置を中心に――

はじめに

慶長十三年（一六〇八）に伊賀・伊勢国に入封した豊臣取立大名である藤堂高虎は、両国合わせて朱印高二二万三九五〇石余、平高換算で四〇万石余を領有し、津城を居城とした[1]。

近世初期から前期にかけての津藩の知行制については、津藩の知行高であった平高制を含めて明らかにしたが、そこでは、津藩の平高が知行割当として利用されたこと、津藩の知行形態が地方知行制で、知行地は割り当てられるが、給人の権限は年貢直納に制限され非常に脆弱なものであったと指摘した。また、二代高次、三代高久時代には藩財政や家臣の財政の悪化なども手伝って一時的に蔵米知行制を採用したことで給人知行地が減少し、蔵入地化が進んだことも明らかにした[2]。

そこで、本章では、それに続く形で近世中期の藩政策、分限帳[3]をもとに近世中期の給人の知行形態の把握、さらに給人知行配置を記した史料[4]から知行配置傾向等を分析し、その中から近世中期における津藩の知行制の基調を捉えたい。

第一節　近世前期から中期にかけての藩政策

1　分掛米の賦課

津藩の知行制は、寛文・延宝期が転換期となっていたことを指摘した。[5] この時期に一時的ではあるが、知行形態を変更したことにより蔵入地化を促進させた。もっともその要因には、藩財政の悪化や家臣の勝手不如意が関連している。「御意之覚」[6] では「過分之御借銀」「当暮ニひしと御手詰」という状況であった。また、明和九年（一七七二）には藩が六〇〇〇両余もの借金を抱えている証文[7] も残され、慢性的な財政悪化の状況が指摘される。

こうした藩財政悪化の状況の打開策として家臣団へ分掛米[8] が課せられる。寛文十年（一六七〇）の「御意之覚」[9] には「当年物成之内ニ而八分一米可差上事」とあり、物成の八分の一、すなわち一二・五％の分掛米が課せられることとなった。しかし、この分掛米は常態ではなくこの段階では時限的な措置であった。ところが、享保期頃になると次のような「分米」そのものに関する法令が出される。

〔史料一[10]〕

分米之義被　仰出

一御家中之者共勝手不如意之処近年分米差上御勝手御取続御満足ニ思召候、来暮ゟ御戻し可被成候筈ニ候得共元大借之上近年段々御借金も増末々御取続難被成様子ニ役人共申候御家中此節致困窮之事ニ候得ハ

御気之毒ニ思召候得共可被成様無之ニ付分米是迄之通先差上候様ニ可仕候小身之者共ハ別而及難義可申
間弐百石以下ハ来暮ゟ分米差免し被成候旨被　仰出
一御国付江戸詰共ニ去冬被　仰付候拝借当暮返上之元金御上候御かり替御済せ被成候間当暮ハ利金迄被致
上納来巳ノ暮ゟ五年賦ニ元利上納可有之候
右之通被　仰出候間可被得其意候以上
（享保九年）十月十五日

とあり、家臣の勝手不如意にもかかわらず分米を差し上げ藩主は満足している。そしてその分米を返却するはずであったが藩財政の悪化により今後もこれまで通り分米を差し上げるようにとしている。ただし、二〇〇石以下の者は免除するとなっている。また二条目では拝借金返上について五年賦の元利上納を命じている。この背景には、享保五年五月の五年間家中分一米指上被仰出があった(11)。享保二十一年二月には、五年間の家中分米三分掛りと倹約令(12)が出されている。

このように、近世中期には藩財政悪化への対応として、常態的に家臣へ分掛米を課していたのである。

2　知行免率の引き下げ

宝永期には、分掛米とは異なる政策として免（年貢）率引下げを実施した。

〔史料二(13)〕

口上申渡覚

一御勝手方御不如意ニ付御家中へ被下候給地御蔵米共来亥ノ年ゟ五年之内免引下ヶ相渡し候間左様可被相

心得候御合力米給金扶持方共右ニ准し申候間可被得其意候以上
右ニ付簡略被　仰出有り別ニ倹政條ニ入
右宝永三戌年十月十五日

これによると、宝永三年（一七〇六）時点で、藩財政の悪化のため家臣の知行地、及び蔵米を翌亥年から五か年免率を下げるとし、合力米・給金取・扶持渡方もこれに準じるとする倹約令が出された。免率が下がることにより藩の物成渡分が減少し、藩収入が増える効果があった。

宝永七年十月には倹約につき加判用人の役料一〇〇俵減少、郡奉行の役料五〇俵減少を仰せ付けられる[14]。正徳二年（一七一二）三月には知行三分引御免[15]があった。しかし、これらの一連の政策が家臣の勝手不如意を生み出す要因となっていたのである。

3　家臣の救済策

家臣の勝手不如意は、藩財政の悪化とも連動していたため、その打開策として延宝六年頃から度々の倹約令が発布された[16]。倹約令の中でも天和三年（一六八三）の倹約令[17]は、「国付小身成者共面々知行所へ参仕在郷仕勝手能候ハ、家老組頭へ相断心任ニ可仕事」と家臣の内、地方知行を行っている者[18]の在郷を許可するような法令で、他藩でも見られる本来の地方知行の様相を呈するものであった。

また、延宝八年十月には下行金の下賜[19]が、元禄三年（一六九〇）十一月十九日には「御家中不勝手之由不便ニ思召利足かろき金子御調させ御かし可被下旨被　仰出候事[20]」と、家臣の勝手不如意に対しての救済策として金子貸付の触が出された。同年の「物成質入ニ奉行加裏判事[21]」には「家中諸士物成切米他領ニ質物ニ書入金子借

表1　藩財政・家臣の救済等政策一覧

和　暦	西　暦	項　目	内　　容	典　　拠
寛文10年	1670	分米	八分一米賦課	御意之覚『宗国史』
延宝６年	1678	倹約	御簡略	(『永保』正月廿日条)
延宝６年	1678	倹約	倹約筋被仰出	(『永保』九月条)
延宝８年	1680	下行	家中積金下行	(『永保』十月廿二日条)
天和３年	1683	倹約	簡略	家中へ被仰出之覚『宗国史』
元禄３年	1690	貸付	金子御貸し	(『永保』十一月十九日条)
元禄６年	1693	倹約	御家中倹約	(『永保』三月六日条)
元禄12年	1699	倹約	御倹約	(『永保』五月条)
元禄16年	1703	借替	銀子采女借替	(『永保』二月七日条)
宝永３年	1706	免率	五年免率引き下げ	口上申渡覚『宗国史』
宝永６年	1709	倹約	御倹約	(『永保』四月十九日条)
宝永７年	1710	免率	役料減少	(『永保』十月朔日条)
正徳２年	1712	免率	知行三分引	(『永保』三月五日条)
享保２年	1717	倹約	倹約仕	(『永保』三月三日条)
享保５年	1720	分米	五年分米指上	(『永保』五月月三日条)
享保８年	1723	拝借	金子拝借	(『永保』七月七日条)
享保９年	1724	分米	分米差上	分米之義被　仰出『宗国史』
享保15年	1730	返上用捨	拝借返上用捨	(『永保』十二月十八日条)
享保21年	1736	分米	三分掛、倹約	(『永保』二月六日条)
享保21年	1736	延期	春上納役銀高半分追延	(『永保』二月二十一日条)
元文３年	1738	分掛中止	家中分掛中止	(『永保』十一月朔日条)
元文５年	1740	下行	百石につき一両ずつ下行	(『永保』十一月二十三日条)

『宗国史』『永保記事略』(以下、『永保』とする)による。

用仕候（中略）自今以後他領へ物成切米質入無用ニ候」とあり、このような事態を憂慮した藩では他領への物成切米の質入れを禁止したり、前述したように金子の貸付けをし、その状況を何とかくい止めようとしたのである。倹約令は元禄六年三月[22]、同十二年五月[23]にも発布され、貸付と倹約がセットとなっている。さらに元禄十六年二月七日には「御家中御蔵米取之内金子借用之面々当暮ゟ利息六分之銀子采女借替遣し可申段相触候事[24]」と、蔵米知行取の者の内、金子を借用している者は藤堂采女が借り替えを行う旨の触が出ており、上級家臣による下級家臣の救済も行われた。

宝永六年四月[25]、享保二年（一七一七）二月にも倹約令が発布[26]され、享保八年七月七日にはこのような藩政策が展開される中で「藤堂数馬近年不勝手ニ付今度金千両拝借被　仰付候[27]」と、家臣の財政悪化の中での多額の金子拝借も見られる。享保十五年十二月には「御家中困窮ニ付拝借返上御用捨被　仰出之[28]」と、家臣の借用金の返済の用捨が実施された。享保二十一年には家臣の困窮に付春上納銀高半分延期[29]、元文三年（一七三八）十一月には作毛不熟で難渋ではあるが家臣の分掛りは中止[30]、同五年十一月には立毛不熟につき二ツ九分九厘以下の免並びに伊勢御蔵の免へは一〇〇石につき金一両ずつの割にての下行も見られる[31]。

以上のように、藩財政の悪化を改善するために倹約令を発するとともに、商人等に対して金子の借用[32]、家臣へ対しては分掛米差上を行った（表1）。さらに享保期以降、立毛不作により年貢米の落ち込み[33]も財政の悪化に拍車をかける。特に分掛米差上は家臣にとっては、家禄の減少につながり困窮化の要因となっていた。これに対し、藩では家臣の救済の意味で分掛米の中止や借用金返上の延期を実施した。そしてこのことが藩財政の悪化を招くことになる。しかし、借用金の借り入れや分掛米賦課と弥縫策を展開し、悪循環を繰り返すだけで、根本的な解決策には至らなかった。このようにして藩財政悪化、家臣の困窮化が知行制へさまざまな影響をもたらすことになるのである。このような状況もあり知行地の維持が困難な給人は蔵米知行制を希求し、蔵入地化が促進されていったのである[34]。

第二節　分限帳より見た知行形態

1　知行形態の種類

近世中期の藤堂高敏時代（宝永五年〜享保十三年）の分限帳[35]を見ると、通常の分限帳にある知行高・職務や給人名などの情報以外に「地方」「地方蔵米」「蔵米」という表記が見られる。津藩の知行形態を表しており、「地方」は「地方知行」、「地方蔵米」は「地方蔵米知行」、「蔵米」は「蔵米知行」を指すのである[36]。特に地方蔵米形態については、知行地を宛行われている地方知行形態と藩庫から蔵米を給付される蔵米知行形態の両用を備えたものであり、その割合は給人によりまちまちであった。

この分限帳を用いて一〇〇石以上の給人[37]の知行形態を形態別・知行高別に分類したものが表2である。まず、全体的なものから見ると、六一三人中一三・五%にあたる八三人が地方知行形態、九・五%にあたる五八人が地方蔵米知行形態、七五・五%にあたる四六三人が蔵米知行形態であった。すなわち近世中期には一〇〇石以上の家臣団の内、およそ四分の三が蔵米知行形態を取っていたのである。

表2　津藩士知行形態別知行高

知行形態	地方知行			地方蔵米知行			蔵米知行			不　明			
知行高	人数	地方知行割合	形態別割合	人数	地方蔵米知行割合	形態別割合	人数	蔵米知行割合	形態別割合	人数	形態別割合	合計	知行割合
石	人	%	%	人	%	%	人	%	%	人	%	人	%
15000	1	1.2	100.0			0.0			0.0		0.0	1	0.2
7000			0.0			0.0	1	0.2	100.0		0.0	1	0.2
5500	2	2.4	66.7	1	1.7	33.3			0.0		0.0	3	0.5
5000	2	2.4	100.0			0.0			0.0		0.0	2	0.3
3000	3	3.6	60.0	2	3.5	40.0			0.0		0.0	5	0.8
2000	2	2.4	66.7			0.0	1	0.2	33.3		0.0	3	0.5
1500	5	6.0	45.5	2	3.5	18.2	4	0.9	36.4		0.0	11	1.7
1350			0.0			0.0	1	0.2	100.0		0.0	1	0.2
1300			0.0	1	1.7	100.0			0.0		0.0	1	0.2
1200			0.0			0.0	1	0.2	100.0		0.0	1	0.2
1000	13	15.7	56.5	1	1.7	4.3	8	1.7	34.8	1	4.3	23	3.7
800			0.0			0.0	5	1.1	100.0		0.0	5	0.8
750			0.0			0.0	1	0.2	100.0		0.0	1	0.2
700	1	1.2	11.1	3	5.2	33.3	5	1.1	55.6		0.0	9	1.5
600	1	1.2	20.0			0.0	4	0.9	80.0		0.0	5	0.8
550			0.0			0.0	1	0.2	100.0		0.0	1	0.2
500	7	8.5	18.9	5	8.6	13.5	25	5.4	67.6		0.0	37	6.0
450			0.0	1	1.7	25.0	3	0.7	75.0		0.0	4	0.7
400	1	1.2	5.6	6	10.3	33.3	10	2.2	55.6	1	5.6	18	2.9
350			0.0	2	3.5	22.2	6	1.3	66.7	1	11.1	9	1.5
300	11	13.3	16.9	5	8.6	7.7	49	10.6	75.4		0.0	65	10.6
260	1	1.2	100.0			0.0			0.0		0.0	1	0.2
250	4	4.8	7.1	8	13.8	14.3	43	9.3	76.8	1	1.8	56	9.1
200	16	19.3	15.4	15	25.8	14.4	73	15.7	70.2		0.0	104	16.9
160	1	1.2	11.1			0.0	8	1.7	88.9		0.0	9	1.5
150	6	7.2	8.7	3	5.2	4.3	58	12.5	84.1	2	2.9	69	11.2
130			0.0			0.0	2	0.4	100.0		0.0	2	0.3
120			0.0			0.0	6	1.3	100.0		0.0	6	1.0
100	6	7.2	3.8	3	5.2	1.9	148	32.0	92.5	3	1.9	160	26.1
合計	83	100.0	13.5	58	100.0	9.5	463	100.0	75.5	9	1.5	613	100.0

伊賀市上野図書館所蔵「大輪院様御代分限帳」による。

2　知行形態の分析

もう少し知行形態を詳細に見てみよう。地方知行形態はどのような傾向を示しているかというと、一〇〇〇石、三〇〇石、二〇〇石の給人が多く、この階層にその中心があり、地方知行形態は一〇〇〇石以上の上級階層と三〇〇～二〇〇石の中下級階層に分化している。三〇〇～二〇〇石の階層は、元を辿れば一〇〇〇石以上の給人が、相続で分知された者の子孫[38]であり、地方知行形態も家禄として相続するといったものであった。

地方蔵米知行形態は一〇〇〇石以上の上級階層の給人はいるものの、四〇〇石、二五〇石、二〇〇石にその中心階層があり、中級階層と中下級階層に集中している。

蔵米知行形態も一〇〇〇石以上の給人が見られるが、三〇〇石、二〇〇石、一五〇石、一〇〇石にその中心階層があり、中でも一〇〇石は三二％と最も多く、中級階層から下級階層がほとんどである。

また、知行高で見ると、一〇〇〇石以上の上級階層では、二〇〇〇石以上の給人は地方知行が多く、一五〇〇石・一〇〇〇石で三種類の知行形態が見られるものの地方知行が主体であった。一〇〇〇石未満の中下級階層では、八〇〇石・七五〇石・五五〇石・一三〇石・一二〇石が蔵米知行、七〇〇石・五〇〇石・四〇〇石・三〇〇石・二五〇石・二〇〇石・一五〇石・一〇〇石が三種類の知行形態、一六〇石が地方知行となっており、知行高が少なくなるほど蔵米知行形態の給人が多くなる傾向が見られる。

第三節　伊勢国の知行形態

1　蔵入地と知行地の概況

この節と次節では二節で検討した知行形態の内、地方知行制を取っていた給人の知行地等の把握から中期の地方知行制の基調を検討してみたい。

表3により元禄期の津藩伊勢国の知行形態の概要を把握してみよう[39]。伊勢国の領地は、平高で安濃郡六万六八〇〇石弱、一志郡四万三六〇〇石余、庵芸郡一万一〇〇〇石余、鈴鹿郡二二〇〇石余、川曲郡九一〇〇石余、三重郡六五〇〇石弱、飯野郡一万六〇〇〇石余、多気郡六八〇〇石余で、その総計は一六万二三六七石余となる。蔵入地と知行地（名張領含む）の割合は九万四〇〇〇石余と六万八〇〇〇石余で、その比率は五八％、四二％となる。知行地は安濃・一志郡に集中しており、さらに知行割合が高く石高も多い。津城を中心とした地域が津藩伊勢国の中枢であり、ここに多くの蔵入地、知行地を配置したことがわかる。これは藩財政基盤確立及び家臣団城下町集住との関連が推測される。そして、多気・飯野郡は名張に本拠を置く藤堂宮内の知行地として藩領内で特別な地域であったこともわかる。また、庵芸・鈴鹿・川曲・三重郡は、津城を中心に同心円状に遠ざかる地域であり、蔵入地の割合が高く藩直轄地とすることで、藩支配や政策が直接に及ぶようにしたのである。

そして、蔵入地、知行地、及び蔵入地知行地混在の割合を検討することでさらに詳細がわかる。津藩伊勢国

表 3　元禄期の伊勢国蔵入地と知行地概況

郡　名	平　高	蔵入地	割　合	知行地	割　合	名張領	割　合
	石	石	%	石	%	石	%
安濃郡	66759.970	38732.509	58.0	28027.461	42.0		
一志郡	43616.853	25760.771	59.1	17856.082	40.9		
庵芸郡	11181.338	7596.936	67.9	3584.402	32.1		
鈴鹿郡	2220.568	1574.247	70.9	646.321	29.1		
川曲郡	9213.074	6910.080	75.0	2302.994	25.0		
三重郡	6438.115	5345.377	83.0	1092.738	17.0		
飯野郡	16134.184	7977.487	49.4	2249.302	13.9	5907.395	36.6
多気郡	6803.305	260.002	3.8	2450.698	36.0	4092.605	60.2
津領分	162367.407	94157.409	58.0	58209.998	35.9	10000.000	6.2
図書分	3847.926			3847.926	100.0		
久居領	51692.790	51692.790	100.0				

三重県総合博物館所蔵伊藤又五郎家文書「伊賀伊勢山城大和下総五箇国御領分村高帳写」による。

表 4　蔵入地知行地混在地割合

郡　名	蔵入地のみ		知行地のみ		蔵入地知行地混在		村落計
	村落数	割合	村落数	割合	村落数	割合	
	村	%	村	%	村	%	村
安濃郡	21	28.8	11	15.1	41	56.2	73
一志郡	20	32.8	7	11.5	34	55.7	61
庵芸郡	7	30.4	7	30.4	9	39.1	23
鈴鹿郡	1	33.3	1	33.3	1	33.3	3
川曲郡	3	60.0	1	20.0	1	20.0	5
三重郡	9	60.0	3	20.0	3	20.0	15
飯野郡	17	58.6	11	37.9	1	3.4	29
多気郡	0	0.0	17	85.0	3	15.0	20
合計	78	34.1	58	25.3	93	40.6	229

三重県総合博物館所蔵伊藤又五郎家文書「伊賀伊勢山城大和下総五箇国御領分村高帳写」による。

領の村落二二九か村を各郡ごとに蔵入地、知行地、蔵入地知行地混在の三類型に分類したものが表4である。

全体としては、蔵入地知行地の混在型が四〇・六%で多い。これに蔵入地と合わせると七四・七%となり、四分の三が藩関連地ということになる。そして三つに分類でき、第一類型として安濃・一志郡のように一村丸ごと知行地の割合が少なく、蔵入地と混在村落が多いもの（約九〇%）で、その村落数も一三四か村、五四・一%と藩蔵入地の中心となる地域、第二類型として多気郡のように一村丸ごと蔵入地がなく名張に本拠を置く藤堂宮内の知行地が大半を占める地域、そして、第三類型はその中間形態にある地域である。それは蔵入地と知行地の割合を見ることで、さらに三類型に分けることができる。蔵入地と混在村落の割合が八〇%を占める川曲・三重郡、その割合が七〇%弱となる庵芸・鈴鹿郡、六二%となる飯野郡の地域である。

結局、津城下に近接する安濃・一志郡は一村丸ごと知行地の村落数は少なく、蔵入地知行地の混在村落が多いが、蔵入地と合わせると九〇%近くになり、藩及び給人にとって枢軸となる地域であった。多気郡は藤堂宮内の知行地が多いことで蔵入地が少なく、その点で特別な位置づけにあった。飯野郡は藤堂宮内及び一村丸ごと蔵入地となっており、藩と藤堂宮内との結節地域となっている。津城を中心にして遠隔地へ行くにしたがい、一村丸ごと知行地が少なくなるのは、藩支配の及ぶ地域を確保し強化するためであると考えられる。

2　給人由緒と知行地

給人の取立状況(40)や由緒と知行地の関連を明らかにしよう。伊勢国の場合、元禄期に知行地を所持する給人の内、取立状況のわかる給人を抽出したものが表5である。天正十年（一五八二）取立の渡邉高之助を最初として、以降給人の取立が行われている。慶安期や元禄期の知行高との関連を中心にその傾向を見てみると、藤堂

表５　取立年代と知行高・知行形態

取立・相続年	西暦年	給　人　名	慶安知行高	慶安所在	元禄期知行高合計	宝永～享保期知行高	知行形態
			石		石	石	
天正11	1583	渡邉高之助			200.000		
天正15	1587	白井九兵衛			299.420		
天正16	1588	藤堂宮内	20000	名張	10000.000	15000	地
天正17	1589	小森三平			200.000	250	地蔵
慶長元/寛永７	1596	小森少右衛門	300	津	300.045	400	地蔵
慶長５	1600	須知九右衛門	200		500.000	1000	
慶長５/寛永14/寛文７	1600	藤堂仁右衛門	7000	津	5500.015	5500	地
慶長５/慶安元	1600	内海左門	250		999.960	1000	地
慶長６/明暦３	1601	小川五郎兵衛	1000	伊賀	8.126	1000	地
慶長６	1601	藤堂采女	7000	伊賀	3225.805	5500	地
慶長６/慶安４	1601	藤堂主膳	3500	津	3334.760	3000	地
慶長６	1601	藤堂主殿			1171.676	2000	地
慶長６/寛永15	1601	藤堂兵左衛門	3000	津	1400.000	2000	地
慶長９/寛永17	1604	磯野杢之助			1000.008		
慶長11/万治元	1606	村田平左衛門	200	津	199.900		
慶長12/元和４/明暦４	1607	井上重右衛門	1000	津	1000.000		
慶長13	1608	赤尾嘉兵衛	200	津	200.000	200	地
慶長14/寛文３	1609	西川多兵衛	250	津	200.000	200	地
慶長14	1609	馬渕半右衛門	1000	津	500.000	500	地
慶長17	1612	西嶋八兵衛	1000	津	800.000		
慶長17/寛永２	1612	沢田平太夫	2500	津	2503.938	1500	地
慶長17	1612	藤堂彦兵衛			799.280		
慶長19	1614	若原一郎左衛門	1000	津	999.978		
慶長19/元和８/正保４	1614	松本宅蔵	200	津	200.000	200	地
慶長19	1614	石田喜右衛門			200.000		
元和元/寛文９	1615	稲葉小左衛門	600	江戸	219.960		
元和元/寛文７	1615	玉置佐右衛門	550	江戸	360.000		
元和元/慶安３	1615	神田与三左衛門	150	津	150.000		
元和元/元和５	1615	石田次郎太夫	150	津	150.001		
元和元/寛永元/寛文７	1615	長野喜太郎	300	津	300.000	800	蔵
元和元/元和４/寛永16	1615	豊竹少右衛門			1.176		
元和２/元和６/寛永10	1616	吉田十兵衛	300	津	300.000	300	地
元和２	1616	箕浦藤兵衛	800	江戸	3.920	700	蔵
元和３/明暦２	1617	柴田八左衛門	300	津	150.000		
元和４/正保２/寛文９	1618	茨木理兵衛	300	津	200.000	200	蔵
元和４	1618	吉武次郎右衛門	500	津	200.000		
元和５/承応３	1619	森嶋玄長	500	江戸	250.000	400	地蔵
元和５/正保２	1619	野殿清左衛門	250	伊賀	43.428		

元和９/寛永19	1623	百々太郎兵衛	600	津	400.000	400	地
寛永元	1624	藤堂外記			700.000		
寛永７/寛永20/寛文９	1630	稲葉伝左衛門	300		150.000	200	地蔵
寛永７	1630	佐久間九郎右衛門			350.000		
寛永７/万治３	1630	真野文左衛門			200.000		
寛永７	1630	中川加左衛門	300	津	280.010		
寛永７	1630	藤堂造酒丞			2400.000	3000	地蔵
寛永７/寛永12/正保元/寛文８	1630	本庄彦三郎	350	津	350.000		
寛永７/明暦元	1630	澤隼人	1000	津	500.000		
寛永９/明暦３	1632	野田喜兵衛	200	津	200.000		
寛永11	1634	榎津九郎次郎	200	津	200.000		
寛永16/万治２	1639	石崎九郎兵衛			200.000	200	地
寛永16	1639	白井市郎兵衛	200	津	149.614	250	地蔵
寛永18	1641	横田弥左衛門	500	津	400.000		
寛永20	1643	越知佐次右衛門	200	津	150.010	250	地蔵

各データは『宗国史』功臣年表、三重県総合博物館所蔵伊藤又五郎家文書「伊賀伊勢山城大和下総五箇国御領分村高帳写」、『公室年譜略』、伊賀市上野図書館所蔵「大輪院様御代分限帳」による。

知行形態は、「地」は地方知行、「地蔵」は地方蔵米知行、「蔵」は蔵米知行形態を指す。

表６　給人の村落給数

分給村数	給人数	割　合	分給村数	給人数	割　合	給人村数計
	人	%		人	%	
１か村	39	33.1	７か村	2	1.7	118か村
２か村	22	18.6	10か村	3	2.5	
３か村	18	15.3	11か村	3	2.5	
４か村	12	10.2	12か村	1	0.8	
５か村	9	7.6	13か村	1	0.8	
６か村	7	5.9	20か村	1	0.8	

三重県総合博物館所蔵伊藤又五郎家文書「伊賀伊勢山城大和下総国御領分村高帳写」による。

宮内・藤堂仁右衛門・藤堂采女・藤堂主膳・藤堂主殿・須知九右衛門など一〇〇〇石以上の給人は概ね元和期以前に取り立てられ、元和期以降は一〇〇〇石以上の給人の取立も一部見られるが、それ未満の知行高の給人が多い。また地方知行形態と地方蔵米知行形態の様相も元和期が一つの画期となっていることが確認される[41]。

また、給人の中には拝領高と知行高が必ずしも一致しない者が見られ、ここから考えるならば、知行高よりも物成高を優先し、過不足については藩庫からの支給で補填していたと考えられる。一〇〇〇石以上の上級家臣は伊勢・伊賀国に知行地がまたがるケースがあるということも共通している。国付との関連をみれば、慶安期と元禄期との時間差があることと国付不明の者がいるので必ずしも明確とはならないが、上級家臣のように両国にまたがる事例がある一方、伊勢国に知行地を宛行われているものは伊勢津付が基本となっていることがわかる。

3　給人から見た村落数

次に各村落がどれほどの給人に支配されていたのかを見てみよう（表6）。ここでは蔵入地分は捨象してあり、給人が支配している村落は一一八か村である。一村丸ごと支配している給人は三九人と三三・一％であり、以下、二か村、三か村と順に七か村まで支配している。ここまでが一応の区切りとなる。それ以外は家老級の家臣の知行地で一〇〜一三か村、二〇か村となっている。一〇〜一三か村を支配している給人は、一〇か村が沢田平太夫・藤堂監物・藤堂隼人、一一か村が深井段(団)右衛門・藤堂伊織・藤堂采女、一二か村が藤堂主膳、一三か村が藤堂仁右衛門で、合計八人である。二〇か村は名張に本拠を構える藤堂宮内である。給人は一村丸ごと支配が基本であったが、家老級など知行高や村高の関係で村落の相給化が進行し分散知行形態となっている。

表7　村落から見た給人数

分給数	村　数	割　合	蔵入地数／混在数	割　合	知行地数	割　合	備　考
	村	%	村	%	村	%	
1給	124	54.1	※77	45.3	47	79.7	※蔵入地のみ
2給	31	13.5	25	14.7	6	10.1	
3給	26	11.4	23	13.5	3	5.1	
4給	16	7.0	14	8.2	2	3.4	
5給	7	3.1	7	4.1			
6給	5	2.2	5	2.9			
7給	10	4.4	9	5.3	1	1.7	
8給	1	0.4	1	0.6			
9給	3	1.3	3	1.8			
10給	2	0.9	2	1.2			
11給	2	0.9	2	1.2			
12給	1	0.4	1	0.6			
13給	1	0.4	1	0.6			
合計	229	100.0	170	100.0	59	100.0	

三重県総合博物館所蔵伊藤又五郎家文書「伊賀伊勢山城大和下総国御領分村高帳写」による。

特に伊勢国では給人数も影響していると考えられる。

4　村落から見た給人数

元禄期の伊勢国の場合、給人が一〜一三給で村を宛行われた（表7）。その傾向は全体として一〜四給村落が多く全体の八六％を占めている。この場合、一給村落は蔵入地と知行地のみで構成され、四給村落は蔵入地と三人の給人での構成、及び四人の給人で構成されている場合とがある。七人の給人のみで構成される村落が一か村あるが、これを除けば給人だけで構成される村落は四給村落までである。また知行地のみで構成されている村落は五九か村、二五・八％となる。

次に四給村落までの状況を見ると、一給村落は七七か村が蔵入地、四七か村が知行地である。二給村落は二五か村が蔵入地と知行地の混在、六か村が知行地、三給村落は二三か村が蔵入地と知行地の混在、三か村が知行地、四給村落は一四か村が蔵入地と知行地の混在、二か村が知行地、五給以上は七給の村落一村を除いて蔵入地と知行地の混在で構成されている。

また、蔵入地と知行地の混在で構成される村落と給人だけで構成される村落の内、蔵入地よりも知行地が多い村落で知行地のうち中核になる給人がいる村落を挙げてみると、安濃郡では神田村で藤堂主膳八五・七%、栗原村で藤堂主膳八五・七%、曽根村で藤堂主膳八四%、安濃村で藤堂采女七八・六%、鹿毛村で若原一郎左衛門七五・一%、片田前田村で藤堂采女七三・五%、殿村で横浜内記七一・四%、長谷場村で坂井大膳六六・七%、荒木村で横浜内記五一・一%である。

一志郡では藤方村で藤堂主膳八八・六%、島田村で沢田平太夫七一・九%、丹生俣村で藤堂仁右衛門七〇・二%、谷杣村で赤尾嘉兵衛六二・四%、上ノ村で藤堂仁右衛門五七・九%、城立村で小森少右衛門五六・六%、藤村で藤堂采女五四・九%、滝ノ川村で横浜内記五一・八%である。

庵芸郡では大部田村で藤堂兵左衛門七七%、粉川村で吉田十兵衛五二%、川曲郡では須賀村で藤堂兵左衛門五七・六%、三重郡では桜一色村で小森彦十郎六六・二%、飯野郡では菅生村で藤堂隼人六三・七%、立利村で藤堂隼人五八・二%、多気郡では志貴村で藤堂宮内九六・四%、各郡合計で二四か村となっている。これ以外は一村知行地（四七か村）を除き蔵入地の占める割合が高いか、蔵入地と知行地が拮抗している村落となるが、それらは一〇五か村となり、蔵入地の占める割合の高い村落が圧倒的に多くを占める。

ここからは、伊勢国の場合、蔵入地の占める割合が高い村落が多く、給人知行地と相給となっていても村落に楔を打つ形で蔵入地が存在し、藩直轄地を配置することで、藩の主導権を掌握していたものと考える。また給人同士の権力を牽制、及び平等性の観点から知行地を拮抗させるような割合となっていることも重要である。

さらに、藤堂采女・藤堂仁右衛門・横浜内記・藤堂兵左衛門・藤堂主膳・藤堂隼人は上級家臣で、複数にわたっ

表8　村高別給数

村高＼給数	1給	2給	3給	4給	5給	6給	7給	8給	9給	10給	11給	12給	13給	合計
石	村	村	村	村	村	村	村	村	村	村	村	村	村	村
100未満	12	3	1											16
100～200	21	3	3											27
200～400	35	9	3	4	1	1								53
400～600	14	6	3	1	1	2	2							29
600～800	13	2	8	1	2	1	3			1				31
800～1000	10	3	4	6					1					24
1000～1200	4	1	3	2			1							11
1200～1400	3	1			1		2	1						8
1400～1600	4	1		1	2		1		1		1			11
1600～1800	2	1	1						1					5
1800～2000	1						1							2
2000～2200	3									1	1			5
2200～3000	2			1										3
3000～4000		1										1	1	3
4000以上						1								1
合計	124	31	26	16	7	5	10	1	3	2	2	1	1	229

三重県総合博物館所蔵伊藤又五郎家文書「伊賀伊勢山城大和下総国御領分村高帳写」による。

て中核となる村落を有していることも特徴である。

5　村高と給人数

村高と給人数の関係を見よう（表8）。全体的に見た場合、村高は二〇〇～四〇〇石の村を軸にして一〇〇～一〇〇〇石に中心がある。この村落の給人数を見ると一給の村落が多く徐々に二給、三給へと進むに従い、減少していく傾向が見られる（七給は増えている）。特に六〇〇石未満の村落は七給が最高であり、それ以上の村落は村高が増加するに従い、給人数が多くなりばらつきが見られる。

この点から推測すると、六〇〇石未満の村落は、元々給数を制限し蔵入地もしくは知行地の一給を原則としていたが、給人の取立の増加とともにその給人に知行地を宛行ったために、蔵入地であったところが蔵入地と知行地の相給形態になっていったと考えられる。一方、それ以上の石高の村落は当初から蔵入地もしくは知行地の宛行地として用意され、給所数が多くなったと推測される。

6　他領と知行地

最後に他領と知行地の関係を見ていくが、(42)ここでの分析対象は相給村落とする。津藩の場合、領地の配置から紀州藩と亀山藩と多くを接しているが、相給村落は紀州・久居・吹上藩との間であるだけで亀山藩領との間ではない。

その例をあげてみると、藩領北側は磯山・中瀬・白塚・小川・中山・町屋・平野・上津部田・大古曽村などが紀州藩白子領と相給となっている。また藩領北側の三重郡に飛地があり、寺方・尾平・松本・川原田村などが相給地であるが、それらは久居藩領との相給となっているし、平尾村は吹上藩との相給となっている。

藩中心部には河辺・殿村・田端上野・森村などが相給形態となっているが、それらの村々は久居藩との相給である。

藩領南側は雲出・星合・小村・曽原・小津・津屋城・権現前・久米・上ノ庄・黒野・嶋田・滝ノ川・川口・北家城・南出・二俣・庄田・丹生俣村が紀州藩松坂・田丸領との相給形態となっている。

概ね相給村落の場合は、給人の知行地・知行地蔵入地混在・蔵入地があり、特に知行配置にあたり意図的に知行地、蔵入地を配置した形跡は検出できない。

第四節　伊賀国の知行形態

1　蔵入地と知行地の概況

「（伊賀国村明細帳）」[43]により享保期の伊賀国の知行支配がどのようになっていたのかを見てみよう（表9）。

伊賀国には阿拝・伊賀・名張・山田郡の四郡があり、その平高は阿拝郡が六万四〇〇〇石弱、四三・六％と最も多い。次に伊賀郡四万一〇〇〇石余、名張郡二万三〇〇〇石弱、山田郡一万九〇〇〇石余、とその合計は一四万七〇〇〇石余となる。阿拝郡は伊賀国の北西部に位置し、上野城下を中心にその北には近江国甲賀郡、東は加太越、西は島ヶ原を経て大和・山城国へと続く大和街道が通っている。伊賀郡は上野城下の南の方角にあり、阿保村など筒井時代の交通の要所[44]を含み、東は青山峠越、西は名張へと続く参宮表街道を有する。名張郡は伊賀国の南西に位置し、その中心には名張がある。山田郡は上野城下の東部に位置し、その中心を東西に長野峠へ続く伊賀街道が走っている。

これら四郡の知行形態は、蔵入地と知行地に分かれ、一一万四六〇〇石弱、七八％が蔵入地、三万二六〇〇石余、二二％が知行地である。また四郡別では、山田郡が九三・一％、阿拝郡が八六・一％と蔵入地の割合が高い。一方、伊賀・名張郡は知行地の割合が高く三七・五％、三〇・八％である。この内、伊賀郡については、藤堂新七郎・藤堂玄蕃の二人の知行地合計が八三五二石余となり、伊賀国知行地の五四・二％を占めている。また名張郡については知行地七〇〇〇石余の内、五〇〇〇石が名張に本拠を置く藤堂宮内の知行地である。

津藩伊賀国領の村落一九五か村を各郡ごとに蔵入地・知行地・蔵入地知行地混在の三類型に分類したものが表10である。全体としては、蔵入地が九一か村四六・七%と最も多い。次いで蔵入地知行地の混在型が八三か村四二・五%となる。この残りが知行地であるが、二一か村一〇・八%である。九〇%近くが蔵入地を含む藩関連地となる。

表9　享保期の伊賀国蔵入地と知行地概況

郡　名	平　高	蔵入地	割　合	知行地	割　合
	石	石	%	石	%
阿拝郡	63869.994	55013.737	86.1	8856.257	13.9
伊賀郡	41061.345	25656.677	62.5	15404.668	37.5
山田郡	19273.787	17846.562	93.1	1327.225	6.9
名張郡	23019.776	15920.473	69.2	7099.303	30.8
合計	147224.902	114537.449	78.0	32687.453	22.0

三重県環境生活部文化振興課所蔵「(伊賀国明細帳)」による。数値に誤記があるがそのままとした。

表10　蔵入地知行地混在地割合

郡　名	蔵入地のみ		知行地のみ		蔵入地知行地混在		村落計
	村落数	割合	村落数	割合	村落数	割合	
	村	%	村	%	村	%	村
阿拝郡	30	44.8	2	3.0	35	52.2	67
伊賀郡	23	39.0	11	18.6	25	42.4	59
山田郡	17	65.4	0	0.0	9	34.6	26
名張郡	21	48.8	8	18.6	14	32.6	43
合計	91	46.7	21	10.8	83	42.5	195

三重県環境生活部文化振興課所蔵「(伊賀国村明細帳)」による。

以上のように、伊賀国の知行形態は、交通の要所にあたる大和街道・伊賀街道、その結節点にあたる上野城下を中心に、その周辺地である阿拝・山田郡には蔵入地を多く配置していた。また、上野城下南側部分にあたる伊賀・名張郡には知行地を多く配し、特に、名張郡には入封直後は、梅原勝右衛門、寛永十二年（一六三五）以降は藤堂宮内を配置することで南部の押さえとしている(45)。

2　給人から見た村落数と知行地

ここでは伊賀国の各村落がどれほどの給人により支配されていたのかを見てみよう（表11）。伊賀国の場合、給人数四三人の内、一村丸ごと支配している給人は九人と二〇・九%を占める。以下、一一か村、

表11　給人の村落給数

分給村数	総人数	割合	分給村数	総人数	割合
	人	%		人	%
1給	9	20.9	6給	4	9.3
2給	12	27.9	7給	3	7.0
3給	7	16.3	8給	3	7.0
4給	2	4.7	10給	1	2.3
5給	1	2.3	16給	1	2.3

三重県環境生活部文化振興課所蔵「(伊賀国村明細帳)」による。

三か村と順に八か村、そして一〇か村、一六か村である。約八〇%ほどが二給以上であり、知行の分散傾向が見られる。特に知行高が多い給人はその傾向が強い。それを一〇〇〇石以上の給人(46)で見ると、二給二人、三給一人、五給一人、六給二人、七給二人、八給三人、一〇給一人、一六給一人となり、八給以上はすべて一〇〇〇石以上である。これらの給人は概ね元和期以前に取り立てられ、由緒のある給人である(47)。

最後に国付(48)の点から検討するが、基本的には伊賀付の給人は伊賀国で知行地を宛行われるが、それ以前に伊勢津付になっていたものは伊勢国にも知行地を宛行われ、そのために伊賀・伊勢国に知行地が分散するケースがあった。

3　村落から見た給人数

次に村落から見た給人数について見てみよう(表12)。伊賀国の享保期の村落は一～六給まで分散形態で支配が混在していた。その内、一一二か村、五七・一%が一給村落でそれらの多くが蔵入地である。ただ、二一か村が一給の知行地となっている。結局のところ、村落側から見ると、知行地は三給までで、それ以上は蔵入地となっている。

また、蔵入地知行地混在村落や知行地だけで構成される村落の内、蔵入地よりも知行地が多い村落や知行地のうち中核になる給人がいる村落を見ると、阿拝郡では千歳村で藤堂新七郎九八・六%、丸柱村で青木府生五九・七%、波敷野村で藤堂作兵衛五六・九%、西明寺村で藤堂金七が五四・八%、西条村で藤堂与吉五一・二

%で、伊賀郡では下予野村で藤堂釆女七九・七%、上予野村で藤堂釆女七八・六%、南村で藤堂釆女七六・八%、桂村で桑名又右衛門六六・七%、鍛冶屋村で藤堂金七が五四・五%で、山田郡では、奥馬野村で渡部儀多が九六・一%、中村で藤堂金七が五四・五%、中馬野村で藤堂金七が五四・五%で、名張郡では、夏秋村で藤堂金七が五四・五%、長屋村で藤堂金七が五四・五%の割合で見られ各郡合計で一五か村ある。すなわち、こ

表 12　村落から見た給人数

分給数	人　数	割　合	蔵入地数	割　合	知行地数	割　合
	人	%	人	%	人	%
1 給	112	57.1	91	53.5	21	84.0
2 給	51	26.2	48	28.2	3	12.0
3 給	15	7.7	14	8.2	1	4.0
4 給	11	5.6	11	6.5		
5 給	5	2.6	6	2.9		
6 給	1	0.5	1	0.6		
合計	195	100.0	170	100.0	25	100.0

三重県環境生活部文化振興課所蔵「(伊賀国村明細帳)」による。

表 13　村高別給数

村高＼給数	1 給	2 給	3 給	4 給	5 給	6 給	合計
石	村	村	村	村	村	村	村
100 未満	4	1					5
100～200	9	4					13
200～400	16	6	3				25
400～600	21	13	4	5			43
600～800	23	11	3	2	1		40
800～1000	11	8	1	1			21
1000～1200	15	4	2		2		23
1200～1400	6	4					10
1400～1600	3						3
1600～1800	1			1			2
1800～2000					1		1
2000～2200				2			2
2200～2400	2				1		3
2400～2600			1			1	2
2600 以上	1		1				2
合計	112	51	15	11	5	1	195

三重県環境生活部文化振興課所蔵「(伊賀国村明細帳)」による。

れら以外は一村知行地を除き蔵入地の占める割合が高いか蔵入地と知行地が拮抗している村落となるが、それらの村数は総計で一八〇か村となり、前者が圧倒的に多くを占める。

伊賀国の場合、蔵入地の占める割合が高い村落が圧倒的に多く藩主導の形態を取っていたこと、伊勢国同様、給人同士の権力を牽制し平等性の観点を取り入れていたことなどが看取できる。さらに各村落においての知行地割合が高い給人は藤堂釆女・藤堂金七であるが、その知行率は、藤堂釆女は七六～七八％台、藤堂金七が五四・五％であり、しかもこのような形態を取る給人は少数、特定の給人であったことも特徴である。

最後に、村高と給人数の関係を見よう（表13）。全体的に見た場合、村高は二〇〇～一二〇〇石の村を軸にして一〇〇～一四〇〇石台までが中心である。特に相給形態は六給までであり、またこの村落の給人数を見ると一二〇〇石までは村高に比例して給数が多くなる傾向が見られるが、それ以上は傾向がまちまちであることが特徴である。ここからは伊勢国との差異が見いだせる。

おわりに

ここまで論述してきたことをまとめておこう。

第一節では、近世中期の津藩の家臣への対策を中心に論じてきた。そこでは、藩財政悪化に対する打開策として分掛米を家臣に対して課し、宝永期以降家臣の免引き下げによる財政好転を図った。しかし、分掛米賦課は家臣の勝手不如意という状況を作りだしたため、藩は倹約令、分掛米中止などの政策を行った。さらに救済策として家臣への金子貸付、金子借り替えの措置を行ってこのような状況を切り抜けようとした。ところが、財政悪化、家臣の困窮化はその後も好転せず、家臣の蔵米知行制を促進させる結果となった。

第二節では、近世中期の家臣の知行形態を分限帳から検討した。知行形態には地方知行・地方蔵米知行・蔵米知行の三種類があり、近世中期には一〇〇石以上の家臣の四分の三は蔵米知行形態を取っていた。残りの四分の一が地方・地方蔵米形態であるが、二〇〇〇石以上の給人は地方知行取、一〇〇〇～二〇〇〇石未満は三種類の形態を取り、一〇〇〇石未満の多くは蔵米知行形態であった。津藩は高虎時代には地方知行を行っていたが、元和期以降、この形態に蔵米知行を取り入れた地方蔵米形態の給人が出てくる。そして二代藩主高次時代以降増加するのが蔵米知行形態である。新規取立にあたり高虎は地方知行、高次は蔵米知行を主体としていたのである。ここに津藩の知行制の転換が読み取れる。

第三節では、中期の伊勢国の知行実態を捉えた。伊勢国については、安濃・一志郡が蔵入地、知行地ともに多く、津城下を中心とした中枢地域であった。多気・飯野郡は名張に本拠を置く藤堂宮内の知行地としての機能を有していた。庵芸・鈴鹿・川曲・三重郡のような津城を中心に同心円状に遠ざかる地域は蔵入地の割合が高く、藩直轄地として藩支配や政策が直接に及ぶように配慮したのである。

第四節では、伊賀国の知行形態を捉えたが、そこでは上野城下を中心に、その周辺地である阿拝・山田郡には蔵入地を多く配置し、城下東部・南西部分にあたる伊賀・名張郡には知行地を多く置いた。名張郡には寛永十二年（一六三五）以降藤堂宮内を配置することで南部の押さえとした。

最後に、伊勢国と伊賀国の知行形態の基調や差異にふれておきたい。伊勢国は行政の中心地であることで給人数が多く、その中心地となる安濃郡や一志郡に知行地を多く配置した。その給人は原則として伊勢津付の給人であり、国付割が決まっていたようである。ただし、上級家臣は伊勢・伊賀両国で知行地を拝領していた。

多気・飯野郡は藤堂宮内の知行地として特別な意味合いがあった。伊勢国の特質を反映して知行地が分散する形態となり、一三給の村落もあった。

これに対し伊賀国は、上野城を中心に北東地域は交通の要所となるために藩直轄地とし、南西地域には知行地を多く配置した。また村落から見た給人数は六給と少なく分散知行形態は伊勢国ほど進んでいなかった。この点に伊勢・伊賀国の差異がある。しかし、近世中期になると類似点も多く、給人の取立と知行地の関係では、元和期を画期としてそれ以前は知行高一〇〇〇石以上の給人が知行地を所持していることがうかがわれる。また藩支配との関係で両国ともに蔵入地の占める割合の高い村落が圧倒的に多く、藩の影響が大きかったし、給人同士の権力を牽制させるために知行地を拮抗させるような配置を行っていた。村高と知行の関係を見た場合、村高の差はあるが、一給を原則として、そこから給数を増やしていった村落と当初から知行地を宛行うために用意した村落があったことも共通する。

近世中期には、伊勢・伊賀国の特質に見合った藩の目的は残存しているが、それらが徐々に収斂されて両国の特質が薄れつつあった。

〔註〕

（1）　上野市古文献刊行会編『宗国史』下巻（同朋舎、一九八一年）五一一、五一二頁。

（2）　拙稿「豊臣取立大名の給知制について―津藩藤堂氏を事例にして―」（『三重大学大学院提出修士論文』、二〇〇三年）。同「近世前期津藩の知行制について―二代高次から三代高久時代を中心に―」（『三重大学歴史都市研究センターニューズレター』第3号、三重大学都市歴史研究センター、二〇一三年）。本書第二部第一章、第二章。

（3）伊賀市上野図書館所蔵「大輪院様御代分限帳」。

（4）伊勢国は三重県総合博物館所蔵伊藤又五郎家文書「伊賀伊勢山城大和下総五箇国御領分村高帳写」、伊賀国は三重県環境生活部文化振興課所蔵「（伊賀国村明細帳）」から見ていく。

（5）註（2）。本書第二部第二章。

（6）『宗国史』下巻、四〇頁。

（7）三重県立図書館所蔵武藤文庫六一四請求番号L二三一ツ。

（8）史料上には「分米」と表記されることが多いが、これは家臣に課せられた分米であることから「分掛米」と表記するが、史料上に「分米」と記されている場合には、「分米」の表記を用いる。

（9）『宗国史』下巻、四一頁。

（10）同右、三六頁。

（11）上野市古文献刊行会編『永保記事略』（同朋舎、一九七四年）四〇四頁、五月三日条。以下『永保記事略』を『永保』と略記する。

（12）『永保』五〇〇頁、二月六日条。

（13）『宗国史』下巻、三五頁。

（14）『永保』三一七頁、十月一日条。

（15）同右、三三二頁、三月五日条。

（16）同右、七五頁、正月二十日条、七七頁、九月条。

（17）『宗国史』下巻、八五頁。

（18）ここでの小身とは、倹約令などから概ね三〇〇石以下の家臣を指すものと思われる。

（19）『永保』八四～八五頁、十月二十二日条。

(20)『永保』一四〇頁、十一月十九日条。
(21)『宗国史』下巻、五二頁
(22)『永保』一五五頁、三月六日条。
(23)同右、一九七頁、五月条。
(24)同右、二二七頁、二月七日条。
(25)同右、三〇三頁、四月十九日条。
(26)同右、三七九頁、二月三日条。
(27)同右、四三三頁、七月七日条。
(28)同右、四八七頁、十二月十八日条。。
(29)同右、五〇一頁、二月二十一日条。
(30)同右、五〇七頁、十一月一日条。
(31)同右、五一三頁、十一月二十三日条。
(32)中田四朗「延宝—正徳における藤堂藩家中対策」(『三重史学』二、三重史学会、一九五九年)。
(33)特に享保期の後半には、立毛不作等による御救などの法令が『宗国史』『永保記事略』等の史料に散見される。
(34)拙稿「津藩知行制の変容—近世中期から後期にかけて—」(『ふびと』第五八号、三重大学歴史研究会、二〇〇一年)。本書第二部第四章。
(35)伊賀市上野図書館所蔵「大輪院様御代分限帳」。
(36)享保二年時点での知行形態には、地方知行、地方知行と蔵米知行、蔵米知行の三種類があったことが記されている(『伊賀市史』第二巻通史編近世、二〇一六年)一六三頁。
(37)この分限帳には一〇〇石未満の切米取、扶持米取、給金取の者が見られるが、ここでは分析の対象が一〇〇石以上の給人ということもあり、あえて限定をした。

(38) 分知の例は、藤堂宮内家・藤堂釆女家・藤堂仁右衛門家などの家臣にも見られ、その数がかなりの数であったと推測されるが、現在のところ不詳である。

(39) 三重県総合博物館所蔵伊藤又五郎家文書「伊賀伊勢山城大和下総五箇国御領分村高帳写」。

(40) 「功臣年表」(『宗国史』上巻)二四八〜二七二頁。

(41) 金井圓校注『土芥寇讎記』(江戸史料叢書、人物往来社、一九六七年)にも、「高次之時代、家人大坂陣以前之輩ニハ、皆地形ヲ与へ、其ヨリ以後之者ニハ蔵米三ツ五分ニシテ渡ス」とあり、大坂陣以前は地方知行が、それ以後は蔵米知行が主流となり、知行形態の転機であったとしている。

(42) 『三重県史』資料編近世2付録「近世中期所領図」により津藩と他藩の相給状況を確認する。

(43) 三重県環境生活部文化振興課所蔵。また、この資料については、拙稿「(伊賀国村明細帳)の若干の分析—平高と給人知行配置を中心に—」(『三重県史研究』第二一号、二〇〇六年)で分析を行った。本書第二部第一章補論。

(44) 阿保が交通の要所であったことは、慶長十三年に藤堂高虎が入封した直後に出した触の中で「国中万うりかい之義上野町幷なんばり之町、付り、あを之町にてしやうばい可仕候」(『高山公実録』)とあり、阿保が上野町・名張町とともに商売上の重要拠点であったことがわかる。

(45) 名張町は、上野城下とともに伊賀国支配の拠点となっており、慶長十三年の高虎の伊賀・伊勢国入封直後に名張に梅原勝右衛門を配置しその支配を任せている。その後、寛永十二年には今治より移った藤堂宮内に名張支配をさせている。藤堂宮内については、名張藤堂家の初代で、織田家家臣丹羽長秀の三男で藤堂高虎の養子となった(『名張市史』)。

(46) 註(35)。

(47) 『公室年譜略』より取立状況を確認したところ、給人の取立は、領知規模の拡大により人数が多くなっている。特に伊賀・伊勢国入封以降その人数が多い。また、加増も戦いのあった元和期以前に頻繁に行われ、その中から一〇〇〇石以上の給人を多く輩出している。本書第一部第一章。

(48)　津藩の場合、慶長十三年入封当初から伊賀国に拠点を置く給人を伊賀付とし、伊勢国に拠点を置く給人を伊勢津付として区別していたようである。それらは各家の由緒書などからわかる。

第四章　知行制の変容過程
――近世中期から後期にかけて――

はじめに

本章の課題は、伊勢・伊賀国両国合わせて三二万三九五〇石余を領有した津藩の近世中期から後期にかけての知行制の変容を明らかにすることである。

一九九〇年代の知行制研究会により知行制研究が再提起され[1]、藩政史研究で提起された課題を見据えた展開がなされた[2]。その中で、福田千鶴氏は、福岡藩を事例にして地方知行制の残存についての意義付けを提起し[3]、高野信治氏は近世武士の「自律制」に着目し、国家論的視野から近世知行制について検討するとともに、知行制に関して前期に集中している傾向があることに問題があることを指摘した[4]。

津藩研究でも一九六〇年代に中田四朗氏[5]、久保文武氏[6]により近世地方知行制に関する論考が発表され、近世初期から前期にかけての知行制の実態が明らかとなった。しかし、時期的は近世前期までのものであり、また、なぜ俸禄制が多くなっていく中で地方知行制が継続されていくのか、その際に給人権限はどうだったのかなど根本的な問題は解決されていない。近年では深谷克己氏が、津藩を事例に藩世界という観点からの研究潮流をふまえて研究書をまとめた[7]。新しい視点からの研究という点では評価されるが、本章の課題や上述した論点に対する回答は見いだせない。

津藩の知行形態を見ると、近世初頭から地方知行制をとり、中期には地方知行、地方蔵米知行、蔵米知行の三種類があり四分の三は蔵米知行形態を取っていた[8]。近世前期以降、蔵米知行化が推進される中で、なおも地方知行制は幕末期まで継続するのである。また、前期から「分掛」という一種の賦課米が課せられ、それが中期以降常態化し、実質的に家禄が減少する傾向も見られる[9]。このことも地方知行の継続に影響を与えていると考えられるが、この状況と地方知行制の継続との因果関係が明確になっていないという課題もある。

本章では、上述した課題や論点を見据え、中期から後期にかけての知行制の実態を捉えて、その間の知行制の変容や地方知行制存続の意味について論究していきたい。

第一節　近世後期の知行地と蔵入地の概況

この節では津藩の知行形態の内、地方知行制を取っていた給人の知行地等の把握から中期から後期にかけての地方知行制の変容を見るが、その前提として近世中期の様相を確認しておく。近世中期の伊勢国における知行地・蔵入地は、津城下に近接する安濃・一志郡は一村丸ごと知行地の村落数は少なく、蔵入地と知行地の混在村落が多いが、蔵入地と合わせると九〇％近くになり、藩及び給人にとって枢軸となる地域であった。多気郡は藤堂宮内の知行地が多いことで蔵入地が少なくなり、その点で特別な位置づけにあった。飯野郡は藤堂宮内及び一村丸ごと蔵入地となっており、藩と藤堂宮内との結節地域となっている。津城を中心にして遠隔地へ行くにしたがい、一村丸ごと知行地が少なくなるのは、藩支配の及ぶ地域を確保し強化するためであった[10]。

また、伊賀国では、上野城下を中心に伊賀国を南北二つに分けた場合、南側部分にあたる伊賀・名張郡には知行地を配し、北側部分阿拝・山田郡には蔵入地を配置し、当時の交通の要所にあたる大和街道・伊賀街道、その結節点にあたる上野城下は藩直轄地として押さえていた。名張郡には藤堂宮内を配置することで南部の押さえとしている。このことが伊賀国の知行形態の特徴である[11]。

表1　近世中期から後期への伊勢・伊賀国知行形態

国　名	時　期	蔵入地	割　合	知行地	割　合	平高合計
		石	%	石	%	石
伊勢国	元禄期	94157.409	58.0	68209.998	42.0	162367.407
	嘉永期	123001.785	75.8	39334.256	24.2	162336.041
	差　引	28844.376	17.8	-28875.742	-17.8	-31.366
伊賀国	享保期	114537.449	77.8	32687.453	22.2	147224.902
	嘉永期	117888.000	79.9	29593.000	20.1	147481.000
	差　引	3350.551	2.1	-3094.453	-2.1	256.098

伊勢国元禄期は、三重県総合博物館所蔵伊藤又五郎家文書「伊賀伊勢山城大和下総五箇国御領分村高帳写」、伊賀国享保期は、三重県環境生活部文化振興課所蔵「（伊賀国明細帳）」、嘉永期は東京大学法学部法制史資料室所蔵「津藩御用留乾松雑集」「津藩御用留」による。

1　伊勢国の実態

嘉永期の伊勢国の知行地と蔵入地は、元禄期と比較することによりその変容がわかる（表1）。嘉永四年（一八五一）と推測される史料[12]には、蔵入地一二万三〇〇一石七斗八升五合、知行地三万九三三四石二斗五升六合とあり、その合計一六万二三三六石四升一合に対する割合は、蔵入地七五・八％、知行地二四・二％である。元禄期と比較すれば、蔵入地が二万八八四五石余、一七・八％ほど増加し、反面、知行地が減少した。基本的には元禄期から嘉永期にかけて蔵入地化が進行して地方知行形態を取る給人が減少し、蔵米知行形態を取る給人が増加したということである。

蔵米知行となった給人を取り上げてみると、藤堂主膳（地方三〇〇〇石）・藤堂主殿（地方二〇〇〇石）・内海左門（地方一〇〇〇石）・須知九右衛門（一

〇〇〇石）・馬渕半右衛門（地方一〇〇〇石）・橋本小十郎（地方一〇〇〇石）・小森彦十郎（地方一〇〇〇石）・長野喜太郎（地方八〇〇石）・玉置福井助（地方七〇〇石）・深井団右衛門（地方五〇〇石）・百々太郎兵衛（地方四〇〇石）・越知佐次右衛門（地方蔵米二五〇石）・松本宅蔵（地方二〇〇石）・西川多兵衛（地方二〇〇石）・越知孫右衛門（地方蔵米一〇〇石）・柴山七右衛門（地方一〇〇石）など多くの上級家臣と中級家臣が蔵米知行取となった。一方、赤尾嘉兵衛・小森少右衛門・藤堂隼人などは一部が蔵米知行化している。

以上のように伊勢国では蔵入地が増加し、蔵米知行化がかなりの割合で進行したことがわかり、地方知行形態を存続する給人が減少したことになる。

2　伊賀国の実態

嘉永期の伊賀国の蔵入地と知行地は、蔵入地一一万七八八八石に対し知行地は二万九五九三石、その割合は七九・九％と二〇・一％で蔵入地が知行地を大きく上回っている（表1）[13]。

享保期のデータに嘉永期のデータを加えて知行形態がどのように変容していったのかを見てみると、伊賀国の場合、伊勢国ほど蔵入地化は急激に進んでいない。伊賀国の給人数との関連及び伊賀国の津藩における位置づけとの関連が想起される。ここで知行地を維持できず蔵入化したり、知行高減少の見られる給人を取り上げてみよう。

まず蔵米知行取となった給人は浅井最仲・堀七郎左衛門・豊竹庄右衛門・藤堂兵左衛門（地方二〇〇〇石）・山田善兵衛（地方二五〇石）・大木長右衛門（地方二六〇石）・林源左衛門・野依清右衛門（地方五〇〇石）・藤堂数馬（地方蔵米三〇〇〇石）・余田惣兵衛・須知九右衛門（一〇〇〇石）であり、そして知行高が減少した給人は藤堂作兵衛・青木府生・藤堂弥五左衛門（地方蔵米一三〇〇石）である。ここで安政期の分限帳[14]を利用してこれらの給人を確認すると、藤堂作兵衛（伊賀付五〇〇石）・藤堂兵左衛門（伊勢津付一〇〇〇石鉄炮頭）と時期的な相違があり二人しか検出できない。これらの給人については後述するように蔵米知行化がなされたのであろうが、ここからは給人の知行高の多寡による差異は検出できない。一方、継続して地方知行を維持している給人についても同様で知行高の多寡によって知行を継続しているようではない。

したがって、地方知行の維持は知行高には関係なく個人的な要因が影響し、維新期まで継続する者、途中で蔵米知行形態を取る者に分かれるものと推測される。

3　知行地から蔵入地へ

伊勢・伊賀国とも元禄期や享保期には知行地であったところが、嘉永期には蔵入地となっていることが多い。このことは、知行地が蔵入地となったことを意味する。それを伊勢国志袋村を事例にして見てみよう。志袋村は元禄九年（一六九六）段階で、本高七二二石二斗八升、平高一一四七石五斗四升、その内訳は、蔵入地二〇〇石、知行地として藤堂主膳五五五石三升四合、深井段右衛門九二石五斗六合、深井半平三〇〇石の四給の村落であった[15]。ところが、二度の蔵入地への転換が行われた。

〔史料一[16]〕

志袋村

深井段右衛門知行所御蔵米成

一高九拾弐石五斗六合

右知行所当物成〆御蔵江上納可仕也

享保十八丑年六月廿九日

正兵衛（印）
杢太夫（印）
六兵衛（印）
佐右衛門（印）
志袋村
庄屋
年寄

〔史料二〕(17)

藤堂主膳知行所御蔵入ニ成

一高五百五拾五石三升四合

右知行所当物成ゟ御蔵江上納可仕也

元文四未年二月廿六日

志袋村

孫兵衛（印）
正兵衛（印）
六兵衛（印）
佐右衛門（印）
志袋村
庄屋
年寄

この史料によると、享保十八年（一七三三）に深井段右衛門の知行地が蔵入地となり、元文四年（一七三九）には藤堂主膳の知行地が蔵入地となって、物成を藩庫へ納入することになったことがわかる。したがって、元禄段階で三人の知行地と蔵入地であった志袋村は、嘉永期には深井次平太の三〇〇石のみが知行地として残り[18]、その他はすべて蔵入地となったのである。

ここでは、原則的に国付に変更が行われても知行地は移動することはなく、もし、変化が起こるとすれば、それは知行地から蔵入地への変容だけであった[19]。また、この時期の給人への加増は蔵米によるもので知行地の宛行はなされなかった[20]。いずれにしても、知行地が蔵入地となったことによって、知行地の減少、蔵入地の増加現象が起こったのである。

第二節　給人の権限と村落との関係

前節まで近世中期から後期にかけて津藩の知行形態の変容を追ってきた。そこでは、給人の知行地が蔵入地へと変容する過程が捉えられた。一方、蔵入地化が進行する中で地方知行形態を保持している給人もいた。この節では中期から後期にかけて給人の権限の有り様[21]と村落との関係を把握したい。

1　年貢徴収権

まず給人側の史料から年貢徴収に関する点を検討してみよう。

〔史料三[22]〕

文政四辰冬十二月出之

差出

高三百三拾石　内高五斗八升不足　私

内

高百三拾八石五斗七升三合　雲林院村

取米五拾三石六升　免三ツ八分弐厘九毛

高百三拾壱石壱斗四升三合　五百野村

取米五拾壱石五斗五升弐合　免三ツ九分三厘壱毛

高弐拾弐石八斗六升四合　足坂村

取米九石四斗弐合　免四ツ壱分三厘壱毛

高六石八斗四升　稲垣村

取米弐石壱斗四升弐合　免三ツ五分八厘壱毛

高三拾石　伊賀御蔵米

右之通ニ御座候、以上

辰十二月　白井九兵衛

胤□

渡辺高之助殿

西庄源左衛門殿

白井九兵衛は、文政四年時点で知行高は三三〇石、その内三〇〇石が地方知行、三〇石が蔵米知行であった。そして、知行地からの物成米の合計は一一六石一斗五升六合となり、実質的な知行高に対する割合は三八・七％であった。この物成米の藩への差出は毎年あり、年貢徴収権限は藩権力のもとにあった。

次に村落に残された史料から給人や村落との関係、年貢徴収や上納に関する点について検討してみよう。伊勢国長谷場村の天保三年（一八三二）の「年貢米手札控帳」の中に免割目録がある。それには次のようにある。

〔史料四〕[23]

天保三壬辰年免割目録

安濃郡長谷場村

一村高三百七拾五石

御給知

内

弐百五拾石

坂井帯刀様

但、御分掛り四分

百弐拾五石

坂井久蔵様

但、御分掛り右同断

〆

一三つ三分弐厘四毛

去ル寅年ゟ当辰年迄三ヶ年御請免

口込目払米石ニ五升壱合宛

一米五拾弐石四斗三合
　本免三つ三分弐厘四毛口込目払共
　此米八拾七石三斗三升八合之内
　御分掛り米三拾四石九斗三升五合引残
　　　　　　　　　　　　　　坂井帯刀様納
一同弐拾六石弐斗壱合
　右同断、口込目払共
　此米四拾三石六斗六升九合之内
　御分掛り拾七石四斗六升八合引残　坂井久蔵様納
一同五拾弐石四斗三合
　右弐口分掛り米　　　　　　　御蔵上納
一同四斗八升
　御種貸米壱石六斗
　村高江借り請分三割之利米
一同拾六石壱斗五升九合
　御修補米免四分壱厘
　米共上納四分壱厘口込目払共
〆百四拾七石六斗四升六合

内

六拾九石四升弐合　　　御蔵上納

此俵百七拾弐俵弐斗四升弐合

七拾八石六斗四合　　　御給知上納

此俵百九拾六俵弐斗四合

（後略）

この免割目録によると、長谷場村は坂井帯刀・坂井久蔵の二給村落であるが、年貢は坂井帯刀・坂井久蔵・藩の蔵への上納の三種類に分けられ割当られている。その割合は三五・五％・一七・八％・三五・五％である。そして、上納は藩の蔵・二人の給人への上納となっている。これは給人の二人分がまとめて記載されている分と分掛米や修補米がまとめられているのであり、書式上の問題である。ここで問題となることは、長谷場村は給人二人の知行地となっているところに「分掛米」が四分賦課されていることによって、上納は給人二人と藩庫への上納となっていることである。分掛米とは、藩が財政再建のために家臣に課したもので、近世中期以降常態化していた。

また年貢の上納は、給人手代と知行地の庄屋との間で交わされた書状(24)では、「旧冬御上納目録江見届相済候ニ付御送申進候」「旧冬者御上納米無滞相済御苦労奉存候」などの文言が見られ、村落から給人への年貢上納がなされた。それに対し「上納目録」が給人より下付されたのである(25)。

次に伊賀国での年貢上納に関する史料(26)から見てみよう。伊賀郡上林村は藤堂新七郎の知行地であった。安政六年（一八五九）に発給された免札では、請免により三一・八七％の年貢率が課せられ、その発給者は伊賀付の郡方の役人であった。そして、村内で村役人により「年貢米免目録」が作成され、村として上納する年貢米一三五石七升五合、俵換算で三三七俵二斗七升五合を算出している。この算用をもとにして年貢を上納したが、その際に「御年貢仕切目録」が作成された。これらは給人分と藩上納分があり、今給人分を記してみると、

〔史料五〕(27)

未年御年貢仕切目録

一米三百三拾七俵弐斗七升五合

内

壱升　御蔵附
三俵　御種米元
三升　御蔵改之節雑用
四俵弐斗九升　万差次物
七俵　餅大豆
弐百五拾俵　御分米
三斗四升五合　半　米
七拾弐俵　正　米
弐拾俵　下神戸村へ上納
（抹消不明）

右之通御座候、以上

上林村年寄
庄屋

未十二月

宮　助左衛門様

吉　鎌兵衛様

覚

一銀弐拾八匁七厘　　藁代上納

右之通御座候、以上

上林村年寄
庄屋

未十二月十四日

宮　助左衛門様

吉　鎌兵衛様

とある。上林村庄屋・年寄から藤堂新七郎の手代二人に差し出されたものである。ここで注目されるのが、全体三三七俵二斗七升五合の内、藩へ上納する分（掛）米が二五〇俵＝一〇〇石を占め、給人取り分である「正米」はわずか七二俵＝二八石八斗であったことである。平高三七四石二斗一合に対する割合は七・七％となる。そして、これに藁代として銀二八匁七厘を加えたものがほぼ給人への上納分となる。一方、藩上納分はこの給人分のほかに修補米・山手米・一厘米など二〇石一斗七升と上述した分米一〇〇石を合計した一二〇石一斗七升＝三〇〇俵一斗七升であった。そしてこのような状況はこの年に限ったものではなく明治維新期まで続く[28]。

ここからは、幕末期には知行地とはいえ年貢米に分掛米の占める割合が高く、給人への上納が激減しているということであり、この点を考えると給人に知行地を与えているが、その内実は年貢米の藩庫への上納が実質的なもので給人への年貢上納も非常に制限されていたのである。

以上、給人、村落の史料を用いて年貢割付、年貢上納という観点から給人の年貢徴収権について見てきた。その結果、年貢率や年貢高の決定権、村落への割付権は給人にはなく藩が掌握していたこと、年貢上納については、知行地からの給人蔵への直納権限はあったが、分掛米などの藩からの賦課米が課せられ、藩庫への上納も行われていた。少なくとも津藩では年貢徴収に関して給人の年貢直納の権限があるだけで、近世後期にはその権限も分掛米の賦課により縮小されていた。

また津藩の地方知行制の内実は、年貢直納権限や藁・糠の徴収権限が付与されていた点が蔵米知行制と異なるところで、実際には蔵米知行制と類似した点を多く有していた。

2　行政権

行政権については、基本的に知行地における夫役など給人が所持していた百姓支配体制を想定する。しかし給人が知行地においてどれほどに百姓とのかかわりがあったのか、史料的な制約もあり判然としない。

もっとも津藩給人白井家の場合、延宝三年（一六七五）の知行地の割替にあたりくじ取りで給所百姓を決定していた事実もある[29]し、その百姓数は減少しているが文化年間にも給所百姓名が記された史料[30]も見られることか

ら、知行地切の給所百姓の存在が確認できる。また、文化五年（一八〇八）の村落側の史料[31]には、

〔史料六〕

差上申御請書之事

安濃郡足坂村

御知行高拾五石弐斗弐升七合

一御屋敷御給知百姓庄三郎・弥七・多兵衛・十三郎右四人先年ゟ相分り御座候所、此度右四人之内ニ而御屋敷永久御手宛之ため人足壱人御取極置被成度之旨被　仰下、奉得其意候、村方申談候所、何之差支茂無御座一同得心之上

辰五十一歳
庄三郎

此株御屋敷永久御手宛定懸り人足相極置申候、自然御用之節者罷出、御下知次第ニ相勤可申候、若其期ニ至右庄三郎株ゟ出人差支之筋有之候者、其余三人之者共之内ゟ右代りニ罷出御下知次第ニ相勤可申候、然ル上者後日少茂違乱無御座候、仍而差上申御請書如件

文化五戊辰年十二月廿三日

足坂村百姓
庄三郎（印）
弥　七（印）
多兵衛（印）
十三郎（印）

追而奉申上候、前々ゟ御屋敷江差上候初穂米弐升四合者、庄三郎御手宛人足相勤候内者、毎年同人江被下候筈、猶又此度為御祝儀金百疋庄三郎江被下置難有仕合奉存頂戴仕候事

清　七（印）
伊左衛門
孫太郎

白井市郎右衛門様

と、足坂村で四人の給所百姓がいたが、その中から「屋敷永久御手宛」のため人足を決めておくように指示があり、村では庄三郎という一人の百姓を取り決めた。もし、この庄三郎に差し支えがあった場合は、残りの者で勤めることとしている。庄三郎には手当として二升四合、祝儀金として金一〇〇疋が支給された。ここからは、近世後期となっても、知行地からの人足の取立等夫役徴収が見られるなど、給人と村落・百姓との間に関係が見られること、給所百姓の役が株化されていることが看取される。

伊勢国長谷場村の場合、給人坂井帯刀の手代と長谷場村庄屋との間で書状[32]がやりとりされているが、それらは年賀の挨拶状、金灯籠の給人への贈答、給人家督相続に関するものである。家督相続に関するものは、坂井帯刀手代である吉村・杉山の両名から長谷場村永谷助之丞宛の書状であり、慶応二年（一八六六）五月十九日に願いの通り隠居及び家督相続が認められ、郷鉄炮頭を仰せ付けられたことを承知するようにというものであった。これに対し、六月四日付で永谷助之丞から吉村・杉山両名へ返書が差し出されている。

また、幕末期には軍役・夫役に関連して郷夫の徴発が行われている。

〔史料七[33]〕

覚

一郷夫　　　　　　　　　　三人

一手馬　　　　　　　　　　壱疋

　　右口附壱人

〆

右之通召連申候、以上

　亥正月　　　　　　　　　　　　白井彦兵衛

と、文久三年（一八六三）のものであるが、郷夫や馬の徴発が記されている。津藩の軍役そのものは、寛永期から変化していないが、近世後期になり、異国船の渡来等により社会不安が増し、この時期には農兵隊も組織されることになる(34)。給人へも軍役・夫役の賦課がなされ、ここに見たような知行地で郷夫の徴発が行われていたのである。

以上、近世後期の給人と村落の関係など行政権に関する事項を中心に見たが、知行地の給所百姓は近世前期にくじで決められ強い結びつきがあったとは考えられないが、それが慣例化し、後期になるとその様相も変化し、少なくとも年賀の挨拶や家督相続などの連絡等儀礼的な事項に関して給人と村落のつながりが見られる。一方で幕末期の特徴として知行地からの郷夫の徴発が行われた。幕末期には給人行政権はほとんど形骸化・儀礼化していたが、時代背景もあり軍役・夫役に関する部分での行政権限が復活したようである。ただ、裁判権については、高虎入封当初から藩奉行所の管轄下にあり、給人の裁判権は藩権力に包摂されていた(35)。

第三節　蔵入地化の進行と地方知行制の継続

第一節で蔵入地化の進行の様相を把握し、第二節では後期の給人権限や村落との関係を見る中で給人権限の制限、地方知行制の形骸化・儀礼化が見られたが、幕末期には郷夫徴発に見られるように行政権限が復活し、地方知行制は近世期を通じて継続した。この節では、蔵入化進行の要因及び地方知行制の継続の要因について検討してみよう。

まず、蔵入地化の進行の要因について検討するが、中期から後期にかけての知行地から蔵入地への変容には、蔵米取を希望する給人がおり、給人の意向が反映していたようである。例えば、寛政二年（一七九〇）の藤堂数馬の知行地の一部を蔵米にしたい旨の願書が出されたことに対してどのように対処すべきかの書状が残されている。

〔史料八[36]〕

以別紙申進候　　　　藤堂数馬

知行之内伊賀地方弐百石御蔵米ニ相願申度旨内談有之候故相考候処、知行不残御蔵米ニ奉願候例者間々有之候得共、知行之内分ニ而願之近例相見不申候付、先格等追々相調候得共相□し不申候、尤伊賀方高弐百石不残御蔵米ニ相願候事ニ候へ者不苦義候とも存候得共、□例も与聢無之候故、為御内談得御意候間、御地ニ而御考、先格等も御調させ否御答可被□申候、以上

仁右衛門

七月十八日

二老様

尚々近年不作ニ付相願度趣ニ御座候、以上

これによると、藤堂数馬（三〇〇〇石）は伊賀国の知行地の内二〇〇〇石分を蔵米としてほしい旨を願い出たが、知行地全体を蔵米とする措置はこれまでも前例があったが、一部を蔵米とするようなことは近年にはない。そこで、先例を調べてその答えを出すというものである。

ここからは、蔵入地化には給人からの申し出があり、その理由として「近年不作ニ付相願度趣ニ御座候」と、不作により年貢が減少し、ひいては家臣の財政の困窮につながることがあり、それが主な要因であったと思われる。

津藩家臣の財政の困窮化は近世前期から始まった藩財政の悪化と深く関連している。藩財政の改善のために倹約令の発布、家臣への分掛米賦課を行い、享保期以降には立毛不作による年貢米の落ち込みも財政の悪化に拍車をかけた。特に家臣への分掛米賦課は家臣にとっては、家禄の減少につながり困窮化の要因となっていた。藩では救恤的な意味で分掛米の中止や借用金返上の延期を実施し救済に乗り出したが、それが藩財政のさらなる悪化を招くことになった。このような藩財政悪化、家臣の困窮化が知行制へのさまざまな影響をもたらし、家臣は安定的な蔵米知行を希求することとなるのである(37)。

さらに家臣の財政の不安定さは給人の年貢徴収の状況からも確認できる（表2(38)）。物成差出の数か年分を見ると、各村落からの物成率が毎年異なり、非常に不安定な収納状況であることがわかる(39)。

表２　白井家知行地免率

知行村名	雲井院村	五百野村	足坂村	稲垣村
年代＼知行高	138.573石	131.143石	22.864石	6.841石
	%	%	%	%
文化４年	38.03	38.03	42.18	35.01
文化５年	34.06	30.95	39.19	33.42
文化６年	37.50	37.19	42.12	34.18
文化７年	38.96	39.18	43.55	36.59
文化８年	38.94	37.81	41.05	35.81
文化９年	37.79	37.81	41.06	35.81

白井家文書Ｄ－２「家督以後覚書」による。

次に蔵入地化できない場合の要因について見てみよう。例えば、西島八兵衛の場合、安永九年（一七八〇）に、知行地であった半田村を担保に借金をするという史料が見られる。

〔史料九〕(40)

借用申金子之事

一金弐拾両也　　利足

右者無拠入用ニ付旦那方知行伊勢半田村書入借用申所実正也、然ル上者来丑霜月晦日切元利急度返済可申候、万一相滞候ハヽ、庄屋方ゟ物成米御請取元利御済せ有之候、其村少しも違乱無之候、為後日、庄屋加印証文如件

安永九子年十一月　　松岡文後右衛門印

原田茂兵衛印

半田村庄屋加印

東海治左衛門印

右之御証文裏ニ御見届之御名御印有之

このような知行地を担保として金子を借用する形態は、白井家文書にも見られる(41)。ここからは給人と知行地との関係が看取されると同時に、金子借用にあたって知行地を担保としていることが給人に不利に働くケースもある。借金がある限り蔵米取への移行は難しかったのである。それは次のような史料でも確認できる。

〔史料一〇〕(42)

覚

知行御蔵米ニ御直し被下候ニ付、是迄知行所ニ而村役人請合を以金子致借用居申返滞借候而は惣体外々地方取之者共此巳後金子才覚筋差支ニ成可申候間、年賦抔ニいたし夫々和談之上、返済之筋付候様可被致

この史料は延享三年（一七四六）九月のものであるが、知行取から蔵米取へ移行する場合は、地方知行取の金子才覚に差し支えるので、知行地での借用金を返済するようにとある。ここからは知行地を担保とした以上、借用金を返済してからでないと知行取から蔵米取への移行はできなかったことを物語っている。実際には家臣の財政の逼迫状況の中、借用金返済は困難であり、そうなると、知行形態は地方知行を継続したままとなるのである。

おわりに

以上、三節にわたって近世中期から後期にかけての津藩の知行制について論究してきた。それらをまとめて結びとしたい。

近世中期から後期にかけては、伊勢・伊賀国とも蔵入地化が進行し、それに伴って蔵米知行形態の給人が増加した。特に伊勢国では伊賀国に比較して急速に蔵入地化が進んでいた。

この蔵入地化の要因であるが、一般的には藩直轄地の増加による権力の強化や家臣家禄の安定化を目的としたもので、これについては津藩も該当すると思われるが、その他の要因として、中期以降藩財政の悪化が家臣

へ転嫁され、それが要因となって家臣の困窮化を招いていた。具体的には家臣団への「分掛米」の賦課である。したがって、家臣の中には勝手不如意による知行地の返上の希求があり、これは蔵米取となることを意味する。

給人権限と村落の関係から見ても、給人には年貢直納の権限のみあっただけで、しかも後期から幕末期にかけては村側は給人への年貢米の上納のほかに分掛米として藩庫へ納入するものがあった。給人としては知行地からの年貢をすべて徴収することはできなかったのである。ここからは地方知行取と蔵米知行取の差異が見いだせない。さらに給人と村との行政的な関係では、儀礼的なつながりが見られると同時に、幕末期には知行地からの郷夫の徴発も見られた。

このことは津藩の地方知行制存続との関係も深く、給人が知行地を担保として金子を借り入れる行為が行われていることから、借用金返済ができない場合は、地方知行制の継続につながるのである。すなわち、蔵入地の進行・地方知行制の存続には経済的な要因が影響していたのである。また、近世初期から一貫して地方知行制存続に影響していたことは軍役・夫役に関することであった。時期や内容に差異は見られるが、地方知行制存続の鍵になっていたのである[43]。

〔註〕

（1）その成果は、J・F・モリス・白川部達夫・高野信治共編『近世社会と知行制』（思文閣出版、一九九九年）としてまとめられている。

（2）代表的なものとして、藩政史研究会編『藩制成立史の綜合研究』（吉川弘文館、一九六三年）、谷口澄夫『岡山藩政史の研究』（塙書房、一九六四年）、藤野保編『佐賀藩の総合研究』（吉川弘文館、一九八一年）など。

（3）福田千鶴「近世地方知行制の存続意義について―福岡藩を事例に―」（註（1）所収）。
（4）高野信治『近世大名家臣団と領主制』（吉川弘文館、一九九七年）。
（5）中田四朗「延宝―正徳における藤堂藩家中対策」（『三重史学』二、三重史学会、一九五九年）、同「享保期―元文期における藤堂藩の家中政策」（『三重史学』四、三重史学会、一九六一年）。
（6）久保文武『伊賀史叢考』（同朋舎、一九八六年）。
（7）深谷克己『津藩』（吉川弘文館、二〇〇二年）。
（8）伊賀市上野図書館「大輪院様御代分限帳」。本書第二部第三章。
（9）後述するように、上野市古文献刊行会編『宗国史』上・下巻（同朋舎、一九七九年、一九八一年）などの史料に分掛米の記事が見られ、家臣の財政はこれにより実質的には減少することとなった。
（10）三重県総合博物館所蔵伊藤又五郎家文書「伊賀伊勢山城大和下総五箇国御領分村高写」。本書第二部第三章。
（11）三重県環境生活部文化振興課所蔵「（伊賀国明細帳）」。本書第二部第三章。
（12）東京大学法学部法制史資料室所蔵「津藩御用留乾松雑集」。
（13）東京大学法学部法制史資料室所蔵「津藩御用留」。
（14）「高猷代津藩分限帳」（『三重県史』資料編近世2、二〇〇三年）。
（15）註（10）。
（16）『伊勢片田村史』（伊勢片田村史編纂協議会、一九五九年）一五九頁、第13図。
（17）同右、第12図。
（18）註（12）。
（19）註（12）の史料からは知行地割替の様子は見られず、知行地であったところが、蔵入地となっているだけである。
（20）白井家の場合、文化三年十二月に三〇石を加増されたが、伊賀蔵米の加増であった。

（21）給人の権限を検討するにあたり、年貢徴収権・行政権・裁判権の有り様を見る。近年では、このような権限のあり方に批判も見られるが、これに代わる権限が見出せていないこともあり、この三つの権限について検討を行う。
（22）白井家文書L—10「差出」。
（23）永谷家文書「天保三年年貢米手札控帳」。
（24）三重県環境生活部文化振興課所蔵「御触控并記録」。
（25）この事例は『安濃町史』通史編（一九九九年）より見たものである。ここからは、長谷場村とは異なった具体的な年貢米上納形態が看取され、幕末期には「分掛米」が常態化し、分掛米は藩蔵への上納となっていたこと、免割目録と上納目録の内容が相違し、給人への上納が免割目録通りでなく、別のところへの納入や給人への上納が非常に少なくなっていることがわかる。近世前期と近世後期や幕末期では様相が異なるため一概に比較検討は難しいが、幕末期まで継続して給人への年貢米上納が行われていたのである。
（26）岩名家文書「未年御年貢仕切目録」。
（27）（28）同右、各年年貢仕切目録。
（29）（30）白井家文書D—1「白井家譜雑記」。
（31）三重県総合博物館所蔵足坂村文書「差上申御請書之事」。
（32）註（24）。
（33）白井家文書G—8「諸勤并家督後取扱扣　附郷鉄炮頭中諸事控」。
（34）『三重県史』資料編近世4（下）（一九九九年）。岡山藩でも、労働力の雇用に関連して、幕末期になると家臣の知行高に応じた陣夫を知行所から徴発している事例がある（森下徹「家中知行と奉公人確保」〔『日本近世雇用労働史の研究』東京大学出版会、一九九五年〕）。
（35）「奥鹿野村領山境目取極書」（『三重県史』資料編近世1）六三〇頁では、慶長十四年当時奥鹿野村を知行していた石田才助の名は見られず、代わって藩の奉行であった加納藤左衛門が見届けを行っており、ここから給人の裁判権がなかったことがわかる。

(36) 三重大学所蔵「寛政二年より同三亥至四月同四子　御内用組頭認之控」。

(37) 以下は『宗国史』『公室年譜略』等から検討をしたものである。その詳細は本書第二部第三章。

(38) 白井家文書D—2「家督以後覚書」。

(39) 上野市古文献刊行会編『永保記事略』(同朋舎、一九七四年)によると、家臣の中には家督相続ができない場合や家の取り潰しなどの事例が見られ、その場合、知行地は藩の蔵入地となり、蔵入地化が推進される。

(40) 西嶋家文書「借用申金子之事」。

(41) 註(38)。

(42)『廳事類編』上巻(同朋舎、一九七六年)七九頁。

(43) 今一つ忘れてはならないのが、上述した軍役・夫役賦課との関連である。知行地からの郷夫の徴発は地方知行制継続の要因の一つとなったと考えられる。

終　章

はじめに

豊臣取立大名の津藩藤堂氏を事例にして、近世初期から中期にかけての家臣団の構造・形成過程と職制・昇進過程、上級家臣に見られる陪臣団の実態、そして、大名権力や家臣団の経済的基盤としての知行制について近世初期から後期にかけて検討を進めてきた。その中から導き出された結論、及び今後の課題を提示しよう。

第一節　家臣団構造・取立と昇進

近世初期の津藩としての最後の実戦経験となった大坂陣の陣立書からは、津藩家臣団が先鋒・中軍・本隊となる旗本備・後備が常備され、そこからは家臣団が戦時体制の軍事組織としての機能を有していたことが看取される。その主力は騎馬・鉄炮隊であり、侍大将は一〇〇〇石以上の高禄な者たちで構成されていた。

高虎死去の寛永七年（一六三〇）分限帳(1)からは、家臣団は、総数二四〇〇人弱の三分一が知行取層及び切米・

徒士層で、残り三分二が鉄炮足軽・弓取などの足軽層、武家奉公人層で構成されていた。組付侍・騎射隊・母衣組・鉄炮頭など大坂陣での陣立書にも見られる集団が見られ、この時期の家臣団も軍事組織としての機能を有していた。同時に江戸・京・大坂在府のために切米取・武家奉公人層を多く召し抱えるなど平時を想定した階層も見られた。家臣団の階層は、一〇〇〇石以上の戦時での侍大将で平時での家老となる上級階層、五〇〇〜一五〇石の戦時での組付侍・母衣衆・鉄炮頭で平時での郡奉行などの町・村支配を担当する中級階層、さらにその下に切米取・扶持米取の足軽・武家奉公人など下級階層で構成されていた。

これらの津藩の家臣団は、高虎の領地の転封・加増とともに形成され、伊賀・伊勢国入封以前に取り立てた家臣は津藩を支える中核となる。中でも高虎時代初期に取り立てられた家臣は、一族・縁者が多く、婚姻等で擬制的関係を結び譜代家臣として高虎に従属した。また、関ヶ原合戦後には西軍大名家臣の取立も見られるが、先行研究(2)に見られる豊臣氏家臣の付属などは見られず、家臣団の取立にあたっては、豊臣氏の影響力は小さかったと思われる。そして、高虎時代の後半期、大坂陣以降には相続等によって家臣の世代交代が進んだ(第一部第一章)。

近世前期から中期には、津藩の職制が整備され、本拠である津に多くの家臣を配置し、伊賀国にも津と類似する職務の家臣を配置した。国元以外にも幕府との折衝や参勤交代との関連で江戸へ、朝廷や城和領との関連で京・奈良へ、大坂城代や大坂町奉行、蔵米販売との関連で大坂にも家臣を配置した。津藩の格式は不詳であるが、職務就任は知行高との関係が基準となっており、概ねその基準は知行取層が一〇〇〇石以上、一〇〇〇石未満から五〇〇石以上、五〇〇石未満の三階層である。

家臣の昇進のうち、加増の転機は高麗陣、関ヶ原合戦、大坂陣、越前戒厳などの戦功による加増、明暦期の農政転換[3]、元禄期の経済成長など藩の財政・経済状況好転による加増、藩主交代などある意味で恩恵的な加増である。また、昇進は番方の職務での昇進が顕著であり、昇進は親と同等、親以上の昇進が見られるが、それは津藩の相続によって親の職務が起点となっていることや、確実に家産を継続させる仕組み（家督相続・跡目相続）が大きな要因である。

勤務は、二〇年以上の長期勤務も見られるが、一〇年未満の勤務が多く、一つの職務での勤務年数は概ね一〜四年で、江戸詰は交代勤務であった（第一部第二章）。

第二節　上級家臣と陪臣団

津藩の上級家臣は、多くの陪臣を召し抱えていた。上級家臣は、元々土豪・小領主として君臨し、そのもとに譜代の家来を召し抱えていたことが大きな要因である。しかし、自身が大名家の家臣に組み込まれることで、譜代の家来がそのまま陪臣として大名に召し抱えられる。そのため、上級家臣の家臣団は、大名家臣に準拠して、侍層・徒士層・武家奉公人層などの身分階層から構成され、軍団としての機能を有する[4]。

名張藤堂家も陪臣を多く召し抱えており、その来歴から津藩の中では別格の家臣であったが、家臣団は本家である丹羽家、養子先である高虎からの家臣が付属され、家格も享保期には家老（番頭）・用人・給人・給人格・切符・扶持米取・武家奉公人の七階層に分けられていた。初代高吉時代には、高吉の家臣宛に知行目録が発給され、地方知行制が本藩とは別に行われ、城下町（陣屋）を形成し、家臣団をそこに居住させるなど、まさに近世大名に類似する側面が見られる。家臣団の構造は大名家臣としての側面を有し、近世初期は戦闘を想定した軍団としての性格が読み取れ、中期以降は側方役人の拡充と南伊勢地域統治のための役方役人を配置するなど、軍団を行政官僚的な家臣団へと適用させていた。名張藤堂家家臣にとっての主君はその当主であったが、享保騒動による藤堂本家の監視体制の強化などにより、藤堂家内での立場が変容していった。しかし、幕末期まで家老・番頭・給人・中小姓格などの格式を持つ家臣を有するなど、大名家臣団に類似した構造を維持していたことが大きな特徴で、別格の家臣たる所以である（第一部第三章）。

伊賀国城代藤堂采女の場合、侍層の格式や構造は、給人・中小姓・歩行格の三つの格式を有し、給人格の最上位に年寄・老衆がいた。知行形態も知行取・切米取・扶持米取・銀給取に分類でき、大名家臣に準じる形態を取っていた。また、陪臣のうち侍層の者は、藩給人に準じる形でさまざまな儀礼・儀式を執り行った。人生儀礼はもちろん、職務に関わる知行加増・昇進の場面で執り行われ、藩陪臣の世界が、藩給人同様、儀式・格式を重んじる世界であったことがわかる。職務についても、側役など奥向、徒士頭のような番方、金払大納戸など勘定に関する役方と大名に準拠した職制が整えられていたが、あくまで藩給人の家臣としての職務であった。

陪臣団の存在は、従来からいわれている軍役や知行地支配行政を果たすための機能だけでは捉えきれず、主家を「旦那様」「若旦那様」と仰いでいることから陪臣の主人は藩主ではなく藩給人であり、藩給人に仕える家臣であった。陪臣団は給人家政を取り仕切る機能を有した家臣団であると同時に、軍役や知行地支配等の行政政策を果す役割を担っていた。一方で、陪臣団は城下町に居住するなど他藩とは異なり、在地との繋がりという点では希薄であり、かなり官僚制的な側面を持ち合わせていたことも大きな特徴である（第一部第四章）。

第三節　知行制の様相と変容

1　近世初期

津藩の場合、蜂須賀氏・黒田氏などほかの豊臣取立大名と同様、兵農分離の体制や給人権限などで多くの共通点が見出せる一方で、津藩の独自性も見られる。それは、給人の知行高への擬制石高である平高の採用、それに基づく四つ物成定免の実施、在地土豪勢力の無足人としての取り立てによる安定的な領国支配体制の確立、給人権限の藩への包摂などである。中でも知行宛行に際し、大坂陣に見られるように、加増前年に四つ物成を宛行い、翌年に知行地を宛行といった方法は、豊臣氏での知行宛行に類似するもので、その点からは豊臣氏の影響を受けていると思われる。

豊臣取立大名の場合は、転封により在地との関係が希薄になり、本来給人の知行地はすべて新知の宛行となった。そのことで給人の在地支配権は脆弱で、給人権限は制限され、多くの権限が大名権力に包摂されることとなる。しかし、戦国期の軍事的な緊張が残存し藩機構等体制が未整備な近世初期の段階では、大名権力だけで広大な領国を統治することは難しく、給人に軍役や普請役など藩権力の肩代わりをさせた。

津藩の近世初期段階での地方知行制の採用は、給人に対して公儀からの軍役や普請役に対応させるため、未整備な藩体制の中で年貢徴収等藩政の一翼を担わせるため、在地土豪層の監視や武士としての面目・格式を保持させ在地土豪層との身分格差を自覚させるための目的があった（第二部第一章）。

2　近世前期から中期

近世前期の津藩では、寛永期に飢饉の影響もあり、給人に対しては年貢率操作や足米が実施され、慶安から明暦期には藩制機構も徐々に整備され地方知行制は継続される。寛文十年（一六七〇）には藩財政悪化への対応の一環として、地方知行制を中止し、蔵米知行制へと移行したが、上知という一時的な政策であったことから延宝三年（一六七五）には地方知行制が復活した。この方策は、津藩では既に平高制や平均免が実施されていたため、他藩で実施された擬制石高への知行割替や平均免への移行は行われずこのような措置がなされたのである。この影響は予想以上に大きく知行地と蔵入地の逆転現象が見られ蔵入地化が進行することとなった。その意味で寛文・延宝期は津藩知行制の大きな転換期であった（第二部第二章）。

近世前期から中期にかけては、藩財政悪化に対する打開策として分掛米を家臣に対して課し、宝永期以降家中免引き下げによる藩財政の好転を図った。しかし、藩財政悪化、家臣の困窮化はその後も好転せず、家臣の蔵米制を促進させる結果となった。

近世中期の伊勢国の知行形態は、津城下を中心とした中枢地域に蔵入地・知行地を多く配置し、紀州藩領との境である南伊勢地域には名張に本拠を置く藤堂宮内の知行地を配置した。また、津城を中心に同心円状に遠ざかる地域は、蔵入地の割合が高く藩直轄地として藩支配や政策が直接に及ぶように配慮した。

これに対し伊賀国は、上野城を中心に阿拝郡の北東地域は交通の要所となるために藩直轄地とし、南西地域に知行地を多く配置した。また村落から見た給人数は少なく分散知行形態は伊勢国ほど進んでいなかった。この点に伊勢・伊賀国の差異がある。

伊勢・伊賀両国に共通する問題として知行目録の知行高と実際に宛行われた知行高とが一致しない給人がおり、ここからは物成渡を主体とした知行制が看取される。概ね一五〇〇石以上の大身の給人は伊勢・伊賀両国に知行地を持つが、国付との関係で拠点となる国郡を知行地とし、伊勢津付給人は伊勢国、伊賀付給人は伊賀国で知行地を宛行われていた。給人の取立と知行地の関係では、元和期を画期として、それ以前は知行高一〇〇〇石以上の給人が知行地を所持していることも特徴である（第二部第三章）。

3　近世中期から後期

近世中期から後期にかけては、伊勢・伊賀国とも蔵入地化が進行し、それに伴って地方知行形態の給人が減少し、特に伊勢国では急速に蔵入地化が進んだ。

この蔵入地化の要因は、藩直轄地化による藩権力の強化もあろうが、むしろ、中期以降藩財政の悪化を家臣へ転嫁する中での家臣の困窮化が大きな要因である。家臣の中には勝手不如意による知行地の返上の希求があり、そのことが蔵入地化を促進することとなる。しかし、給人が知行地を担保として金子を借り入れる行為が行われており、借用金返済ができない場合は、地方知行制が存続されることになる。

給人権限は、近世初頭と変わらず、年貢直納の権限のみであったが、後期から幕末期にかけては給人への年貢米の上納のほかに分掛米の藩庫への納入もあった。また給人と村との行政的な関係では儀礼的なつながり、知行地からの郷夫の徴発の現象も見られ、特に幕末期は軍役・夫役に関し近世初期と類似する傾向も見られた（第二部第四章）。

課題と展望――まとめにかえて

豊臣取立大名である津藩藤堂氏の家臣団構造・形成過程、知行制を見てきたが、他の大名家臣団と異なる点では転封・加増とともに家臣を取り立てているが、豊臣取立大名でありながら豊臣氏からの付属家臣はなく、一族縁者・譜代家臣でその中核を固めており、その点では豊臣氏の影響が小さかったことである。家臣団は初期に取り立てた家臣は譜代家臣として軍事的・行政的に藩を支える立場で重視されるが、時代の推移とともに、軍事的な資質・能力を持った家臣の取立は少なくなり(5)、行政官僚的な資質・能力を持った下級家臣の取立が多くなっていく。

津藩の上級家臣は、多くの陪臣を召し抱えており、それらは大名に準拠した身分階層から構成される集団(陪臣団)を形成していた。陪臣は儀式・格式を重じてさまざまな儀礼を執り行った。陪臣は城下町に居住し、藩給人の軍役・知行地支配、家政を取り仕切る存在であった。

津藩の知行制は、近世初期から幕末期まで地方知行制が継続した。その宛行方法は、前年に物成による宛行、翌年に知行地を宛行といった豊臣氏が行っていた宛行方法で、豊臣氏の影響が大きかった。初期の知行制は軍役や領国統治のために必要であったが、藩制の整備確立とともに役割が変容し、時代を経るとともに蔵入地化が進んでいった。その要因として藩財政の悪化を家臣財政へ転嫁したことが考えられ、そのことにより家臣の困窮化が進み、知行地返上の希求へとつながった。しかし、知行地を借用金の担保としていることが、蔵入地化に歯止めをかけ、結果として幕末期まで地方知行制は存続した。蔵入地化の進行・地方知行制の存続には軍役・格式の問題のほかに、経済的な要因が多分に影響していたのである。

課題として、津藩家臣団構造については中期までしか解明できず、中期以降どのように変容していくのか課題として残された。また、侍層以下の家臣団（徒士・足軽等武家奉公人など）の動向については、史料的な制約もあり詳細にふれることができなかった。

一方で知行制は、武家社会からみた分析視角であり、地域社会をも取り込んでの分析はできなかった(6)。今後、武家史料だけでなく、町方史料や村方史料をも併用した研究、地域社会論の視点からの分析が必要となってくる。在地性との関連では、郷士である「無足人」の武家社会に及ぼす影響や津藩内での位置づけが不明確となっており、これらを解明することも必要である。

本書では幕藩社会体制史の基礎研究という位置づけでの分析を進めてきた。藩政史研究の部門別方式の課題ともいうべき武家社会内部での家臣団と知行制の相互の関連性が見えにくくなっている点、幕府や他藩との関連や武家の文化的側面の分析、藩制という静態的な分析から藩政という動態的な分析が必要という点(7)など、近年の藩・大名研究の分析視角などを十分に取り入れることができなかった(8)。こうした課題を含めて、今後の研究につなげていきたい。

〔註〕

（1）「寛永七年分限帳」（上野市古文献刊行会編『公室年譜略―藤堂藩初期史料―』清文堂出版、二〇〇二年）。

（2）藩政史研究にみられる織豊取立大名の家臣団形成過程では、池田家や蜂須賀家にみられるように織田、豊臣氏の家臣団が付属されているケースが多々見られる。

（3）拙稿「村方支配と年貢・内検」（藤田達生監修・三重大学歴史研究会編『藤堂藩の研究―論考編―』清文堂出版、二〇〇九年）。

（4）笠谷和比古「近世大名家における主従制と軍制」（『近世武家社会の政治構造』吉川弘文館、一九九三年）。

（5）家督相続や跡目相続により家産を親から子へ引き継ぐ体制ができていた。

（6）高野信治『近世領主支配と地域社会』（校倉書房、二〇〇九年）。

（7）岡山藩研究会編「総論」（『藩世界の意識と関係』岩田書院、二〇〇〇年）。

（8）校正中に津藩藤堂氏を扱った藤田達生氏の著作物『藤堂高虎論―初期藩政史の研究―』（塙書房、二〇一八年）が刊行されたが、その成果を十分に取り入れることができなかった。

あとがき

この論文集は、私にとってははじめての著作集である。日本近世史研究をはじめてはや二五年がたち、一つの区切りとして、公刊に踏み切ったのである。ここに至るまでには、浅学非才の私への多くの方のご指導とご助言、ご支援があったことを痛切に感じている。

振り返れば、中学校教員として職を得てから今日まで多くの方々に出会った。社会科教員として自ら古文書解読をしていた時期に、古文書の手ほどきをしていただいた菰野町郷土資料館長佐々木一先生には、古文書読みのいろは、古文書読みの楽しさ、研究方法をご教示いただいた。右も左もわからない私に暖かい眼差しを投げかけてくれたことを思い出す。ある程度古文書解読ができるようになると、どんどんのめり込むようになり、その題材として三重県内の中でも桑名藩領下の村落の年貢割付状、年貢皆済目録をはじめとする貢租関係史料を片っ端から翻刻し、その成果をまとめていったことを覚えている。いずれその成果を世に問いたいと思う。

そして、大きな転機となった出来事が、平成七年四月からの『三重県史』編さん事務局への転勤である。県史編さん事務局では、県史編さんを立ち上げ引っ張ってこられた吉村利男氏に、さまざまな面から大変お世話になった。吉村氏には、県職員としての心構えから、研究のしかた、文章の書き方等、こと細かにご指導をいただいた。当時、文章を書くことへの苦手意識が強かった私の気持ちがこの指導により、少し軽くなったような気がする（現在もいろいろとご指摘をいただくことがある）。

この県史編さん事務局で学んだことは、現在の私の歴史研究に大きく影響している。一つには古文書読み技能の向上、二つには古文書調査方法の習得、三つには歴史研究の幅の広がり、四つにはアーカイブ学との出会い、五つには歴史研究を進めるにあたって人とのつながりができたことである。

一つめの古文書読みは、二つめの古文書調査と関係あるが、県史編さん事務局での資料調査を通じて古文書解読や取り扱いをはじめとする技能が格段に上がったことである。

二つめの古文書調査方法の習得は、赴任直後の資料調査で、西家文書調査に参加し、現状記録法を取り入れた調査ができたことである。素人同然の私が現在に至るまで、古文書に接していることができるのは、この調査で学んだことが基礎となっているからである。三重県総合博物館に転勤してからもその成果を各種講座で活かしている。

三つめの歴史研究については、県史編さん事務局で資料調査に携わる中で、多くの古文書と出会い、その中から興味関心のある古文書を使って歴史研究が進められたことである。当初は、古文書の出会いとの関係で農政史関係資料を用いた研究、その後、編さんの事業との関係もあり、幕末期や武家に関する研究へと研究領域が広がっていった。本書もその成果の一つであるが、論文執筆の方法や資料の見方も含めて研究に対する見識が広がった。いずれ桑名藩関係の研究についても、取りまとめができればと思っている。

四つめのアーカイブズ学との出会いは、資料調査を通じて、資料を利用するだけでなく、どのようにして後世にそれを伝えていくのか。その保存手だてをどのように施していくのか等、古文書を含む歴史資料の保存についての意識が生まれてきたことである。幸いなことに、当時の県史編さん事務局では、書籍の編さんが最重要課題であるが、それとともに、それらで用いた資料の保存をいかに行っていくのかにも注目して編さん作業を行っていた。その成果は各種資料調査報告書として公刊されたが、それ以外にも資料保存ということを念頭に資料調査を実施していたことを思い出す。

五つめの人的なつながりでは、県史編さん事務局を通じて多くの方々と知り合えたことが私にとって大きな財産となった。すべての皆様を紹介できない中でお二人の先生を紹介したい。一人は三重大学人文学部の塚本明先生である。塚本先生との出会いは三重県史の編さんを通じてである。同年代であるということでいろいろと相談にものっていただいた。その後、塚本先生には、平成十四年に三重大学人文学部での修士課程での指導教員となっていただき、修士論文をはじめ、研究することとはどういうことか、多くのご指導・ご助言をいただいた。先生からは歴史研究方法の基礎を教わり、また学問の楽しさや厳しさも教わった。

もう一人は本書を発刊するきっかけをつくってくださった三重大学教育学部の藤田達生先生である。先生とも県史編さんを通じて知り合いとなり、この本の刊行も先生の後押しがなければ到底及ばなかった。先生には三重大学歴史研究会や三重大学歴史都市研究会へのお誘いや研究発表、その成果としての『藤堂藩の研究』などの著作物の刊行、そして、本書発刊にあたっての叱咤激励をはじめ、さまざまな場面でご指導、ご助言をしていただいている。研究分野こそ違え、現在も先生からは多くのことを学ばせていただいている。

平成二十六年四月の三重県総合博物館開館と同時に、現在の職場へ移った。職場では公文書館機能の整備担当として職務に携わっているが、力量不足もあり皆様に支えられながら日々職務にあたっている。総合博物館ということで様々な分野の学芸員がおり、各人が突出した能力を活かして日々職務に励んでいる。学芸員の皆様からは、展示力・情報収集力・発想力のすごさを日々感じ、学ぶところが多い。また、本書の出版をお引き受けくださった清文堂出版の前田正道様には、拙い文章への適切なご助言をいただき、励ましをいただいた。ここに御礼申し上げたい。

最後に、研究を進めるにあたり、資料所蔵者、資料所蔵機関の皆様には資料の閲覧・利用の点で大変お世話になった。中でも、三重県史編さん事務局・伊賀市史編さん事務局の皆様には大変感謝している。また、私事であるが、研究活動を続けるにあたり、このような私を支えてくれた父母、子供、とりわけ妻には大変感謝している。

二〇一八年十月

藤谷　彰

【タ　行】

人名索引

【ラ　行】

【ワ　行】

【マ　行】

【ヤ　行】

【ナ　行】

【ハ　行】

【タ　行】

【サ　行】

【カ 行】

事項地名索引

【ア　行】

藤谷　　彰（ふじたに　あきら）

〔略　　歴〕
1961年　三重県生まれ
2003年　三重大学大学院人文社会科学研究科修了
　　　　中学校教諭、三重県史編さん事務局を経て
現　在　三重県総合博物館調査・資料情報課主幹（課長代理）

〔主要著作〕
『天明由緒―桑名藩士の来歴―』（編著・桑名市教育委員会、2008年）
「桑名藩における家臣団構造と形成過程―近世前期松平定綱時代を事例に―」
（『日本歴史』第647号、2002年）
など

近世大名家臣団と知行制の研究

2019年2月20日　初版発行

著　者　藤谷　　彰
発行者　前田博雄
発行所　清文堂出版株式会社
〒542-0082 大阪市中央区島之内2-8-5
電話06-6211-6265　　FAX06-6211-6492
http://www.seibundo-pb.co.jp
印刷：亜細亜印刷株式会社　製本：株式会社渋谷文泉閣
ISBN978-4-7924-1098-8　C3021